張愛玲私語錄

張愛玲・宋淇・宋鄺文美——著
宋以朗——主編

目錄

全書前言

宋以朗

我父母宋淇、鄺文美跟張愛玲於一九五二年底在美國新聞處相識，從此成為她「最好的朋友」（語見一九五七年二月二日張愛玲致鄺文美、宋淇書）。一九九一年六月二十日，在寫給皇冠編輯方麗婉的信中，宋淇談及結識張愛玲的經過：

我入美新處譯書部任職，係受特殊禮聘，講明自一九五一年起為期一年，當時和文化部主任Richard M. McCarthy（麥君）合作整頓了無生氣的譯書部（五年一本書沒出）。在任內我大事提高稿費五、六倍，戔戔之數永遠請不動好手。找到合適的書後，我先後請到夏濟安、夏志清、徐誠斌主教（那時還沒有去意大利攻讀神學）、湯新楣等名家助陣。不久接到華盛頓新聞總署來電通知取得海明威《老人與海》中文版權，他和我商量如何處理。我們同意一定要隆重其事，遂登報公開徵求翻譯人選，應徵的人不計其數，最後名單上赫然為張愛玲。我們約她來談話，印象深刻，英文有英國腔，說得很慢，很得體，遂決定交由她翻譯。其時愛玲正在用英文寫《秧歌》，她拿了幾章來，麥君大為心折，催她早日完稿，並代她在美物色到一位女經紀，很快找到大出版商Scribner接受出版，大家都為她高興。

儘管是無所不談的知己，宋淇和鄺文美一向不願意「挾愛玲以自重」（語見一九八七年三月九日宋淇致皇冠總編輯陳皪華書），所以交往四十多年，絕不隨便向人提及張愛玲，而公開寫她的文章也只有寥寥數篇，而每一篇都是為了張愛玲而寫（請參看本書各文前的引言），它們包括：一九五七年的〈我所認識的張愛玲〉、一九七六年三月的〈私語張愛玲〉，及一九七六年十二月的〈張愛玲語錄〉。由於他們的低調，一般讀者就只知道張愛玲跟姑姑、炎櫻關係親密，卻忽略了在她下半生，鄺文美才是她最好的朋友，而彼此書信來往也最頻繁。正因為他們三人有著這樣密切的關係，我們若想通過張愛玲本人的文字、角度去了解其下半生，這批書信就順理成章成為關鍵。

一九五五年十月廿五日，張愛玲才離港不久便給鄺文美寫信，訴說別後的傷感：

> 在上船那天，直到最後一剎那我並沒有覺得難過，只覺得忙亂和抱歉。直到你們一轉背走了的時候，才突然好像轟然一聲天塌了下來一樣，腦子裏還是很冷靜& detached〔和疏離〕，但是喉嚨堵住了，眼淚流個不停。事實是自從認識你以來，你的友情是我的生活的core〔核心〕。我絕對沒有那樣的妄想，以為還會結交到像你這樣的朋友，無論走到天涯海角也再沒有這樣的人。

以後的半生緣，主要便靠書信維繫。一九九二年二月廿五日，張愛玲隨函附上遺囑，交代把遺產都給予我父母；一九九二年三月十二日，張又來函道（文中的「Mae」就是鄺文美）：

前兩天大概因為在寫過去的事勾起回憶，又在腦子裏向Mae解釋些事，（隔了這些年，還是只要是腦子裏的大段獨白，永遠是對Mae說的。以前也從來沒第二個人可告訴。我姑姑說我事無大小都不必要地secretive〔遮遮掩掩〕。）倒就收到Mae的信。

可見這個「最好的朋友」，從來沒有被張愛玲淡忘，而他們在文字上或心靈上的聯繫也確是至死方休。

他們這段歷時四十多年的深厚情誼，素來只是默存於心，以致一般人都不大明瞭。出版本書的目的，正是要彌補這片空白。上述三篇由宋淇、鄺文美所撰的文章，就是此書的首三部分。儘管它們都曾經發表，無奈知者不多，流通不廣，故全數收錄於此。還有一點值得留意，就是三篇文章只概括了這段友情的頭二十年，至於一九七六年後，彼此尚有二十年交往，宋、鄺二人便再無片言隻語發表。所以我決定從家藏檔案中——即張愛玲與我父母間的往來信件，計有六百多封，一千四百餘頁，超過四十萬字——編錄部分書信，成為此書的第四部分：選取的信札始於一九五五年張愛玲赴美，至一九九五年她逝世而止，涵蓋了他們交往的各個時期，而所編選的內容都以反映彼此友情為主，類似本書的其餘三部分。通過這些不同時期的文章及信札，希望能較完整地把他們仨的友誼發展，向一般讀者及張愛玲研究者交代清楚。另外全書中偶有中英夾雜，為方便讀者，我盡量添上中譯，附於原文之旁，標以〔〕。

最後值得一提的是，因本書重點是張愛玲與我父母間的友誼，取材所限，故一般有關張愛玲創作、生活等的信札，都沒有收錄在內（詳見本書第四部分的引言）。他們的書信全集正在整理，將於日後完整出版。

第一部分

我所認識的張愛玲

／鄺文美

前言

宋以朗

一九五七年，國際電影懋業有限公司（下稱「電懋」）拍攝的「情場如戰場」在香港上映，電影由張愛玲編劇，宋淇製片。鄺文美為了宣傳，便署名「章麗」在電懋旗下的《國際電影》撰文，題為〈我所認識的張愛玲〉，發表於雜誌的七月號。張愛玲很喜歡它，甚至在得知母親手術失敗，不久人世時，也把這篇連同夏志清在《文學雜誌》發表的〈張愛玲的短篇小說〉寄去，希望她會為女兒的成就而老懷安慰，足見此文於張愛玲心中的重大意義。以下輯錄的，是張愛玲書信中提到鄺文美這文章的話：

張愛玲致鄺文美1957.8.4

你寫的關於我的文章，即使是你的second-best〔次佳之作〕，我也已經十分滿意，因為我知道得很清楚如果換了別人寫的是什麼樣子。只怕你太費斟酌，多花了時間不值得。

張愛玲致鄺文美1957.9.5

你在電影雜誌上寫的那一篇，卻使我看了通體舒泰，忍不住又要說你是任何大人物也請不到的official spokesman〔官方代言人〕。當然裏面並不是全部外交辭令，根本是真摯的好文章，「看如容易卻艱辛。」我想必不知不覺間積了什麼德，才有你這樣的朋友。

張愛玲致鄺文美1957.10.24

她（編者按：張愛玲母親）進醫院後曾經叫我到英國去一趟，我沒法去，只能多寫信，寄了點錢去，把你與《文學雜誌》上的關於我的文章都寄了去，希望她看了或者得到一星星安慰。後來她有個朋友來信說她看了很快樂。

最近張愛玲所編的一齣電影「情場如戰場」在香港上映，一連三週，盛況空前，突破了年來國語片的最高賣座紀錄，使人不得不承認：「名家的作品，到底不同凡響！」[1]這樣一來，這位早已擁有大量讀者的女作家，又引起了各方面濃厚的興趣。「張愛玲到底是怎樣的一個人？」許多人好奇地問。

十五年來，我一直是她的忠實讀者。她的作品我都細細讀過，直到現在，還擺滿案頭，不時翻閱。但是老實說，在認識她以前，儘管我萬分傾倒於她的才華，我也曾經同一般讀者一樣，從報紙和雜誌上得到一個錯誤的印象，以為她是個性情怪僻的女子，所以不免存著「見面不如聞名」之心。直到幾年前我們在一個偶然的場合中相識，一見如故，後來時常往來，終於成為無話不談的好友，我才知道她是多麼的風趣可愛，韻味無窮。照我猜想，外間傳說她「孤芳自賞」，「行止隱秘」，「拒人於千里之外」……很可能是由於誤解。例如，她患近視頗深，又不喜歡戴眼鏡，有時在馬路上與相識的人迎面而過，她沒有看出是誰，別人卻怪她故作矜持，不理睬人。再者，她有輕性敏感症，飲食要特別小心，所以不能隨便出外赴宴。不明白這一點的人，往往以為她「架子很大」。再加上她常在夜間寫作，日間睡覺，與一般人的生活習慣迴異，根本沒法參加各種社交活動，這也是事實。我相信「話不投機半句多」這種感覺是任何人都有過的。在陌生人面前，她似乎沉默寡言，不擅辭令；可是遇到只有二三知己時，她就恍如變成另一個人，談笑風生，妙語如珠，不時說出令人難忘的警句來。她認為「真正互相瞭解的朋友，就好像一面鏡子，把對方天性中最優美的部份反映出來。」

張愛玲的人生經驗不能算豐富，可是她有驚人的觀察力和悟性，並且懂得怎樣直接或間接

宋鄺文美

地在日常生活中抓取寫作的材料，因此她的作品永遠多姿多采，一寸一寸都是活的。舉一個實例：我記得她離港赴美的前夕，曾叫我陪她到皇后大道去買些零星什物。當她揀好一隻鬧鐘叫店員包裝時，我無意中說了一句，「倘使等一會我們坐電車回去的時候，這鬧鐘忽然響起來，吵得滿車的人都朝我們看，豈不滑稽？」她笑起來，說這倒是極好的戲劇資料。幾個月後，我讀到她從美國寄來的《人財兩得》電影劇本，看見劇中男主角的鬧鐘竟在不應該響的時候響起來，鬧出許多笑話，再想起這些噱頭是怎樣產生的，不禁拍案叫絕。

在題材方面，她喜歡寫男女間的小事情，因為「人在戀愛的時候，是比戰爭或革命的時候更素樸，也更放恣」。她覺得人在戀愛中最能流露真性，「這就是為什麼愛情故事永遠受人歡迎——不論古今中外都如此。」[2]她的寫作態度非常謹嚴，在動筆以前，總要再三思考，把每個角色都想得清清楚楚，連面貌體型都有了明確的輪廓紋，才著手描寫。否則她說，「自覺心虛，寫出來就不會有真實感。」[3]怪不得她筆下的人物，個個都活龍活現，有血有肉，呼之欲出。在行文運字上，她是極其用心的，寫完後仍不惜一改再改，務必達到自己完全滿意的地步。有時我看見她的原稿上塗改的地方比不塗改的地方還要多，一大行一大行藍墨水，構成很有趣的圖案。

像所有偉大的藝術家一樣，她總在作新的嘗試，從來不走舊路，也不摹倣別人。她的作品細膩而精鍊，具有一種特殊的風格，有些人稱之為「張愛玲筆觸」。近年來摹倣她這種風格的人倒也不少。有一次我問她對此有何感想。她很幽默地回答，「就好像看見一隻猴子穿了我自己精心設計的一襲衣服，看上去有點像又有點不像，叫人啼笑皆非。」

宋鄺文美與宋淇

一般人總想，寫小說的人，編出來的劇本多半是能讀不能演的。以前我沒有看過張愛玲編的戲，因為當日她的「不了情」和「太太萬歲」在上海公映時，我還沒有養成看國語片的習慣。所以前一陣我聽到「情場如戰場」即將上映的消息時，多少有點擔心。但是這部片子優先獻映那一夜，我親眼看到她筆下的角色一個個以生動的姿態在銀幕上出現，親耳聽到那些流利俏皮的對白所引起的良好反應（滿院不絕的笑聲，簡直像美妙的音樂），我非常高興她的心血沒有白費。當初她希望演員們一個個「渡口生氣」給她的劇本，使它活過來。這個願望終於實現了。

張愛玲赴美後的近況，是許多讀者所關心的，我可以在這裡簡單地說幾句。她到了美國之後，最初住在紐約，後來有一段時期住在紐哈姆夏州的一個「作家樂園」（MacDowell Colony），當地環境絕佳，湖山環抱，松林在望，風光如畫。《情場如戰場》和《人財兩得》兩劇就是在那邊一所古雅的房子裡完成的。幾月前她寫完第三本英文小說Pink Tears（《粉淚》）後，接著就替電影懋業公司編寫第三齣電影，暫名《拜倒石榴裙》[4]。目前又在籌劃另一新劇。

她嗜書如命，也是個徹頭徹尾的「紅樓夢迷」，甚至為了不能與曹雪芹生在同一時代——因此不能一覩他的丰采或一聽他的高論——而出過「悵望千秋一灑淚，蕭條異代不同時」的感慨。在這一點上，我覺得我比張愛玲幸運，因為「在千千萬萬年之中，時間無涯的荒野裡」，我能夠不遲不早的遇見了她。雖然現在我們遠隔重洋，再也不能促膝談心，但是每過一陣我能夠收到她的長信，讀到她的新著，看到她編的電影……無論如何，這總是值得感謝的事。

——初載於《國際電影》第二十一期，一九五七年七月。

ADDRESS REPORTS

You are required by law to notify the Attorney General of your current address each year during the month of January, and to furnish notification of change of address within 10 days from the date of such change. A penalty is provided for failure to do so. Forms may be obtained from any post office. Address reports, applications or letters to the Immigration and Naturalization Service, should include the "A" number shown on the other side.

BORDER CROSSING CARD

This card will be honored for border crossing purposes on condition that the rightful holder is returning to the United States from a temporary visit to Canada or Mexico, not exceeding 6 months, and is not subject to exclusion under any provision of the immigration laws.

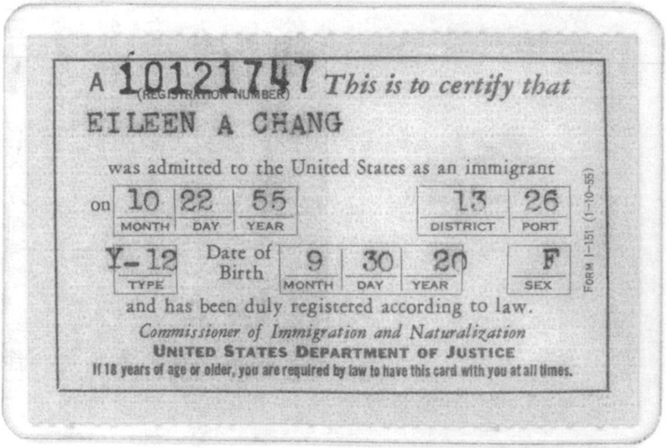

A 10121747 (REGISTRATION NUMBER) *This is to certify that*

EILEEN A CHANG

was admitted to the United States as an immigrant

on 10 (MONTH) 22 (DAY) 55 (YEAR) 13 (DISTRICT) 26 (PORT)

Y-12 (TYPE) Date of Birth 9 (MONTH) 30 (DAY) 20 (YEAR) F (SEX)

and has been duly registered according to law.

Commissioner of Immigration and Naturalization

UNITED STATES DEPARTMENT OF JUSTICE

If 18 years of age or older, you are required by law to have this card with you at all times.

FORM I-151 (1-10-55)

張愛玲美國「綠卡」照片

1.編按：《情場如戰場》是張愛玲第一部拍成電影的電懋劇本。這片子賣座，使張愛玲鬆一口氣。在一九五七年七月十四日致鄺文美信中，她說：「收到Stephen的信與八百元支票。這樣快就拿到錢，而且比我預料的更多，真是謝謝。《情場》能夠賣座，自各方面著想，我都可以說『乾了一身汗』，因為我也覺得人家總拿我們這種人當紙上談兵的書生。」

2.編按：參考第三部分〈張愛玲語錄〉註112及相關的一則語錄。

3.編按：一九五五年十月廿五日張愛玲致鄺文美書：「昨天到神戶，我本來不想上岸的，後來想說不定將來又會需要寫日本作背景的小說或戲，我又那樣拘泥，沒親眼看見的，寫到就心虛，還是去看看。」

4.編按：《拜倒石榴裙》應該就是一九五九年公映的「桃花運」。

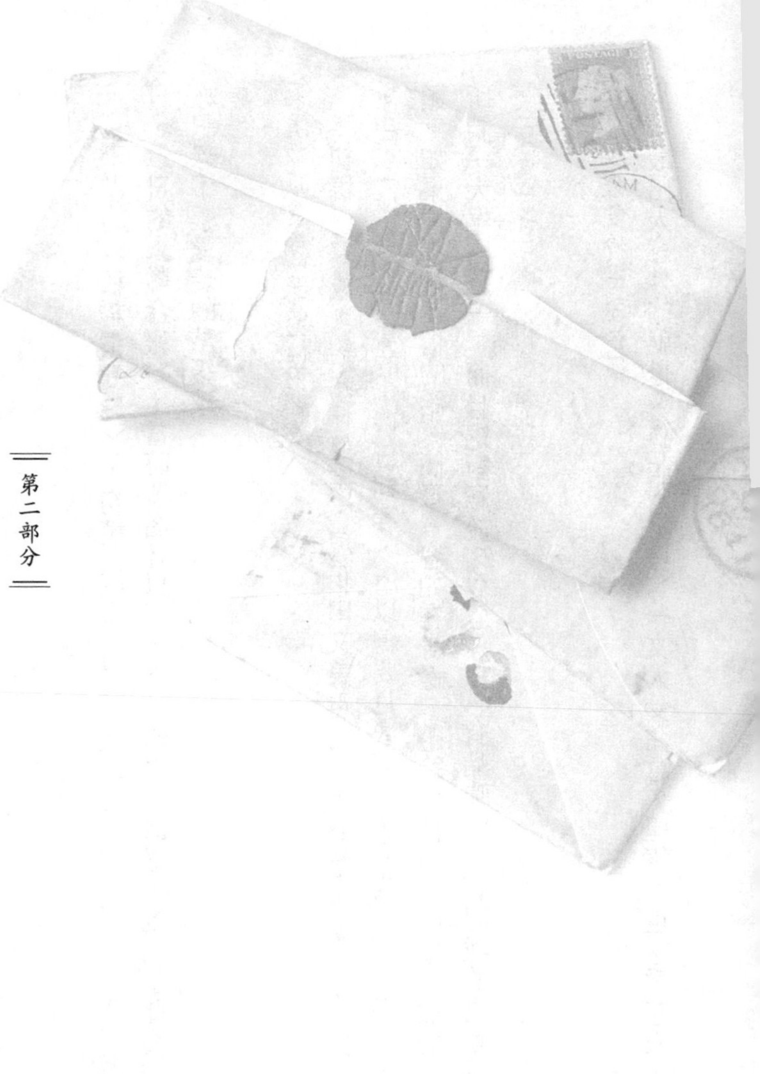

第二部分

私語張愛玲／宋淇

前言

宋以朗

宋淇的〈私語張愛玲〉，初載《明報月刊》一九七六年三月號，以及一九七六年三月一日、二日的《聯合報》，當時署名林以亮。下面的書信節錄，說明了此文的創作過程、目的，亦記錄了張愛玲的讀後感。

宋淇致張愛玲1976.1.19

初稿已寫成，約六仟餘字，現正由文美重寫——濃縮、緊湊、加點人情味進去，同時verify〔核實〕各事的年份日期等，所以總要月底前方可完成。在這過程中，前塵往事都上心頭，如果你不嫌迷信的話，簡直音容如在身邊。帶給我們不少回憶和歡樂。但內容絕沒有香港所謂「大爆內幕」，而且絕對屬於good taste〔有品味〕，有時我的文章過份了一點，文美還要tone down〔改得含蓄些〕。

宋淇致張愛玲1976.3.11

最出人意外的就是〈私語張愛玲〉一文大受注意，連帶我也吃香起來，竟然有兩本雜誌，兩張報紙要我寫專欄，因為他們一向認為我是學院派作家，想不到我也能寫抒情散文，而且如此恰到好處。其實，這篇文章是為你而寫，而且我只描繪了一個輪廓，其中細節都是文美的touch〔潤飾〕，至於文章她更是一句一字那麼斟酌，所以看上去很流暢自然而實際上非常花時間，很deceptive〔容易予人錯覺〕，如果大家以為我拿起筆來就可以隨手寫出這種文章來，那就大錯特錯了。

張愛玲致鄺文美、宋淇1976.3.14

〈私語張愛玲〉明報聯合報都寄來了，寫得真親切動人。看到「晝伏夜行」笑了起來。引我講陳燕燕李麗華的話是不是Mae寫的？我自以為對文字特別敏感，你們倆文字上實在看不出分別來。那次見李麗華的事我忘得乾乾淨淨——只記得後來在紐約見面，還看見她午睡半裸來開門，信上一定提過，你們忘了。

宋淇致張愛玲1976.3.21

說起〈私語〉一文，令我出了一個風頭，平offer〔邀請〕我在皇冠寫一個專欄[1]，中國日報則一個每日專欄，其他還有出版社也要出我的書。其實，〈私語〉這種文章是極deceptive〔容易予人錯覺〕的，看上去是隨手拈來，寫得很輕鬆自然，其實花了我們不少時間。第一，收得極緊，故意tone down〔改得含蓄〕，任何有bad taste〔惡劣品味〕或betray〔流露〕傷感的都不寫。第二，處處在為你宣傳而要不露痕跡，傅雷、胡適、Marquand〔馬昆德〕、李麗華、夏氏昆仲、陳世驤都用來推高你的身份，其餘刊物、機構都是同一目的，好像我們在講一個第三者，非常客觀似的。第三，你猜得一點不錯，我們二人的文章風格很難分得出，李麗華、陳燕燕是我寫的，初稿大概是我的，Mae加入的是一點pathos和personal touch〔情感和個人筆觸〕，然後翻舊信，引了兩句你信中的話以增加此文的真實性。然後Mae再逐字逐句的推敲，加以精簡，務使文中沒有廢話，多餘的字。這篇文章真是可一不可再，要是我們每天寫得出這種文章，那還得了？我們是有自知之明的，要寫這類文章，我們倒並不modest〔謙遜〕，還真找不出幾個人來。總之，此文的目的總算達到了，將你build up〔壯大聲勢；建立聲譽〕的目的完成就算數，其餘都是意外。

張愛玲致鄺文美、宋淇1976.3.21

〈私語張愛玲〉Mae自謙只添寫兩處，怪不得我看著詫異Stephen這麼個忙人，會記得那麼許多。我一直說Mae最好幫Stephen做事，希望你們合寫專欄——政論專欄有二人合作的——即使只用「林以亮」名字，你們還分家嗎？

張愛玲致鄺文美、宋淇1976.4.2

當然我知道〈私語張愛玲〉是看似輕鬆自然，其實艱辛的作品，烘雲托月抬高我的身份而毫不引起人的反感。但是專欄也不一定要寫這一類的東西。Mae可以署名「林姒亮」，合寫就簽「以姒」，一笑。

一

最近大家對張愛玲的作品和研究又掀起了一片熱潮，似乎是我打破沉默說幾句話的時候了。夏志清在《張愛玲的小說藝術》序中，說愛玲同我們夫婦最熟，而且說她是文美的同事，這些話也有加以澄清和解釋一下的必要。

當年我們在上海時和愛玲並不相識，只不過是她的忠實讀者。那時，像許多知識份子一樣，我們都迷上了她的〈金鎖記〉、〈傾城之戀〉、〈沉香屑——第一爐香〉。聽說她脾氣很怪，不喜歡與人往來，根本無緣識荊。想不到後來在香港邂逅相遇，晤談之下一見如故，終於成為莫逆之交，二十餘年如一日。

很多人以為她在《傳奇》和《十八春》之間沒有作品。這並非事實。抗戰勝利後，她編過好幾個電影劇本，包括《不了情》和《太太萬歲》。前者由劉瓊和陳燕燕主演，我們還特地去看了一次。事後，愛玲告訴我們，拍那戲時陳燕燕剛生過孩子，導演嫌她身材不夠苗條，只好老讓她穿黑大衣。可氣的是拍完後，她因為產後太累，人卻瘦了下來。環肥燕瘦的變化完全不受導演控制，令人啼笑皆非。《太太萬歲》由蔣天流等主演，據說是一齣非常成功的喜劇，但我們沒有機會看到。〈金鎖記〉由愛玲自己改編成電影劇本，女主角和導演已內定，可惜始終沒有開拍。

二

《十八春》就是《半生緣》的前身。她告訴我們，故事的結構採自J.P.Marquand〔馬昆德〕的H.M. Pulham, Esq.〔《普漢先生》〕。我後來細讀了一遍，覺得除了二者都以兩對夫婦的婚姻不如意為題材之外，幾乎沒有雷同的地方。原作小說在美國曾改編拍成電影，成績平平。愛玲卻相當尊重這位不上不下的小說家（他的偵探小說倒反而很有銷路）。五十年代中他來過香港，我們一起吃過一次飯，席間愛玲破例和他講了許多話。他很喜歡愛玲用英文寫的《秧歌》。後來愛玲移居美國後，還承他寫信幫了一次忙。

《半生緣》這書名是愛玲考慮了許久才決定採用的。一九六六年十二月她來信說：《十八春》本想改名「浮世繪」，似不切題；「悲歡離合」又太直；「相見歡」又偏重了「歡」；「急管哀絃」又調子太快。次年五月舊事重提，說正在考慮用「惘然記」，拿不定主意。我站在讀者的立場表示反對，因為「惘然記」固然別緻，但不像小說名字，至少電影版權是很難賣掉的。「半生緣」俗氣得多，可是容易為讀者所接受。愛玲終於採納了這客觀的意見。《半生緣》的電影版權到現在雖然還沒有人問訊，香港的電視版權卻給麗的電視搶先買去了。

三

目前為大家所注意的迅雨那篇登在一九四四年《萬象》雜誌上〈論張愛玲的小說〉一文，引起了不少猜測。唐文標說不知作者是誰，懷疑會不會是李健吾。按李健吾寫文學批評的文章一向用劉西渭為筆名，他的《咀華二集》出版於一九四二年。抗戰期間他曾遭日本憲兵隊拘捕，釋放出來後就不再活躍於上海的文壇。彷彿記得他和法租界的話劇團體有聯繫，並編過幾齣舞台劇。那時劇運蓬勃，蘆焚也在上海，化名師陀，轟動一時的《大馬戲團》即他所改編。至於怎麼會懷疑是李健吾呢？大抵因為迅雨的文章中引用法國作家較多。其實這篇文章，寫得非常謹嚴，不像李健吾的文筆那樣散漫嚕囌，明眼人都看得出來。那麼迅雨究竟是誰？原來是戰前即從事翻譯《約翰・克里斯朵夫》和巴爾札克小說的傅雷。那時的文化工作者多數不願寫文章，即使發表，也用筆名，而且不願別人知道。單看名字，迅雨和雷二者之間倒不能說沒有蛛絲馬跡可尋。愛玲當初也不知道作者是誰，還是南來後我告訴她的。她聽後的反應是驚訝，但也並沒有當做一回大事，因為愛玲向來對自己的作品最有自知之明，別人的褒貶很難搖動她對自己的估價。最近我寫信告知夏志清，現在更公諸於世，好讓對張愛玲作品有興趣的讀者知道這件事的底細。傅雷終年埋首譯作，極少寫批評文章，那次破例寫這樣一篇評論，可見他對張愛玲作品的愛之深和責之切。

四

一九五二年愛玲由滬來港，初期寄居於女青年會，靠翻譯工作維持生活。據我所知，她前後替美國新聞處譯過海明威的《老人與海》、瑪喬麗・勞林斯的《小鹿》、馬克・范・道倫編輯的《愛默森選集》、華盛頓・歐文的《無頭騎士》等。正巧那時文美在治家之餘也用筆名替同一機構譯過幾冊書。二人曾任同事之說大概就是由此而來。愛玲對翻譯的興趣不大。她說過：「我逼著自己譯愛默森，實在是沒辦法。即使是關於牙醫的書，我也照樣會硬著頭皮去做的。」另一次她向我們訴苦：「譯華盛頓・歐文的小說，好像同自己不喜歡的人說話，無可奈何地，逃又逃不掉。」唯一的例外，可能是海明威的《老人與海》，因她下過這樣的批評：「曼斯菲爾德（Katherine Mansfield）已過時，令人想起她小說中的衣服，尤其是游泳衣。海明威就不同，雖然他也形容過第一次世界大戰。」

她一方面從事翻譯，一方面還在撰寫和潤飾第一次用英文寫作的小說《秧歌》。起先她很少在我們面前提起這本書，可能初次用英文創作，成敗並無把握，不願多說，而且那時我們方認識不久，友誼還沒有發展到日後無話不談的地步。等到有一天她讓我們看時，已是完整的初稿了。在寄到美國經理人和為出版商接受中間，有一段令人焦急的等待時期。那情形猶如產婦難產進入產房，在外面的親友焦急萬狀而愛莫能助。我們大家都不敢多提這事，好像一公開談論就會破壞了成功的機會似的。我們找出從上海帶來的一本牙牌籤書，為她求卦，說來叫人難以置信，求來求去，竟然總是這樣一幅：

中下　中下　中平　先否後泰。由難而易。

枉用推移力。沙深舟自膠。
西風潮漸長。淺瀨可容篙。

解曰：
君家若怨運迍邅。一帶尤昭百快先。
失之東隅雖可惜。公平獲利倍如前。

斷曰：

雙丸跳轉乾坤裏。差錯惟爭一度先。

但得銅儀逢朔望。東西相對兩團圓。

兩得中下雙丸之象。中下與中平相去不多。故特是占。

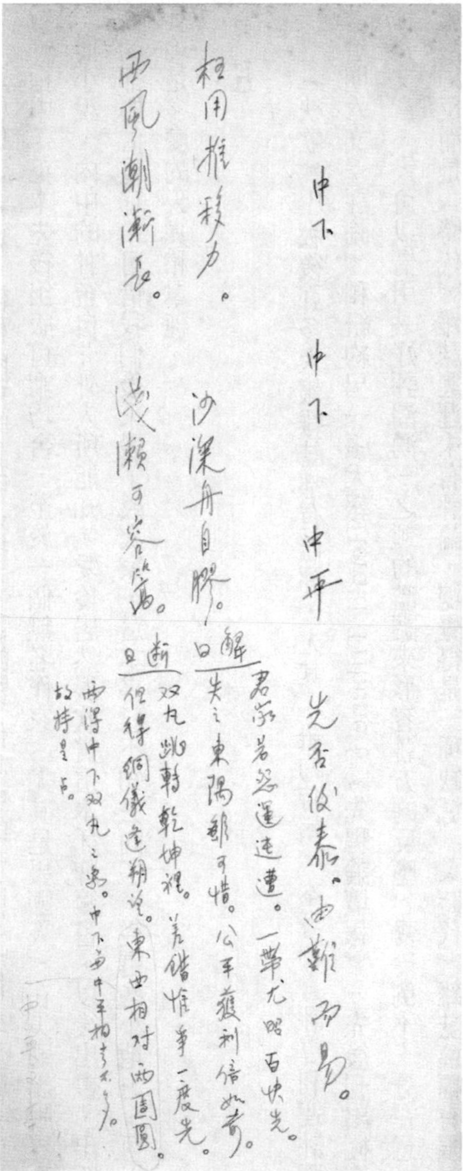
中下　中下　中平　先否後泰。由難而易。

枉用推移力。沙深舟自膠。

西風潮漸長。淺瀨可容篙。

斷曰　雙丸跳轉乾坤裡。差錯惟爭一度先。

但得銅儀逢朔望。東西相對兩團圓。

兩得中下双丸之象。中下與中平相去不多。故特是占。

牙牌籤

這種似通非通、模稜兩可的話叫人摸不著邊際，但其中的「西風」指英文版，「東西相對」指中、英本先後出版可謂巧合。至於一個無名作家（尤其是異國人）在美國出版界要出第一冊小說，內中的甘苦自非外人所能知。愛玲居然很欣賞這本牙牌籤書，以後出書、出門、求吉凶都要借重它。可惜我們後來搬了幾次家，這本書已不知去向了。從這些小地方，可以看出愛玲是多麼的天真和單純。

五

《秧歌》出版後許多大報雜誌都有佳評，尤其《紐約時報》本身和書評專刊連評兩次，《星期六文學評論》和紐約另一張大報Herald Tribune〔《先驅論壇報》〕先後刊出極有利的評介文章，大可以借用「好評潮湧」之類的濫調來形容各方的反應。愛玲倒不十分在意，耿耿於懷的反而是《時代》雜誌遲遲未有評論，總覺得是一種缺憾。《時代》雜誌篇幅有限，選書極嚴，非有顯著特點的書不評，而且評時以挖苦諷刺居多，詞鋒尖刻，往往令當之者無地自容。

有一天我從辦公室帶回來一本新出的《時代》雜誌，先不告訴她，只說給她一個驚喜。因為那一陣我們言談中常提及這雜誌，她心中似有預感，果然開口就問：「是不是《時代》終於有了書評了？」事實上，《時代》雜誌的書評並不能對一本小說的銷路產生重大的影響。所以雖然這篇書評對這新作家的第一部英文小說極為讚許，也沒有起甚麼大作用。

《秧歌》第一版很快售完了。美國小說界有一個特殊現象，一冊小說如果不能躋身暢銷書

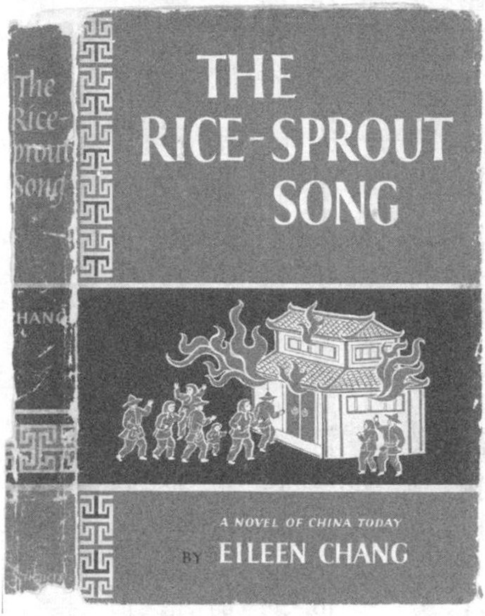

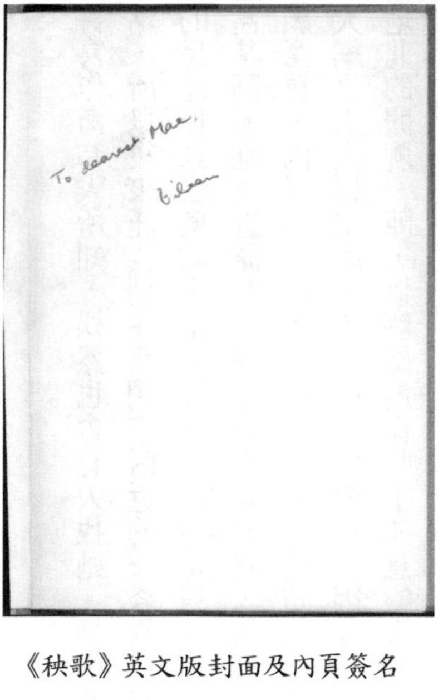

《秧歌》英文版封面及內頁簽名

之列，就要遭受淘汰，書商根本不考慮再版印行。現在誰要買《秧歌》，恐怕唯有求諸於舊書店了。後來香港有人取得再版權，印數極少，我們也沒有見到。《秧歌》的外語翻譯版權賣出了二十三種，還改編成電視劇，在「全國廣播公司」第一映室播映。愛玲赴美後居然在螢光幕上看到，來信云：「慘不忍睹。」

六

愛玲住在女青年會，雖然獨居一室，但譯書寫作漸為人所知，偶然也會有人找她。身份洩露之後，不免受到注意。她生平最怕就是這一點，所以後來託我們在我們家附近的一條橫街租了一間斗室暫住。這房間陳設異常簡陋，最妙的是連作家必備的書桌也沒有，以致她只能拘束地在床側的小几上寫稿。說她家徒四壁並非過甚其詞。她一直認為身外之物都是累贅，妨礙一個人生活的自由。好的書她寧可借來看，也不願意買，因為「一添置了這些東西，就彷彿生了根」。這一段時期，她正在寫《赤地之戀》，大綱是別人擬定的，不由她自由發揮，因此寫起來不十分順手。我們時常抽空去看望她，天南地北的閒聊一陣，以解她創作時不如意的寂寞和痛苦。有時我工作太忙，文美就獨自去。她們很投緣，碰在一起總有談不完的話。但是不論談得多麼起勁，到了七點多鐘，愛玲一定催她回家，後來還索性贈她My 8 O'Clock Cinderella〔我的八點鐘灰姑娘〕的雅號，好讓她每晚和家人聚天倫之樂。在這種地方，愛玲對朋友是體貼入微的。這也可以說是我們同她往來最密切的時期。

她對《赤地之戀》並沒有信心，雖然寫時態度同樣的認真。為這本書求得的一籤是：

勳華之後。降為輿台。安分守己。僅能免災。

書成後，美國出版商果然沒有興趣，僅找到本港的出版商分別印了中文本和英文本。中文本還有銷路，英文本則因為印刷不夠水準，宣傳也不充份，難得有人問津。

這次經驗更堅定了她的信念：決不寫她不喜歡、不熟悉的人物和故事。

七

那時候我在電影界從事劇本審查工作。李麗華和我認識頗久，知道愛玲在香港，而且同我們相熟，再三要我代約愛玲一見。她當年在上海大賣其座的「假鳳虛凰」等片與愛玲所編的電影劇本屬同一公司出品，慕名已久，此刻剛組織了麗華影業公司，打算自資拍片，恨不得快些請到第一流人材為她編劇以壯聲勢。她聽說愛玲性情孤僻，絕不見生客，因此託我想辦法安排。這明明是出難題給我做，叫人傷透腦筋。一方面，李麗華的水磨工夫是出名的，而且她又是紅得發紫的天皇巨星，肯親自出馬，等於紆尊降貴，實在難以推辭；另一方面，這話卻不能和愛玲直言相談，否則強其所難，可能為她斷然拒絕。祇好多費時間用文火燉、慢火熬，終於獲得愛玲首肯，約定了一個日期。

記得那天下午，李麗華特地從九龍過海來我家，打扮得非常漂亮，說話也特別斯文，等了相當久，愛玲才施施然而來。她患深度近視，又不肯戴眼鏡，相信李麗華在她眼中只不過是一片華麗的光影。坐了沒多久愛玲託詞有事，連我們特備的茶點都沒吃就先行告退了。

愛玲那時把全副精神放在《赤地之戀》上，同時在申請移居美國，根本沒有心思寫劇本。日後雖然寫了幾齣電影劇本，也沒有一部由李麗華主演。二人的緣份僅止於這驚鴻一瞥似的短聚。可是愛玲的觀察力是另有一功的，她雖然只坐了一忽兒，對李麗華的印象卻很深刻。次日見面時她告訴我們：

「越知道一個人的事，越對她有興趣。現在李麗華漸漸變成立體了。好像一朵花，簡直活色生香。以前只是圖畫中的美人兒，還沒有這麼有意思。」

後來我將這話講給李麗華的弟弟聽，他搖頭表示愛玲可欺以方：

「究竟是書獃子！她要是看見我姐姐早上剛起床時的清水面孔，就不會這樣說了。」

這當然是開玩笑的話，其實小咪（熟人都這樣叫李麗華）臉部輪廓極好，工作態度更是有口皆碑，無怪走紅影壇歷久不衰，有「長春樹」之稱。我們同她相熟後，知道她坦率風趣，說話刮辣鬆脆，有時三字經都會出口。那天見愛玲，頗有「強盜扮書生」之感，也真難為她了。

八

一九五五年秋，愛玲乘搭「克利夫蘭總統號」郵輪離港赴美，到碼頭送行的祇有文美和我。船到日本，她寄出一封六頁長信，其中有些話：「別後我一路哭回房中，和上次離開香港的快樂剛巧相反，現在寫到這裏也還是眼淚汪汪起來。」使我們讀了很心酸。她說趕緊寫信詳告旅途一切，是因為「有許多小事，一擱下來就覺得不值一說了，趁有空的時候便快寫下來」。此後她一直守著這個原則，事無鉅細都在腦子裏向我們「絮絮訴說不休，就連見面也沒有這麼大的勁講」，然後一有機會就寫信寄來。她的信長短不一，語調也隨著環境和心情的不同而變化，可是每一封都是她的心聲。她認為世事千變萬化，甚麼都靠不住，唯一可信任的是極少數的幾個人，因此再三囑咐我們：「一有空就寫信來……但一年半載不寫信我也不會不放心的。惦記是反正一天到晚惦記著的。」這位天性內傾、不喜與人交遊的才女，一旦和我們締了深交，竟毫無保留的付出她真摯的友情，只能稱之為緣份吧。廿幾年過去了，她的舊信已積成一大堆，我們偶而翻閱，讀到那些富於「張愛玲筆觸」的字句，又像在斗室中晤對清談了。

她在美國的寫作生涯並不順利。長篇小說Pink Tears（《粉淚》）（即後來在英國出版的The Rouge of the North（《北地胭脂》）和在台北出版的《怨女》）改了又改，始終找不到出版者。另一本愛情小說，因為人物太多，外國人攪不清中國人姓名的「三字經」，也沒有人要。如果改用中文寫，又怕其中人物有影射之嫌和近乎紅樓夢的「囈語」，不願輕率下筆。據我所知，這小說的主題很有吸引力，擱在那裏實在可惜。但願時來運到，慢慢有見天日的

VIEWS & REVIEWS

Stale Mates

A Short Story Set in the Time When Love Came to China

EILEEN CHANG

TWO MEN and two girls in a boat sat facing each other on wicker seats under the flat blue awning. Cups of tea stood on the low table between them. They were eating ling, water chestnuts about the size and shape of a Cupid's-bow mouth. The shells were dark purplish red and the kernels white.

"Missu Chou is very stylish today," one of the men said. It was also stylish to address girls as "Miss."

Miss Chou glared at him through her new spectacles and threw a ling shell at him. Her glasses had round black rims and perfectly flat lenses, as she was not nearsighted. The year was 1924, when eyeglasses were fashionable. Society girls wore them. Even streetwalkers affected glasses in order to look like girl students.

Each of the men sat with his own girl because the little boat balanced better this way than if the two girls sat side by side. The pale green water looked thick and just a little scummy, and yet had a suggestion of lingering fragrance like a basin of water in which a famous courtesan had washed her painted face.

The girls were around twenty—young for high school in those days when progressive women of all ages flocked to the primary schools. Miss Chou was much admired for her vivacity and boldness as being typical of the New Woman, while Miss Fan's was the beauty of a still life. She sat smiling a little, her face a slim pointed oval, her long hair done in two round glossy black side knobs. She wore little make-up and no ornaments except a gold fountain pen tucked in her light mauve tunic. Her trumpet sleeves ended flaring just under the elbow.

The young men were Lo and Wen. Lo was tall and thin. His pale turquoise long gown hung well on him in a more literal sense than when the phrase was applied to westerners' clothes. He taught in the same school as Wen. They both owned land in their home village and taught school in Hangchow merely as an excuse to live by the West Lake, where every scenic spot was associated with the memory of some poet or reigning beauty.

The four had been meeting almost daily for more than a year.

They would go out on the lake, have dinner at one of the restaurants along the shore, and go boating again if there was a moon. Somebody would read Shelley aloud and the girls held hands with each other when they felt moved. Always there were four of them, sometimes six but never two. The men were already married—a universal predicament. Practically everybody was married and had children before ever hearing of love. Wen and Lo had to be content with discussing the girls interminably between themselves, showing each other the girls' carefully worded letters, admiring their calligraphy, analyzing their personalities from the handwriting. Love was such a new experience in China that a little of it went a long way.

THEY SAILED into a patch of yellowing lotus leaves, the large green plates crunching noisily against the boat. Then there was silence. The boatman and his little daughter were resting on their oars, letting the boat drift. Now and then the water made a small swallowing sound as if it had a piece of candy in its mouth.

"Going home this weekend?" Miss Fan asked.

"I suppose I can't get out of it this time," Lo answered smiling. "My mother has been complaining."

She smiled. The mention of his mother did not alter the fact that he was going back to his wife.

Lately Lo had been feeling increasingly guilty about going home, while Miss Fan had allowed her resentment to become more manifest before and after each visit.

"I have made a decision," he said in a low voice, looking at her. Then, when she did not ask him what it was, he said, "Missu Fan, will you wait for me? It might take years."

She had turned away, her head bent. Her hands played with the lower left corner of her slitted blouse, furling and unfurling it.

Actually she did not agree to his getting a divorce until days later. But that evening, when the four of them dined at a restaurant famous for its lake fish, Lo already felt pledged and dedicated. All the wine he drank tasted like the last cup before setting out on a long hard journey on a cold night.

The restaurant was called the House Beyond Houses. It leaned over the lake on three sides. Despite the view and its poetic name it was a nonchalantly ugly place with greasy old furniture. The waiter shouted orders to the kitchen in a singsong chant. When the glass dome was lifted from the plate of live shrimp, some of the shrimp jumped across the table, in and out of the sauce dish, and landed on Miss Fan, trailing soya sauce down the front of her blouse. Miss Chou squealed. In the dingy yellow electric light Miss Fan looked flushed and happy and did not seem to mind at all.

LO DID NOT go home until the Saturday after that. The journey took two hours by train and wheelbarrow. His wife looked sheepish as her mother-in-law loudly and ostentatiously excused her from various duties because her husband was

34 THE REPORTER

Stale Mates（〈五四遺事〉英文版）

AT HOME & ABROAD

A Return to the Frontier

EILEEN CHANG

WHEN I got off the plane in Taipei on my way to Hong Kong, I did not expect to see anyone I knew. I had asked the Chus not to meet me, knowing they were busy just then. But it was possible that they would get somebody else to come in their stead, so I was not surprised when an efficient-looking man in neat western clothes approached me. "You are Mrs. Richard Nixon?" he said in English.

I had seen many photographs of the blonde Mrs. Nixon and never imagined I resembled her. Besides, he should be able to tell a fellow Chinese even behind her dark glasses. But with a woman's inability to disbelieve a compliment altogether, no matter how flagrantly untrue, I remembered that she was thin, which I undoubtedly was. Then there was those glasses. "No, I am sorry," I said, and he walked away to search among the other passengers.

It struck me as a little odd that Mrs. Nixon should come to Formosa, even if everybody is visiting the Orient just now. Anyhow there must have been some mix-up, as there was only this one embassy employee to greet her.

"Did you know Mrs. Nixon is coming today?" I asked my friends Mr. and Mrs. Chu, who had turned up after all.

"No, we haven't heard," Mr. Chu said. I told them about the man who mistook me for her and what a joke that was. "Um," he said unsmiling. Then he said somewhat embarrassedly, "There's a man who is always hanging around the airport to meet American dignitaries. He's not quite sane."

I laughed, then went under Formosa's huge wave of wistful yearning for the outside world, particularly America, its only friend and therefore in some ways a foe.

"How does it feel to be back?" Mr. Chu asked. Although I had never been there before, they were going along with the official assumption that Formosa is China, the mother country of all Chinese. I looked around the crowded airport and it really was China, not the strange one I left ten years ago under the Communists but the one I knew best and thought had vanished forever. The buzz of Mandarin voices also made it different from Hong Kong. A feeling of chronological confusion came over me.

"It feels like dreaming." And taking in all the familiar faces speaking the tones of homeland, I exclaimed, "But it's not possible!" Mr. Chu smiled ruefully as if I had said, "But you are ghosts."

MRS. CHU told me as we left the airport, "This is an ugly city, but the minute you get out of town it is beautiful."

They lodged me in a mountain inn. I got the Generals' Suite, where the generals stay when they come uphill to report to the Generalissimo, who lives a few steps away across the road. The suite was reached through a series of deserted little courtyards, with its own rock garden and lotus pond. In the silence there was just the sound of the evening drizzle on the banana palm and in the bathroom a tap of sulphur water constantly running out of a stone lion mouth and splashing over the rim of the cement tank. There were rattan furniture on the tatami flooring and a wardrobe and bed with stained sheets. I told myself not to be fastidious. But there were bedbugs. Finally I had to get up near dawn to sleep on the ledge of the honor recess, where in Japanese living rooms the best vase and picture scroll are displayed. The maid was frightened when she came in the morning and could not find me.

It was plain that the generals had feminine companionship while spending the night awaiting audience with the Generalissimo. I wondered at the ease of procuring girls almost next door to that Christian and Confucian founder of the New Life Movement. Surely it was unseemly with "Heaven's countenance only a foot away," as we used to describe an audience with the emperor. After I left Taipei for the countryside, I realized that prostitution was more open on this island than perhaps anywhere else in the world. In a small-town newspaper five or six advertisements of this type appeared in one day: "Joy and Happiness Prostitutes' Domicile, 1st Class. 124 Shin Ming Road. Swarms of pretty girls like clouds, offering the best service."

IN THE COUNTRYSIDE Formosa peels back, showing older strata. There were more native Formosans than refugees. The mixed emotions of my homecoming of sorts gave way to pure tourist enthusiasm.

From time to time Mrs. Chu, sitting next to me in the bus, whispered urgently, *"Shandi, shandi!"* I just caught a glimpse of a *shandi*, or mountain dweller, a gray little wraith with whiskers tattooed on her cheeks carrying a baby on her back and loitering outside a shop along the highway. *"Shandi, shandi!"* Again the breathless little cry and a nudge. I saw gypsylike children in ragged

A Return to the Frontier (〈重訪邊城〉英文版)

機會。至於短篇小說和論文，發表過的僅為Stale Mates（後譯成中文為〈五四遺事〉）和A Return to the Frontier〔〈重訪邊城〉〕，都登載於The Reporter〔《通訊者》〕雜誌。

五十年代後期，我曾安排愛玲為電影懋業公司編幾個劇本，詳細數目和片名，因事隔多年已記不清了。還能想起來的是：林黛主演的「情場如戰場」（當時打破國語片賣座紀錄），李湄和陳厚主演的「人財兩得」和葉楓主演的「桃花運」，都是本輕利重的上乘喜劇。一九六一年她到香港來蒐集寫作資料，另外趕寫了兩個劇本，其中之一是《南北一家親》（《南北和》的續集），也極受歡迎。

愛玲曾獲「The Edward MacDowell Colony」〔愛德華．麥道偉文藝營〕及「Huntington Hartford Foundation」〔亨亭頓．哈特福基金會〕獎金，得以在專供作家、音樂家和畫家等居住的優美環境中專心創作，後來又獲選為「住校作家」，先後在邁亞美大學和哈佛大學的女校萊克莉夫學院內從事寫作。在MacDowell Colony期間，她與美國小說家Ferdinand Reyher〔費迪南．賴雅〕相識，情投意合，不久閃電結婚。愛玲來信說婚後生活美滿，我們自是高興。她還告訴我們：「我和Ferd常常談著手邊稍微寬裕點就到歐洲東方旅行……相信幾年內我們會見面。那一定像南京的俗語：鄉下人進城，說得嘴兒疼。」可惜幾年後Ferd的健康日漸衰弱，終於在一九六七年十月病逝，我們始終沒有機會認識他。

愛玲在萊克莉夫學院時，於梨華曾請她去紐約州立大學講演過一次。她居然去了，也算是奇事一樁。這段時期，她的主要工作是翻譯用蘇白寫的小說：《海上花》。為甚麼要譯這樣一本冷僻的小說？說起來又是一段文學因緣。以前愛玲寫過信給胡適，胡適很快覆信，並將《秧歌》細讀和批注，使愛玲非常感動。後來《秧歌》英文版問世，胡適買了多冊推薦給友好，並且在愛玲到紐約後，還去她的居所探視她。二人對《海上花》有同嗜，這可能是促使她翻譯《海上花》的主要原因之一。

九

夏濟安和夏志清昆仲都幫過愛玲不少忙，尤其是志清，古道熱腸，常為她生活發愁，自動替她寫信謀事。愛玲的中英文也真是拿得出去，可以先寫中文，然後自譯成英文，例如《赤地之戀》和〈金鎖記〉等；也可以先寫英文，然後自譯為中文，例如《秧歌》和〈五四遺事〉等。二者同樣的自然，看不出翻譯的痕跡。濟安雖以中文為第一語言，但第二次去美國後，用英文寫的論文，篇篇平實中見機智，令人刮目相看。志清一向用英文寫作，其精闢較諸西方名學者未遑多讓，近年出其餘緒寫的白話文也非常流暢。他們二人對愛玲這種隨心所欲中英文互譯的本領很是欽佩。愛玲的〈五四遺事〉寄到《文學雜誌》去發表時，濟安說完全看不出是從英文翻譯過來的——除了一時疏忽，把女主角「范小姐」寫成了「方小姐」之外。

一九六五年春愛玲聽到濟安的噩耗，驚震之餘寫信給我們，提到在一個場合中遇見濟安，濟安很突兀地說：「I'm your competitor, you know.」〔你知道的，我是你的競爭對手。〕弄得她莫名其妙。其實，這頗合濟安的性格，故作驚人，說一句自以為很「帥」（漂亮）的話，令對方不知所措。那時濟安寫過兩篇短篇小說，其中一篇曾在極有地位的《宗派評論》上發表，愛玲根本不知其事。濟安無意以寫小說為專業。做一個江湖隱俠，多練一門武功不足為奇，但小說並非他本門擅長的功夫。愛玲呢，一向獨來獨往，對別人寫不寫小說，寫甚麼小說，從不放在心上。所以，這句話的效果，正如濟安平時自我檢討言行的得失時一樣，一點也不「帥」。濟安死後，志清推薦愛玲給陳世驤，陳世驤又是個愛才的人，就把她安插在加州大學中國研究中心做研究員。可惜愛玲晝伏夜行，與同事們極少接觸，大家無從知道她的才華，陳世驤突然去世，她的職位也就不保了。

十

到了這時，愛玲已習慣於美國西岸的氣候，就搬到了洛杉磯一個小公寓去定居，重新埋頭寫作。另一方面，承唐文標和水晶等因要深入研究她的作品，把她的陳年宿貨都挖掘了出來，再度引起了大家對她的興趣。愛玲不是一個多產作家，更不是一個快速作家，好多故事要在心中醞釀很久才能寫出來。當年她在上海紅極一時，以她堅強的個性，都難卻別人的盛情，硬著頭皮在雜誌上一期期地趕稿。無怪日後看到自己這些舊作，不由得大叫：「咦，這是我寫的嗎？」我笑她的舊作之被發掘，猶如古墓被盜，她覺得字眼不免太重了一些，自嘲地稱之為「古物出土」。其實〈創世紀〉和〈連環套〉都是她當初自己腰斬的，因為覺得不滿意，故意不收在小說集中。為了這事，她還特地寫了一篇解釋性的文章。

她最近寫完了一篇短篇小說[2]，其中有些細節與當時上海的實際情形不盡相符，經我指出，她嫌重寫太麻煩，暫擱一旁，先寫成〈二詳紅樓夢〉和一個新的中篇小說：《小團圓》。現在〈二詳〉已發表，《小團圓》正在潤飾中。

多年前我勸過愛玲不妨先寫一本暢銷的小說奠定了文壇上的地位再說，並且還自作聰明向她建議一個容易討好的題材，只要動筆寫就行。她的答案是斬釘截鐵的「不！我絕不寫自己不想寫的人物和故事」。現在她又在專心創作，她的忠實讀者和友好聽見了這喜訊，輾轉相告，向我們打聽消息的人源源不絕，所以為了報導一點「古物出土」的真相，徵得她本人同意草此小文。有些話也許是不應該說的，既然說了出來，只好借用愛玲的書名，把本文名為〈私語張愛玲〉了。

1．編按：「平」指平鑫濤。
2．編按：「短篇小說」指〈色，戒〉。

第三部分

張愛玲語錄

前言

宋以朗

宋淇以「林以亮」作筆名發表的〈張愛玲語錄〉，初載《明報月刊》一九七六年十二月號，後刊於《聯合文學》一九八七年三月號。五十年代，張愛玲暫居香港，常與我母親鄺文美聊天。鄺文美往往在事後把她的話摘錄在紙條上，這樣便成了後來〈語錄〉的參考材料。據紙上偶然出現的日期推斷，那時大概是一九五四、五五年。內容主要涉及文學、友誼、處世、人物月旦等，但亦有部份不像談話內容（例如一些夾雜幾個漢字的英文段落或景物描寫），可能是母親從張的筆記本抄來，隨便混在語錄中。

當年宋淇曾為其〈張愛玲語錄〉寫過一段前言，扼要地解釋了相關背景：

張愛玲的〈姑姑語錄〉讀來趣味盎然，一則可能她姑姑是極有個性的知識分子，談吐與眾不同；二則可能愛玲剪裁得巧，恰到好處。在五十年代初期，我們差不多每天有機會見到愛玲，尤其文美同她志趣相投，幾乎無話不談。愛玲雖不是約翰蓀博士，想不到文美卻像包思威爾，有時回到家裏還抽空將當天談話中猶有餘味的絮語匆匆錄下留念。

近日「張迷」越來越多，連愛玲自己不願流傳於世的舊作也給人挖掘了出來。自從拙作〈私語張愛玲〉一文刊出後，讀者紛紛來信表示希望多知道這位女作家的日常生活和思想為人。現在我取得愛玲同意，從文美的記錄中選出一些片段輯成語錄與「張迷」共享。愛玲不能算第一流的談話家，她對好朋友說的話既不是啟人深思的名言雋語，也不是故作驚人的警句，但多少含有愛玲所特有的筆觸，令人低迴不已。

至於當年〈語錄〉的編寫過程及張愛玲的意見，可參考以下書信節錄：

宋淇致張愛玲1976.5.6

我在想搜集一點你的quotes〔說話〕，叫〈張愛玲語錄〉，先得徵求你和Mae的同意。

張愛玲致鄺文美、宋淇1976.5.20

〈語錄〉當然同意，不過隔得日子久了，不知道說些什麼。

張愛玲致鄺文美、宋淇1976.7.21

希望你們等以後有空的時候還是把〈張愛玲語錄〉整理出來，我上次隨口說「隔得太久了不知道說些什麼」，千萬不能誤會我是要自己檢查，彷彿你們不會揀適當的。

宋淇致張愛玲1976.9.4

〈張愛玲語錄〉我最近挑了幾十條，先影印給你看看，要等文美剪裁，加一點修正後再開始發表，是否能成書頗成問題，但至少對你是一大build-up〔有利名聲之舉〕。

張愛玲致鄺文美、宋淇1976.9.24

Mae倒已經要動手編〈語錄〉了。請千萬不要寄副本來，我是真的不想看，等著看書。

張愛玲致鄺文美、宋淇1976.11.2

我本來覺得很難相信「釵黛一人論」。作為一個寫小說的，一想就頭昏起來。後來忽然悟出Stephen相信是因為Mae個性上兼有寶釵黛玉的有些特點。也許你們覺得是奇談，但是我確是這樣一想才相信了，因為親眼看見是可能的。彷彿太personal〔私人〕，所以沒寫進去。也說不定可以收入〈語錄〉，反正那都是私信，不能算是捧朋友，互相標榜。你們斟酌一下，在我都是一樣，也不是一定要發表這意見。

宋淇致張愛玲1976.12.6

另函附上〈張愛玲語錄〉一文，〔……〕關於寫你的文章，可以暫時告一段落，以免為人「牽頭皮」，說我們挾你以自重。

張愛玲致鄺文美、宋淇1976.12.15

〈語錄〉也收到了，真虧Mae記下來這些。是真不能再提我了，已經over-exposure〔曝光過度〕。

宋淇的〈張愛玲語錄〉是刪剪版本，刪去的除了張愛玲對別人指名道姓的批評外，更多的就是對他們夫婦倆的讚賞。前者為存厚道，而後者就是不想借張愛玲來標榜自己。一九八七年，皇冠編輯曾建議把〈張愛玲語錄〉收入《續集》，也被宋淇以不欲「挾愛玲以自重」為由而拒絕。以下是他在一九八七年三月九日寫給皇冠總編輯陳皪華的信：

這些年來，我們為愛玲做了不少事情，從來不居功，也從未挾愛玲以自重。〔……〕關於〈張愛玲語錄〉我另有一個想法，愛玲寫書一向獨往獨來，〈語錄〉雖是她說的，終究是我們錄的，大可不必，此其一。我們這麼多年來為愛玲做了不少事情，完全是友誼，從未有攀龍附鳳之想，現在這麼做，外人看來似有這種嫌疑，何況我想等我太太身體稍好，我們仍可繼續再添幾段，此其二。我們和愛玲年齡不輕、身體都不太好，我正在考慮寫幾篇回憶體的文章，以不侵犯她的隱私權為主，講一些外人所不知道的事，有助於讀者對她的了解，將來交皇冠發表，或交聯副或不交聯副同時發表。〔……〕此其三。《續集》是我編的「海外叢書」之一，身為編者，更應避嫌，不應利用職權，假公濟私，所以決定不登。篇幅也不在乎這十頁。

現在事過境遷，被罵的、被讚的大都去世，〈語錄〉也不過是一疊文學史料而已，相信也沒什麼值得避嫌。所以我決定把鄺文美親筆謄抄的語錄，不加潤飾地公開，故每多中英夾雜的地方。由於我不是當事人，無權改動什麼，也只好隨它去了。連宋淇已發表的語錄在內，共得三百零一則。

為方便讀者檢索，我把〈語錄〉分成六部份，分別題為1.「寫作」，關於張愛玲的創作生涯；2.「談藝」，包括她對文學或電影等的評論；3.「友誼」，主題環繞她與我家（特別是母親鄺文美）的情誼；4.「女人」，顧名思義是涉及女人感興趣的話題，如時裝、美容、婦女價值觀等；5.「人生」，指張的人生觀、宗教觀；6.「雜錄」，難以分類的都歸此。由於張愛玲的談話對象是我母親，故〈語錄〉中所有「你」字都指鄺文美。她們說話中英夾雜，為方便讀者，我盡量添上中譯，附於原文旁邊，標以〔〕。至於註釋方面，宋淇在舊版〈張愛玲語錄〉的按語，現在一律置於註腳，並加「宋淇按」於句首；由於語錄內容非常精簡，亦時時穿插著很多不為人知的典故，我只好酌量添一些註解，方便一般讀者也能欣賞張愛玲的說話。至於掛一漏萬，在所難免，也有好些隱語無從稽考，唯有付之闕疑，尚祈方家不吝指正。

寫作

我來了香港，寫作的速率已經打破自己的記錄，不過同別人比起來還是很慢。

住在女青年會時從朝寫到晚，一天十幾小時——現在想想真太機械化了。

長期獨自關在一間房裏埋頭工作，使我覺得not myself（不是自己），所以不願讓你看見。

除了少數作品，我自己覺得非寫不可（如旅行時寫的〈異鄉記〉[1]），其餘都是沒法才寫的。而我真正要寫的，總是大多數人不要看的。

〈異鄉記〉——大驚小怪，冷門，只有你完全懂。

當時我逼自己譯愛默森，即使是關於牙醫的書，我也照樣會做的[2]。

譯Washington Irving——好像同你不喜歡的人說話，無可奈何地，逃又逃不掉[3]。

如果R. L.找翻譯中的「錯」像緝私那麼靈就好了，只怕有時他找出來的並不是「錯」。

關於「自己三十歲生辰」之類的話，我不願意用在別的小說中，留著將來寫自己的故事[4]。現在總是避免寫自己。有些人的小說，看過就定會知道作者的一切，我不要那樣。

〈紅玫瑰與白玫瑰〉中男主角是我母親的朋友，事情是他自己講給母親和姑姑聽的，那時我還小，他以為我不懂，那知道我聽過全記住了。寫出來後他也看見的，大概很氣——只能怪他自己講[5]。

二人所想總不約而同，簡直嚇壞了。「現在死也不怕了，已經有人會替我做索引。」

H.H.H.F. ——〈創世紀〉中的老先生太太——〈留情〉中備用。紅玫瑰——炎櫻[6]。

我要寫書——每一本都不同——（一）《秧歌》；（二）《赤地之戀》；（三）Pink Tears[7]〔《粉淚》〕；然後（四）我自己的故事，有點像韓素英的書[8]——不過她最大的毛病就是因為她是個second rate writer〔二流作家〕，別的主場等卻沒有關係。我從來不覺得

jealous of her〔妒忌她〕，雖然她這本書運氣很好，我可以寫得比她好，因為她寫得壞，所以不可能是威脅，就好像從前蘇青成名比我早，其書的銷路也好，但是我決不妒忌她。（五）《烟花》（改寫《野草閒花》）[9]；（六）那段發生於西湖上的故事；[10]（七）還有一個類似偵探小說的那段關於我的moon-face〔圓臉〕表姐被男人毒死的事[11]……也許有些讀者不希望作家時常改變作風，（They expect to read most of what they enjoyed before〔他們以往喜歡的，大都期望可再次讀到〕），Marquand寫十幾年[12]，始終一個方式，像自傳——但我學不到了。

〈金鎖記〉與五四時代的事，已經成為歷史性材料，倒是十年前敵偽時期容易過時。〈金鎖記〉——halfway between《紅樓夢》與現代〔介乎《紅樓夢》與現代之間〕。

月香、金花、譚大娘都像真的人！可以同李、章等一口氣說。[13]比真人還知道得清楚，know what to expect〔知道可抱什麼期望〕。

喜看New World Writing〔《新世界文學》〕之類的新書[14]，和自己的風格扯一扯正好。

不在乎literary gathering or editor〔文人聚會或編輯〕，不管別人說得多好，我已聽見過更好的，而且我自己想得還要好。

最慘是作家參加literary gathering之類的集會。大家等人讚他們的書，多難為情！還有作家同editor談論自己的書——不知道聽的人多麼厭煩。

辦雜誌，好像照顧嗷嗷待哺的嬰孩，非得按時餵他吃，餵了又餵，永遠沒有完……我一聽見××的計劃就擔心這一點。

讀者所想像的「作家」總是同他本人不同，多半要失望。幸虧你不是那樣。

女明星、女演員見我面總劈頭就說：「我也喜歡寫作，可惜太忙。」言外之意，似乎要不是忙著許多別的事情——如演戲——她們也可以成為作家。

寫了改，抄時還要重改，很不合算[15]。

有些作家寫吃的只揀自己喜歡的。我故意寫自己不喜歡的，如麵（又快又經濟）、茶葉蛋、蹄膀。

Medium〔通靈者〕——從前胡××就說我寫的東西「有鬼氣」。我的確有一種才能，近乎巫，能夠預感事情將如何發展。我覺得成功的一定會成功[16]。

寫《赤地之戀》（英文）真怨。Outline〔大綱〕公式化——好像拼命替一個又老又難看的婦人打扮——要掩掉她臉上的皺紋，吃力不討好。一樣替人化粧，為什麼不讓我找個年青的美女做對象[17]？

寫《赤地之戀》，好的東西放得太多或太長，我就有點噤。怕賣不掉，像《有口難言》[18]。

有時（《赤地之戀》）實在寫不出，我才明白別人為何不肯寫作，任何人都有理由不寫。

這幾天總寫不出，有如患了精神上的便秘。

故事（《赤地之戀》）要寫得複雜，因為人生本是複雜的。如迷魂陣，使人不知不覺鑽了進去。

「新瓶裝舊酒」——人家寫的，細看之後知道也不是什麼新的——我寫《赤地之戀》卻是「舊瓶裝新酒」，吃力、寃枉。

硬留你坐——怕寫《赤地之戀》。聽似消極的留你，並非真的要你這個人。

寫完一章就開心，恨不得立刻打電話告訴你們，但那時天還沒有亮，不便擾人清夢。可惜開心一會兒就過去了，只得逼著自己開始寫新的一章。

英文《赤地之戀》，寫到bedroom scene〔床戲〕我就寫不下去[19]，好像都那麼hackneyed〔陳腔濫調〕！不知道英文中這類東西應寫到哪裏為止，所以想看點From Here To Eternity[20]，Bhowani Junction[21]之類的小說。

《赤地之戀》中校對一塌糊塗，但是所有黃色的地方都沒有錯字，可見得他們的心理[22]。

《赤地之戀》中遊行一段並不是說你們[23]——Their time was borrowed and was running out.〔他們的時間是借來的，而且快要耗盡。〕

《赤地之戀》印得一塌糊塗，幸虧現在我正為了《秧歌》在美出版事而很開心，否則火氣更大。不過我也吵不出什麼來，天生不會吵，說厲害點的話也不會[24]。

本來我以為The Rice-Sprout Song〔英文《秧歌》〕的出版，不會像當初第一次出書時那麼使我高興得可以飛上天，但是現在照樣還是快樂。我真開心有你，否則告訴誰呢？[25]

聞得新書發行，面色之感動震恐狀如初度聞示愛時。

一九四三年《傳奇》出版——第一本書「快活得簡直可以飛上天」。《秧歌》永遠不能比——雖然當日出書易（沒有人寫，誰都能出），現在難。

（關於出版一本書）其實告訴我也沒有關係；如果成功，我不會高興得就此懈怠下來，如果不成功，我也不會就此灰心。有什麼分別呢？（關於Scribner）[26]

Nothing can dampen my spirit，——I am practically water-proof.[27] 第一本不成功，我更努力寫第二本。

《時代》書評很令我滿意，只要能賣出兩百多本（比Isherwood的第一本書多一點），我就沒有什麼可抱怨的[28]。

寫完《赤地之戀》本想寫Mesh[29]〔網〕，又怕剛寫慣長篇，停下來寫短的，以後再續Pink Tears〔《粉淚》〕時會拉不長。「鬆鬆緊緊」太耽誤時候。

Mesh不預備寫得長，因為材料（間諜）不是我所熟悉的，虛構出來不像真。自己熟悉的故事可以穿插許多有趣的細節。

寫小說非要自己徹底了解全部情形不可（包括任務、背景的一切細節），否則寫出來像人造纖維，不像真的。

1．這是張愛玲一篇殘缺不全的散文，現存筆記本有八十頁，估計約三萬多字，部分片段也見於《秧歌》、《怨女》和《小團圓》等。背景是抗戰後、解放前，講一位女子到溫州中途的見聞，似乎補充了《小團圓》第九、十兩章的情節。《小團圓》第十章也剛巧有一句點出書題：「他鄉，他的鄉土，也是異鄉。」所謂「大驚小怪，冷門」，也許指文中多描述些普通人不注意的微末事物。

2．此語也見宋淇〈私語張愛玲〉：「她說過：『我逼著自己譯愛默森，實在是沒辦法。即使是關於牙醫的書，我也照樣會硬著頭皮去做的。』」《小團圓》第十二章：「郁先生一度在上海找了個事，做個牙醫生的助手，大概住在之雍家裡，常來，帶了厚厚的一大本牙醫學的書來托她代譯。其實專門性的書她也不會譯，但是那牙醫生似乎不知道，很高興揀了個便宜，僱了個助手可以替他譯書揚揚名。」

3．Washington Irving即歐文，張譯過他的《無頭騎士》，又名《睡谷故事》（The Legend of Sleepy

Hollow）。此語又見宋淇〈私語張愛玲〉。

4．參看註125及其相關語錄。

5．水晶在〈蟬——夜訪張愛玲〉一文中曾引述張愛玲的話：她說寫完了〈紅玫瑰與白玫瑰〉後，「覺得很對不住佟振保和白玫瑰，這兩人她都見過，而紅玫瑰祇是聽見過。」

6．原稿如此，寫得很隱晦。

7．Pink Tears後來改成The Rouge of the North（《北地胭脂》），中文版即《怨女》。

8．韓素英，今天普遍稱作韓素音（Han Suyin, 1917-），歐亞混血女作家，原名周光瑚（Rosalie Elisabeth Kuanghu Chow），生於中國。她一九五二年的自傳小說《瑰寶》（A Many Splendoured Thing）曾被好萊塢改編成同名電影（漢譯「生死戀」），張愛玲所謂「像韓素英的書」即指此。至於她計劃寫的「我自己的故事」，後來確實寫了，就是長篇小說《小團圓》，以及兩部英文小說：《易經》（The Book of Change）和《雷峯塔》（The Fall of the Pagoda）。

9．《野草閒花》是小說，作者是鴛鴦蝴蝶派作家蘇廣成（王大蘇）。一九五六年，張愛玲在美國搬家時遺失了《野草閒花》及蘇青的《歧途佳人》。她本打算改寫這兩部書，便致函要求宋淇代購，以供參考之用。

10．張愛玲在〈談吃與畫餅充飢〉說：「離開大陸前，因為想寫一篇小說裡有西湖，我還是小時候去過，需要再去看看，就加入了中國旅行社辦的觀光團，由旅行社代辦路條，免得自己去申請。」「西湖上的故事」應該就是〈五四遺事〉。

11．參看下面一則論女人「才、貌、德」的語錄。見本書第96頁。

12．馬昆德（John P. Marquand, 1983-1960），美國小說家。據宋淇〈私語張愛玲〉所記，張曾透露《十八春》的故事結構乃採自馬昆德的《普漢先生》（H.M. Pulham, Esquire, 1941）；同文又提及馬昆德五十年代來港時曾與張、宋等吃飯，「席間愛玲破例和他講了許多話。」一九五六年，張愛玲自美國來信，說她已「把兩篇短篇小說修改後寄去給他（註者按：即馬昆德）看〔……〕我很希望他能設法幫我賣掉它。」結果如何？之後一封信說：「他喜歡那兩個短篇小說，尤其是Spyring〔英文〈色，戒〉〕。說我的agent〔經紀人〕如賣不掉，他想只是因為讀者不熟悉上海的背景。他建議投到《紐約客》去，如他們不要，再試Harpers〔《哈珀斯》〕，Atlantic〔《大西洋月刊》〕。又說：'It occurs to me that if you were to do about eight more stories along the lines of the two you have showed me, they would make a very good book of short stories even though very few people appear to buy short stories in book form.'〔我又想到，若能依照你寄來那兩篇的思路，再寫大約八個故事，就可出一部很好的短篇小說集了，儘管似乎很少人會買結集成書的短篇小說。〕我覺得他不大helpful〔幫得上忙〕。」

13．月香、金花、譚大娘皆《秧歌》人物。李、章是女性朋友，名字不詳。

14．美國五六十年代的文學雜誌。

15．鄺文美〈我所認識的張愛玲〉：「在行文運字上，她是極其用心的，寫完後仍不惜一改再改，務必達到自己完全滿意的地步。有時我看見她的原稿上塗改的地方比不塗改的地方還要多，一大行一大行藍墨水，構成很有趣的圖案。」

16．「胡××」，可能指胡蘭成。「我的確有一種才能，近乎巫」：據萬燕在〈算命者的預言〉一文所考，一九三七年聖瑪利亞女校校刊《鳳藻》上，「有多達幾個整頁的以卡通形式與真人照片相結合的漫畫插圖」都是張愛玲畫的，「她把自己畫成在看水晶球的預言者，又把她對每個同學的印象與她所祝願的未來都畫在上面。」她對命理占卜確實很有興趣，當時就常用我家的牙牌籤書占卜，可參考馮睎乾〈張愛玲的牙牌籤〉一文。關於「預感」，一九九四年三月五日張愛玲致鄺文美信：「此前不久還有一次較小的地震，中心在我附近濱海小城Santa Monica〔聖摩尼卡〕，離岸不遠的海洋中。因為離得近，反而震得更厲害。前一天我忽然無故想起有一種罐頭可以買來預防地震，沒水沒火也能吃——如罐頭湯就不行。在這之前兩三個星期又有一次預感應驗。」順帶一提，根據一九八九年十二月十一日張愛玲致莊信正書，她晚年曾「想寫篇散文關於靈異」，當中會談一些心靈感應的經驗，可惜沒有寫成。幸好那些「靈異」個案，在她給宋淇和鄺文美的信中也有不少，可參考註54。

17. 《赤地之戀》乃受美國駐港總領事館新聞處（美國在國外的文宣機構，簡稱「美新處」）「委任」而創作，旨在宣傳反共。據五十年代曾任職美新處處長的理查德．麥卡錫（Richard McCarthy）回憶，《秧歌》與《赤地之戀》的故事概要皆由張愛玲親擬，但美新處有專人跟她討論情節發展及監察進度。（可參考高全之〈張愛玲與香港美新處——專訪麥卡錫〉）但水晶在〈蟬——夜訪張愛玲〉一文中，則說張愛玲主動告訴他：「《赤地之戀》是在『授權』（Commissioned）的情形下寫成的，所以非常不滿意，因為故事大綱已經固定了，還有什麼地方可供作者發揮的呢？」有論者便依據麥卡錫訪問中的話，質疑「故事大綱已經固定」云云是「水晶自己的議論而非出自張愛玲之口」（見符立中〈新感覺派的最後大師——張愛玲〉一文）。當然，也不能排除任何一方有誤記的可能。水晶夜訪張愛玲是在一九七一年，距《赤地之戀》的創作約十七年；高全之訪問麥卡錫是在二〇〇二年，麥卡錫當時八十一歲，已事隔四十八年。誰誤記的機會較高呢？一九七六年，深知內情的宋淇發表〈私語張愛玲〉，當中有云：「這一段時期，她正在寫《赤地之戀》，大綱是別人擬定的，不由她自由發揮，因此寫起來不十分順手。」論調與水晶訪問記一致。現在根據鄺文美這則早於五十年代已寫下的語錄，可知張愛玲確實抱怨「Outline公式化」，那麼小說大綱即使不由別人代擬，恐怕也要由美新處授意並得其核准。折衷兩說，其實麥卡錫與張愛玲所講的都可以同時是事實：前者說「她親擬故事概要」，但不忘補充「她會告訴我們故事大要，坐下來與我們討論」，所謂「討論」就已經可圈可點了；後者雖說「Outline公式化」、「大綱已經固定」，卻沒否定過她在「討論」後不能「親擬」故事概要。「儘管是《羅生門》那樣的角度不同」（張愛玲語，見一九七六年一月三日張愛玲致宋淇書），也不過是表述同一事實而已。至於作者本人對《赤地之戀》的評價，其實已清楚見於一九五五年二月廿日她致胡適的信函（收錄於張愛玲〈憶胡適之〉一文）：「還有一本《赤地之戀》，是在《秧歌》以後寫的。因為要顧到東南亞一般讀者的興味，自己很不滿意。而銷路雖然不像《秧歌》那樣慘，也並不見得好。我發現遷就的事情往往是這樣。」

18．《有口難言》是宋淇改編自法朗士（La Comédie de celui qui épousa une femme muette, 1908）的電影劇本，導演是婁貽哲，由嚴俊、林黛等主演。此片於一九五五年在台灣、泰國上映，但在香港送檢時有問題，延至一九六二年才在港正式公映，「賣不掉」大概就指這類阻滯。一九五八年，張愛玲恰巧在美國看到「有口難言」上映，便寫信給鄺文美說：「前些時我們走過華人城一家電影院，我忽然嚇一跳，看見『有口難言』正上演。立刻進去看，不料廣東話配音，我一時懍住了簡直一句也聽不懂，漸漸才慣了，但還是錯過許多對白。但是我主要的感覺是relief（鬆一口氣），因為我對於國語片的種種保留，使我提心吊胆只怕糟蹋了劇本。演員除水××外都不差，林黛活色生香，不怪紅得這樣。光線嫌黯淡，不知道是否因為拷貝舊，配音與嘴唇不吻合，有點損害妹妹代說話的效果。觀眾的反應很好。看劇本的時候覺得玲瓏剔透像個水晶塔，看戲也還是同樣印象，有些地方（如廣播場面）反比看劇本時味道更泡出來些。」

19．「Bedroom scene」可見Naked Earth（《赤地之戀》英文版）第十四章，中文版則見第七章。

20．詹姆斯．瓊斯（James Ramon Jones, 1921-1977）一九五一年的小說，五三年拍成同名電影，中文片名叫「亂世忠魂」。

21．《寶雲尼車站》（Bhowani Junction）是英國小說家約翰．馬斯特茲（John Masters, 1914－1983）一九五二年的小說。

22．《赤地之戀》那時由香港天風出版社印行。

23．《赤地之戀》第七章。

24．宋淇的〈私語張愛玲〉提及《赤地之戀》反應不佳：美國出版商沒興趣，僅找到香港出版商印了中、英文兩種版本；中文版尚有點銷路，而英文版則因為印刷質素差及欠缺宣傳而無人問津。

25．舊版〈張愛玲語錄〉：「本來我以為這本書的出版，不會像當初第一次出書時那樣使我快樂得可以飛上天，可是現在照樣快樂。我真開心有你們在身邊，否則告訴誰呢？」值得注意的是，最初的手稿只說「我真開心有你」（即鄺文美一人），而非後來潤飾過的「你們」（包括宋淇）。

26．Scribner即Charles Scribner's Sons，是紐約出版社，一九五五年出版The Rice-Sprout Song（英文版《秧歌》）。

27．這句一語雙關，表現出張的機智：「dampen my spirit」本指「使我氣餒」，但dampen原義又是「弄濕」，便引出了之後「我的確是防水的」此妙語。

28．高全之〈林以亮〈私語張愛玲〉補遺〉記一九五五年四月廿五日《時代》雜誌書評云：「如以通俗劇視之，則屬諷刺型。可能是目前最近真實的、中國共產黨統治下生活的長篇小說。」克里斯托弗・伊舍伍德（Christopher Isherwood，1904－1986），是張愛玲當時常讀的一位美國小說家。

29．Mesh應該就是The Spyring最初的名字，中文版即〈色，戒〉。

談藝

Opera〔歌劇〕——一點沒變。小說、電影都進步了，又不stylized〔程式化〕，慷慨激昂得討厭[30]。

喜歡Dalí〔達利〕的畫——Arch〔拱門〕——遠有人走，近景亦有人，各不相關。Picasso〔畢卡索〕也騙人。

Taste〔品味〕轉向現代化（跳出十九世紀）——在我是本能的，在你們是逐漸，即緩慢的，可能因為你們二人的家庭都受過西洋影響，而我的家是完全中國式的，中國畫等倒比較接近現代精神。

就算最好的寶石，也需要琢磨，才會發出光輝來。（勸人勤於練習寫作）

要中英文好，最有效的辦法是多看小說。（讓琳琳看劇本？）[31]

李：「蛇蝎美人」總算看見了。索性壞到底，看看倒很thrilling〔令人興奮〕，只淺薄得可笑。這事無論用什麼道德標準，都無法自圓其說。蕭伯納卻不會說她對[32]。

I am a Camera〔《我是攝影機》〕（覺得某幾個姿態好看）[33]

1.說到某些話——難為情

2.眉毛一抬——似乎很cynical〔憤世嫉俗〕

3.傷心——臉別過去，眼睛向下，聲音越來越輕，只見嘴唇在動。我心裡雖然覺得很難過，還是覺得好看。自己make a note〔做了筆記〕，預備將來寫下來——插在什麼書中。

看了I am a Camera後，覺得John Van Druten寫得真好，你們肯定不喜歡Isherwood的The World in the Evening〔《夜晚的世界》〕，那女作家（Elizabeth Rydal）尤其引起我反感[34]——每個人都有sore spot〔痛處〕。

「似是而非」——對於有點像自己寫的東西（如Isherwood的The World in the Evening），總是特別喜歡或特別不喜歡，像看見別人穿下照自己樣做的衣服。

別人寫出來的東西像自己，還不要緊；只怕比自己壞，看了簡直當是自己「一時神志不清」寫的，那才糟呢。

我喜歡的書，看時特別小心，外面另外用紙包著，以免污損封面；不喜歡的就不包。這本小說（The World in the Evening）我並不喜歡，不過封面實在好看，所以還是包了。

Isherwood做作——如中年婦人撒嬌——「老天真」。

Isherwood有時不誠實——如講到同性戀愛的地方。（起先對白中態度光明磊落，後來他又承認不該encourage〔慫恿〕Michael）[35]

他文筆是好的——我倒情願他寫得不好，而有點真的氣氛——其餘的部份我可以用想像去填補。

他一定沒有遇見那麼樣的一個女作家（Elizabeth Rydal）[36]，只不過不願意用1st person〔第一人稱〕寫自己的事，所以才弄出那麼一個太太。

他寫Stephen Monk是個「闊少」，也不像[37]。

描寫美國和歐洲各地——精彩，使人一看就記得，好像親眼看見。

K. Mansfield〔曼斯菲爾德〕過時[38]，想起她小說中的衣服，尤其游泳衣。Hemingway〔海明威〕倒不，雖然他也形容第一次大戰[39]。

書是最好的朋友。唯一的缺點是使我近視加深，但還是值得的。

有些書喜歡看，有些書不喜歡看——像奧・亨利的作品——正如食物味道恰巧不合胃口。

56期《今日世界》（14頁）所刊鳴瑲的〈暮雨〉一詩，學梁文星[40]——有如猴子穿了人的衣服，又像又不像。

「盲戀」——瞎摸回老家去（康城）[41]

徐訏——太單薄，只有那麼一點。

有些人從來不使我妒忌，如蘇青、徐訏的書比我的書銷路都好，我不把他們看做對手。還有韓素英。聽見凌叔華用英文寫書，也不覺得是威脅。看過她寫的中文，知道同我完全兩路。

韓素英——幾年不看書——「八成新」，不知道借題發揮處還是寫愛情處更糟。「真的」寫成「假的」。

從小妒忌林語堂[42]，因為覺得他不配，他中文比英文好。如「人亦要做錢亦愛」，一字不能改。英文用字時常不恰當。

林語堂——喜歡隨便改動原作，一個字用另一字沒有多大分別。

喜歡看張恨水的書，因為不高不低。高如《紅樓夢》、《海上花》，看了我不敢寫。低如傑克[43]、徐訏，看了起反感。也喜歡看《歇浦潮》這種小說[44]。不過社會小說之間分別很大。不喜歡看王小逸的書[45]，因為沒有真實感，雖然寫得相當流利。倒情願看《野草閒花》之類的小說[46]。

除了必用的參考書之外，我一生只甘心情願地買過一部書——《醒世姻緣》。

我們下一代，同我們比較起來，損失的比獲得的多。例如：他們不能欣賞《紅樓夢》。

一人好點評女人，常云醜死了。人背後云他己妻如此醜，卻評人。——此如云批評家自己寫不出，沒資格評人——同一錯誤。

所愛之人每顯得比實際有深度，看對方如水面添陽光閃閃，增加了深度——也許別人真有深度[47]。但不愛時，則一切都以心理學簡化方式看待。而文學者對世界所有事物皆以愛人觀點出之。

30．可參看張的〈談音樂〉（1944）：「歌劇這樣東西是貴重的，也止於貴重。歌劇的故事大都很幼稚，譬如像妒忌這樣的原始的感情，在歌劇裡也就是最簡單的妒忌，一方面卻用最複雜最文明的音樂把它放大一千倍來奢侈地表現著，因為不調和，更顯得吃力。『大』不一定是偉大。而且那樣的隆重的熱情，那樣的捶胸脯打手勢的英雄，也討厭。」

31．「琳琳」是我的姊姊宋元琳。

32．「李」，懷疑即費雯麗（Vivien Leigh, 1913-1967）。「蛇蝎美人」該指她在電影「凱撒與豔后」（Caesar and Cleopatra, 1945）中克麗奧佩拉的角色，此片根據蕭伯納（George Bernard Shaw）的同名劇作改拍，亦是由蕭編劇。

33．I am a Camera，是約翰范楚坦（John Van Druten, 1901-1957）一九五一年的劇作，一九五五年被拍成電影。

34．《夜晚的世界》（The World in the Evening），伊舍伍德一九五四年出版的帶自傳色彩的小說。故事從第一人稱角度出發，以二次大戰前後作背景，主角史蒂芬．蒙克（Stephen Monk）是富家子，他為了逃避第二段婚姻的失敗而返回昔日所居之地，追憶起已過身的小說家前妻伊莉莎白．萊德（Elizabeth Rydal），以及自己與一年輕男子的婚外情等。通過反覆內省，蒙克覺悟到自己從前是如何幼稚，最後心靈亦得到慰藉，可自信地面對將來。另外值得一提的，是蘇珊．桑塔格（Susan Sontag）在《坎普札記》（Notes on「Camp」）說過，最早期對「坎普」的書面論述可見諸此書。

35．Michael是小說的同性戀角色，愛上主角蒙克，而蒙克亦沒堅拒，只是態度反覆曖昧，最後亦傷害了Michael。伊舍伍德本身是同性戀者，而小說則以第一人稱寫成，按理可把蒙克的性傾向寫得明白一點，但結果這角色卻落得左右為難，張愛玲便覺得作者「不誠實」。

36．註34。

37．註34。

38．曼斯菲爾德（Katherine Mansfield, 1888-1923），新西蘭短篇小說作家。夏志清在《中國現代小說史》說張愛玲的成就堪與曼斯菲爾德相比，而且「有些地方，她恐怕還要高明一籌。」下面提到的凌叔華也有「中國曼斯菲爾德」之譽。至於張愛玲本人則認為鄺文美跟曼斯菲爾德同樣「清麗」及富「閨閣氣」。

39．此條又見宋淇的〈私語張愛玲〉：「唯一的例外，可能是海明威的《老人與海》，因她下過這樣的批評：『曼斯菲爾德（Katherine Mansfield）已過時，令人想起她小說中的衣服，尤其是游泳衣。海明威就不同，雖然他也形容過第一次世界大戰。』」。

40.「梁文星」是宋淇給他好友吳興華（1921-1966）所改的筆名。吳興華在宋淇眼中，是足與錢鍾書並肩的天才學者，也是淪陷期一位重要詩人，可惜在文革時橫死，壯志未酬，今天知道他的人也不多。二〇〇五年國內曾出版《吳興華詩文集》，雖有缺漏，但已是他歿後四十年來最完整的作品結集了。

41.「盲戀」（1955）由徐訏編劇，曾參加法國康城影展。

42.「從小妒忌林語堂」，可參考張愛玲〈私語〉所說：「我要比林語堂還出風頭，我要穿最別緻的衣服，周遊世界，在上海自己有房子，過一種乾脆利落的生活。」至於「人亦要做錢亦愛」，見林語堂〈四十自敘〉詩。

43.黃天石（1898—1983），香港通俗小說家，筆名傑克、黃衫客等。他撰寫了數十部言情小說，其中《名女人別傳》、《改造太太》等均被拍成電影。

44.《歇浦潮》，朱瘦菊著。《女作家聚談會》（載《雜誌》月刊，一九四四年四月號）記錄了張愛玲的話：「我是熟讀《紅樓夢》，但是我同時也曾熟讀《老殘游記》，《醒世姻緣》，《金瓶梅》，《海上花列傳》，《歇浦潮》，《二馬》，《離婚》，《日出》。」水晶在〈蟬——夜訪張愛玲〉一文中也轉述了張的話，說她看《歇浦潮》是在童年，而《怨女》中「圓光」一段也是從《歇浦潮》獲得靈感。

45.王小逸，鴛鴦蝴蝶派作家，是三十年代上海通俗小說界「浦東三傑」之一。

46.註9。

47.《小團圓》第十二章：「他的眼睛有無限的深邃。但是她又想，也許愛一個人的時候，總覺得他神秘有深度。」

友誼

「緣」是一種不可抗拒的力量，逃也逃不掉的。

我很少出外應酬，可是在那偶然的場合，竟會認識你們，真是我的幸運！

我從來沒有看見過像你這樣好——每一方面都好——而一點不自滿的人。描寫壞人容易，描寫好人難。以後我寫好人的時候應該可以容易一點。

不喜歡風景而寫得似乎喜歡，但說你好並不如此——你千萬不要誤會。

讓你看了我的筆記，我心裏輕鬆了一點，因為有人分擔我過去的情感[48]。嘴裏描述怎麼也不會這樣明白。我自己也情願清清楚楚看一個片段，不願糢糢糊糊的知道一個大概。你說看了覺得心疼，我很高興——寫悲哀的事，總希望人家看了流淚。

平時對陌生人，我只有兩種態度：

1.gushing，too friendly〔滔滔不絕，太友善〕

2.tongue-tied〔張口結舌〕

唯有對你們，總算一開始就是natural〔自然〕的。我有一陣子不同別人接觸，看見人就不知道說什麼好。如果出外做事，或者時常遇到陌生人，慢慢會好一點——可是又妨礙寫作。

當初你來看我，我知道你很喜歡看我的書——我又不能叫你不來，心裏想：只好讓你自己become disillusioned〔幻滅〕吧——好在那一定是很快的。想不到結果會像現在這樣好，我真開心。

每次想起在茫茫人海之中我們很可能錯過認識的機會——太危險了。命運的安排多好！[49]

我們到了這年紀才認識，更難得。現在在此而識的人，我都不由自主地存著戒心。

寫那角色（曼楨）的時候我還沒有認識你，可是在我一生所遇見過的女人中你可以說最像她[50]。

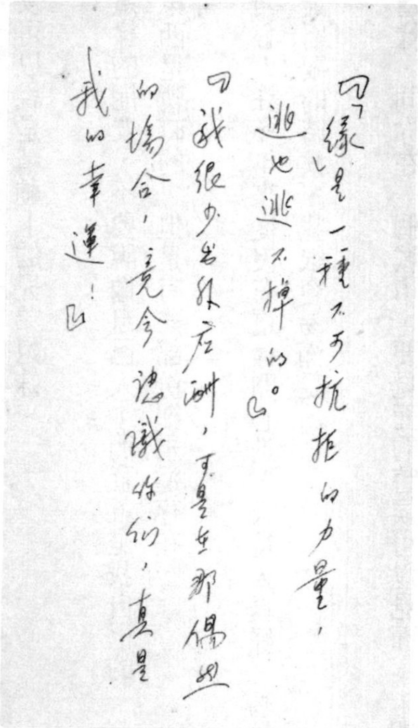

「「緣」是一種不可抗拒的力量，
逃也逃不掉的。」

「我很少出外應酬，可是在那偶然
的場合，竟會認識你們，真是
我的幸運！」

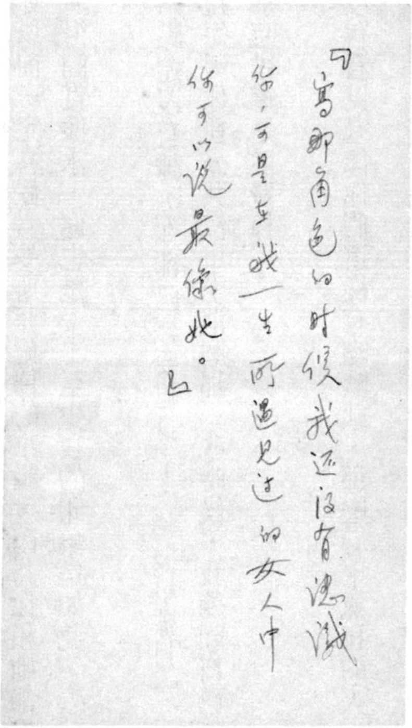

「寫那角色的時候我還沒有認識
你，可是在我一生所遇見過的女人中
你可以說最像她。」

我想你以前一定喜歡看曼斯菲爾德的小說，因為你和她都是閨閣氣相當重的人，她很「清麗」——清得簡直像水，你也是——至少我的印象是如此。

我至六點還沒有睡，你卻已經要起身了，「披星戴月」，最好替班的時候能夠在一起談談。一想起每天你在公共汽車上消磨那一些時候，我總願自己能陪著你坐車——在車上談話很好，反正那時候總是浪費掉[51]。

從來沒有看見過像你們這樣有幽默感，那麼心平氣和的人。

好朋友可以說是精神上的兄弟姐妹。

像你這樣的朋友，不要說像自己人，簡直就是我自己的一部份。自己的手腳也會失去。人生有許多東西是暫時的，但是有一部份卻永遠存在。

我真開心！許多年來從沒有這樣開心過，天待人真好，賜給你快樂，連timing〔時機〕都對。在人最需要的時候，我很容易滿足。

只要這樣，同你在一個城市，要見面的時候可以見面——即使忙得不能常常見面也不要緊

——我就放心了。我真怕將來到了別的地方，再也找不到一個談得來的人，以前不覺得，因為我對別人要求不多，只要人家能懂得我一部份（如炎櫻和桑弧等對我的瞭解都不完全，我當時也沒有苛求）我已經滿足。可是自從認識你，知道這世界上的確有人可以懂得我的每一方面，我現在反而開始害怕。

我們兩人的背景和環境那麼不同，可是本性和氣質都那麼像，真奇怪！[52]

一個知己就好像一面鏡子，反映出我們天性中最優美的部分來。

幸而我們都是女人，才可以這樣隨便來往，享受這種健康正常的關係，如果一個是男的，那就麻煩了。

我胖了——就因為你常常來陪我聊天呀！

你沒有空就不必趕來看我。不要擔心我想念你——因為我總歸想念你的[53]。（電話中）

做我喜歡的事，我從來不覺得自己在浪費時間。我認為同你談天是一種怡養性情之道。

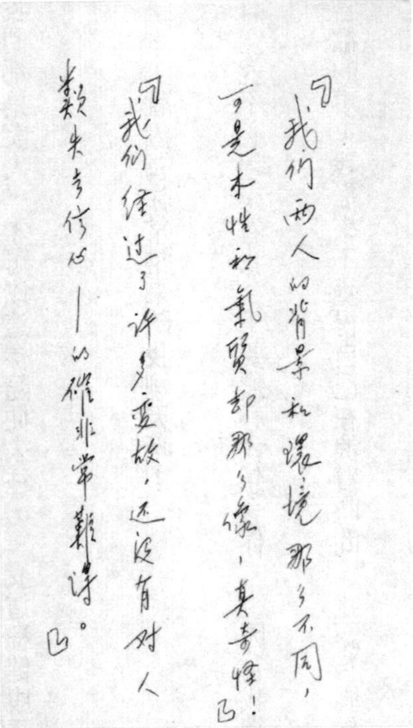
「我們兩人的背景和環境那麼不同，可是本性和氣質卻那麼像，真奇怪！」
「我們經過了許多變故，還沒有對人類失去信心——的確非常難得。」

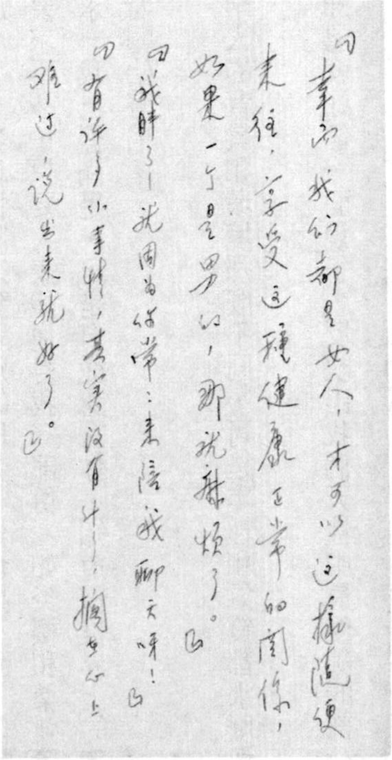
「幸而我們都是女人，才可以這樣隨便來往，享受這種健康正常的關係，如果一個是男的，那就麻煩了。」
「我盼了一就同當時常常來信我聊天呀！」
「有許多小事情，其實沒有什麼，擱在心上難過，說出來就好了。」

不得不信telepathy〔心靈感應〕——有時大家沉默，然後你說出的話正是我剛在想的[54]。

不知多少次，you took the words out of my mouth。〔我正要開口，你就搶先說了。〕

有時同別人說許多話都沒用，只有把心裡的話告訴知己朋友才是最痛快的事。

兩人沒有一句話不瞭解，有的聰明人要想到別處去，「鑽牛角尖」。

有人可談是最快樂的事，否則成功也沒有意思。克服困難是痛快的——即使做一件簡單的，別人看來容易的事——樂趣也在於能告訴關心自己的人。（見《赤地之戀》（英文）第九章第一段。）[55]

有人共享，快樂會加倍，憂愁會減半。許多年來我慢慢地一點點形成這個思想，結果在你身上看到了它的實踐，證實我沒有想錯[56]。

有許多小事情，其實沒有什麼，擱在心上難過，說出來就好了。

我說大家閒話對景仔，倒勿是定歸要來浪一堆，就勿來浪一堆，心裏也好像快活點[57]。

說著我們「自以為有意思」的話……

「苦中作樂」「Make the best of what is life」〔善用人生〕……中外古今不知多少人說過這種話，其實無論什麼宗教也不外乎教人如此，但是在我看見過的人中，真正能辦得到的只有你。有些人也能做到，——但有的只是become well-adjusted〔適應了環境〕，像動物一樣，——至此為止；也有人做是做得到，可是很「慘」，我所見「言行一致」的，只有你，雖然你從來不說什麼。我不像普通人看見你只是個「賢妻良母」，那不算什麼——用一個label〔標籤〕加在人身上最要不得——我知道你經過許多次考驗，每次都及格，千錘百鍊，才能做人做到這心平氣和的地步。你的涵養是真值得佩服，連在最小的事情上都對我有極大的影響。例如：開箱找東西時忘記把毯子放進去，又得開一次，本來要怨煩，一想起假如是你，你一定怎樣——我就不生氣了。我覺得學問好沒有什麼可佩服，那是可以學來的，創作雖快樂卻不是每個人做的——每個人可能做到的只有這樣，我最佩服，這思想一定在我腦中許多時候，可是我從來沒有說過，現在一面說一面才有了清楚的認識。我最不贊成先有了一個結論才叫人相信，那沒用，一定要讓人在切身體驗中發現它[58]。

大門外在修路，我覺得討厭，可是想起你一定不會這樣，我也就不太覺得了。同沒有水比起來，這算不得什麼。

搬家真麻煩！可是一想起你說過：「從前我每次搬家總怨得不得了。但搬後總覺得：幸虧搬了！」我就得到一點安慰。

做你明明不喜歡的事，還是能夠好像很有興趣，在「壞」中看見一點「好」。

有些人外表很細緻，內心卻很堅強——你就是。

你的姐姐好像外國orchid[59]〔蘭花〕，你好像中國蘭花，我是喜歡蘭花的。有時候對著你，簡直覺得一陣陣清香，令人心醉。

你是最正常的人，簡直可以用來做標準，以測度別人[60]。

Somerset Maugham〔毛姆〕說他學醫時發現正常的人少（指正常的構造）[61]，同樣，個性上正常的人也少，好容易認識你，別的都好，想不到你會modest〔謙遜〕得這樣——是modest to a fault〔謙遜得太過分〕。

孫鄺文瑛與宋鄺文美

狂妄的人，我還能想像得出他們的心理；你們這種謙遜得過分的人，我簡直沒法了解！見你走路的姿態（你別的地方都很lady-like〔如淑女般〕，「凝重」）「柳腰款擺」[62]，或你的modesty〔謙遜〕，或你對別人的寬容（對丁）——我總不禁覺得baffled〔難以理解〕。雖然看慣了，還是很詫異。

你比普通人不知聰明多少，可是potentiality〔潛能〕沒有發揮出來，因為沒有必要。

你們真是天造地設的一對，訂造也沒有那麼巧。他稍微有點鋒芒太露，你卻那麼敦厚溫婉，正好互相陪襯，互相平衡[63]。

我相信你嫁給任何人都會是個好妻子，可是總沒有像嫁給他那麼合適。

你天性中總有一層「憂鬱」，照相中可看出，有時我恨不能拿它揭掉[64]。

眼睛的神氣——好像快樂，可是背後又有一層憂鬱。有深度。

你好像有點不快樂，我最不愛聽見這種憂鬱的overtone〔弦外之音〕。希望將來能以攝影為嗜好，替朋友拍照——但是對你還是沒用，你連畫眉的自由都沒有，拍了照不讓別人看，又是no point〔沒有道理〕。

時勢造英雄，幸虧你有許多人需要你的照顧，否則你一定變成那種極端疼愛小孩的人。

要養活別人，不要怨——想想你所養的是多麼可愛的人。有一篇小說形容一個人得養活一些討厭的人——更怨。

朋友是自己要的，母親是不由自己揀的。從前人即使這樣想也不肯承認，這一代的人才敢說出來。

說你像誰，你總有點怕……其實電影明星代表glamor〔魅力〕，但並不一定時時刻刻都好看[65]。好看有許多種。

張：「關於要不要黃絹在獄中唱歌，自己想了好久，決不定[66]。一問你，就知道了。你的common sense〔常識〕可以代表許多人——不論中國外國。」

鄺：「但是我的話是靠不住的……」

張：「至少你不喜歡作違心之論。這一點是可貴的。」

你走後我常常想起你說過的話，如形容《文苑》[67]，「關於妻及弟」之twist[68]〔事情轉折〕，「你如何說到登Rip Van Winkle〔〈李伯大夢〉〕而非常難為情」[69]……之類的事而大笑不已。在自己房裏還好，有時在路上也是那種會笑的表情：

（一）使人以為是missionary〔傳教士〕——老擺著笑容。

（二）引得乞丐來討錢——因面孔和善。

我最好的朋友——中學時的張秀愛和後來的炎櫻——都到美國去了，而且都是從來沒有想到會去，兼且沒有親人在美——「一二不過三」，我想將來你也會去。

關於師資訓練：你倒是應該出去做事，翻譯工作埋沒了你的personality〔個性〕。有個性應該讓別人也享受享受[70]。

聽說奇打電話給C.P.時，subconsciously〔下意識地〕撥三二八八一，真感動人，可以用到小說裏去。我本來也知道有這樣之類的事，不過年數沒有這麼多——十幾年[71]。

聽見瑯瑯吃藥[72]：

（一）戴著capsules如talisman〔戴著膠囊如護身符〕。

（二）想出花樣，有落場勢，好像不是為了加白糖才肯吃。

總覺得你們夫妻關係很「中國腔」，相敬如賓，許多話不說[73]。

你永遠有些擺脫不掉的「別人的事」，像網似的圍著你——跳不出來。不過有溫情，就不是苦事。

你們的家真像人海中的孤島「難得」。

起先我有點怕你會因為停學而不開心，或者真的覺得自己「一事無成」（我從來不這樣想你），你說不放在心上，我就放心了——而且我想起你是最會譬解的人——當初明明不是很理想的事，你都有本事讓自己看出點樂趣的好處來，現在你一定也找得出理由叫自己看得開。我在港大讀了三個月，你也這樣[74]。

我喜歡想我們走的路一樣——將來到美國去。

我走了之後，還是願意知道你在快快樂樂做著自己喜歡的事。——一想起你在教書，我就覺得dismal〔黯淡〕。

S. M. L.要你這樣的companion〔同伴〕而不可得，我倒可以常常同你在一起[75]。你不情願那樣浪費時間，而情願這樣浪費時間。（鄺按：我從來不覺得是浪費！）

你們臥室的小露台像「廬山一角」，又像「壺中天地」[76]。

「人在幕後戲中戲　有口難言　無奇不有」[77]

48. 在《秧歌》的〈跋〉中，張愛玲也說過類似的話：「這些片段的故事，都是使我無法忘記的，放在心裡帶東帶西，已經有好幾年了。現在總算寫了出來，或者可以讓許多人來分擔這沉重的心情。」另參考註55及相關語錄。

49. 張愛玲在〈愛〉（1944）一文中說：「於千萬人之中遇見你所要遇見的人，於千萬年之中，時間的無涯的荒野裡，沒有早一步，也沒有晚一步，剛巧趕上了，那也沒有別的話可說，惟有輕輕地問一聲：『噢，你也在這裡？』」

50. 一九六九年六月廿四日張愛玲致鄺文美書：「你有次信上說《半生緣》像寫你們，我說我沒覺得像，那是因為書中人力求平凡，照張恨水的規矩，女主角是要描寫的，我也減成一兩句，男主角完全不提，使別人不論高矮胖瘦都可以identify with〔視作〕自己。翠芝反正沒人跟她 identify〔身份掛鉤〕，所以大加描寫。但是這是這一種戀愛故事，這一點的確像你們，也只有這本書還有點像，因為我們中國人至今不大戀愛，連愛情小說也往往不是講戀愛。」

51．一九六五年二月六日張愛玲致鄺文美、宋淇信：「Mae的時間都在交通工具上搭掉了，我太知道這情形，雖然我不常出去，一出去就是一天。」

52．有關例子，可參看本書第四部分，一九八一年七月廿四日鄺文美致張愛玲書的註腳。見本書第330頁註46。

53．一九五六年十二月廿八日張愛玲致鄺文美書：「你沒有空千萬不要給我寫信，我永遠像在你旁邊一樣，一切都可以想像。」一九九二年九月廿九日張愛玲致鄺文美：「來信還是寄到我寓所好，但是目前請不要再寫信。也是真不需要，我總覺得我就在你旁邊。」

54．關於他們間的「心靈感應」，信中有以下三例：一九七四年九月十四日張愛玲致宋淇書：「你提起我那篇〈紅樓噩夢〉，也真是巧，簡直像telepathy，接信前幾天正因為寫小說又頓住了，想把〈噩〉找出來看看到底有些什麼東西。」一九七六年三月七日張愛玲致鄺文美、宋淇書：「上次到圖書館去，早上還沒開門，在門外等著，見門口種的熱帶蘭花有個紅白紫黃四色花苞，疑心是假花，輕輕的摸摸很涼，也像蠟製的，但是摸出植物纖維的絲縷。當天就收到Mae種的蘭花照片，葉子一樣，真是telepathy。花與背景照得真美。Mae的近影簡直跟從前一樣，那件衣服也配。」一九七六年十月十七日張愛玲致鄺文美書：「我最喜歡從前歐美富家的花房。你說搬到中大校園內四年，一直欣賞這環境，從來不take things for granted〔視為理所當然〕，我太知道這感覺了。說來可笑，從前住『低收入公眾房屋』的時候就是這樣。彷彿擬於不倫，但是我向來只看東西本身。明知傳出去於我不利，照樣每分鐘都在享受著，當窗坐在書桌前望著空寂的草坪，籬外矮樓房上華盛頓村有的紫陰陰的嫩藍天，沒漆的橙色薄木摺扇拉門隔開廚灶冰箱，發出新木頭的氣味。奇怪的是我也對Ferd說『住了三年，我從來不take it for granted。』」另參考註16。

55．中文版第六章的開首，情節正跟Naked Earth〔英文《赤地之戀》〕第九章的起始相呼應，但沒有以下這段：「The things he was experiencing in Shanghai now only became real to him when he pictured himself telling them to Su Nan. Not in his letters, of course, but some day, when he saw her again. It got so that sometimes right in the middle of an event, while it was still happening, he could hear his own voice telling her about it.」〔他此刻在上海感受到的一切，只有在想像自己向蘇楠訴說時才變得真實起來。當然不是指寫信，而是說大家重逢的那一天。有時甚至在事件的中間，當它仍在發生的時候，他也可以聽到自己在腦海中告訴蘇楠。〕按Su Nan〔蘇楠〕即中文版的黃絹。Naked Earth這一段話，其實也是張愛玲一生寫照。《小團圓》第二章寫港戰時期，有一段是這樣的：「『我差點炸死了，一個炸彈落在對街，』她腦子裡聽見自己的聲音在告訴人。告訴誰？難道還是韓媽？楚娣向來淡淡的，也不會當樁事。蕊秋她根本沒想起。比比反正永遠是快樂的，她死了也是一樣。差點炸死了，都沒有人可告訴，她若有所失。」回到現實世界，那麼在一九九四年一月十七日南加州大地震發生時，身處當地的張愛玲，腦海中又在告訴誰呢？大概就是鄺文美和宋淇了。以下是張愛玲提及這種「腦海傾訴」的書信摘錄：一九五五年十二月十八日張愛玲致鄺文美：「我仍舊無論什麼事發生，都在腦子裏講給你聽——當然是用中文，所以我很不贊成，因為我總想一切思想都用英文，寫作也便利些，說話也可以流利些。但是沒有辦法，這是一個習慣。」一九六五年六月十六日張愛玲致鄺文美、宋淇：「不過我向來睡不著的時候總是在腦子裏講著近事，比這更沒有興趣的，像告訴什麼人聽，恐怕也就是你們，幸而你們聽不見。」一九六九年六月廿四日張愛玲致鄺文美：「我常常用你們衡量別人的事，也像無論什麼都在腦子裏向你們絮絮訴說不休一樣，就連見面也沒這麼大的勁講。」一九七六年一月廿五日張愛玲致鄺文美：「真可笑，我老是在腦子裏聽見自己的聲音長篇大論告訴你這樣那樣，但是有事務才寫信，所以只寫給Stephen。」一九七七年六月十七日張愛玲致鄺文美、宋淇：「前兩天在附近那條街上走，地下又有紫色落花了，大樹梢頭偶然飄來一絲淡香，夏意很濃。每年夏天我都想起一九三九剛到香港山上的時候，這天簡直就是那時候在炎陽下山道上走著，中間什麼事也沒發生過，一片空白，十分輕快。自己覺得可笑，立刻想告訴Mae。」一九八〇年七月十三日張愛玲致鄺文美、宋淇：「我的信除了業務方面，不過是把腦子裏長篇大論對你們說的話揀必要的寫一點。」一九八四年八月廿六日張愛玲致鄺文美、宋淇：「兩邊都是大房子，上下樓再迷路，精疲力盡，完了出去吃飯，沒看見一個極淺的台階，絆跌了一跤，膝蓋跌破還沒好又摔破，第二天還流血不止，去看醫生，叫吃antibiotic（抗生素）藥片，說也許兼治我的vulnerability to fleas（跳蚤敏感）。我腦子裏已經在告訴你們因禍得福。」一九九一年四月十四日張愛玲致鄺文美、宋淇：「我永遠有許多小難題與自以為驚險懸疑而其實客觀地看來很乏味的事，剛發生就已經在腦子裏告訴Mae，只有她不介意聽。別人即使願意聽我也不願意說，因為不願顯得silly或嘮叨。」一九九二年三月十二日張愛玲致鄺文美、宋淇：「前兩天大概因為在寫過去的事勾起回憶，又在腦子裏向Mae解釋些事，（隔了這些年，還是只要是腦子裏的大段獨白，永遠是對Mae說的。以前也從來沒第二個人可告訴。我姑姑說我事無大小都不必要地secretive（遮遮掩掩）。）」

一九九二年九月廿九日張愛玲致鄺文美：「我至今仍舊事無大小，一發生就在腦子裏不嫌囉唆一一對你訴說，唉別幾十年還這樣，很難使人相信，那是因為我跟人接觸少，（just enough to know how different you are〔可知你如何與眾不同〕）。在我，你已經是我生平唯一的一個confidante〔知己〕了。」另參考註48及相關語錄。

56．所謂「有人共享，快樂會加倍，憂愁會減半」，英國散文家培根（Francis Bacon，1561-1626）在〈論友誼〉（Of Friendship）一文早已說過：「But one thing is most admirable（wherewith I will conclude this first fruit of friendship）, which is, that this communicating of a man's self to his friend, works two contrary effects; for it redoubleth joys, and cutteth griefs in halves. For there is no man, that imparteth his joys to his friend, but he joyeth the more; and no man that imparteth his griefs to his friend, but he grieveth the less.」〔有一點十分奇妙（我想以此為友誼的首個功效作結），跟朋友分享心事，會產生兩種對立的效果；快樂會加倍，憂愁則減半。向朋友訴說樂事，必更快樂；向朋友訴說憂愁，定減憂愁。〕關於與朋友談話可令「憂愁減半」，可參考一九五七年六月五日張愛玲致鄺文美：「看到你上次信上說的近況，簡直迫得人透不過氣來，一樣樣累積起來，再加上復活節流行感冒的高潮。只恨我不在場，雖然不能幫你洗燙侍疾買東西，至少可以給你做個 ventilator〔通氣窗〕，偷空談談說說，心裏會稍微痛快些。」一九五九年一月十一日張愛玲致鄺文美：「收到你十二月十五的信，真覺得皇皇然。有種時候，安慰的話不但顯得虛浮，而且簡直冷酷，根本無從安慰起。〔……〕我可以想像你每天趕來趕去的倉皇情形，真恨我不在場，否則你隨時能偷空訴說一通，至少會稍微心裏鬆動一點。」

57．語出《海上花列傳》第五十二回。張愛玲在《海上花落》第四十九回把此句譯為：「我說大家說話對勁了，倒不是一定要在一起，就不在一起，心裏也好像快活點。」

58．《小團圓》第二章：「她沒想通，好在她最大的本事是能夠永遠存為懸案。也許要到老才會觸機頓悟。她相信只有那樣的信念才靠得住，因為是自己體驗到的，不是人云亦云。先擱在那裡，亂就亂點，整理出來的體系未必可靠。」

59．四姊孫鄺文瑛（Mary Fong Sun），現居台北。

60．一九六七年十一月一日張愛玲致宋淇：「我在這裏沒辦法，要常到Institute〔學院〕去陪這些女太太們吃飯，越是跟人接觸，越是想起Mae的好處，實在是中外只有她這一個人，我也一直知道的。」一九八三年二月十九日張愛玲致鄺文美、宋淇：「我向來見到有才德的女，總拿Mae比一比，沒一個有點及得上她的。」一九八五年十月廿九日張愛玲致鄺文美、宋淇：「我說過每逢遇到才德風韻俱全的女人總立刻拿她跟Mae比一比，之後，更感嘆世界上只有一個Mae。」

61．毛姆（Somerset Maugham 1874-1965）是英國著名的小說家和戲劇家，對張愛玲有不少影響。

62．一九七六年十二月十五日張愛玲致鄺文美、宋淇：「上次講Mae像寶釵黛玉，又沒頭沒腦的沒說清楚。我是說她有時候對外可以非常尖利，走路又特別嬝娜，有些moods〔情緒〕也像黛玉。」

63．一九七四年九月十四日張愛玲致鄺文美：「沒人知道你們關係之深。兩人剛巧都是真獨一無二的，each in your own way, & complement each other〔性格各異而又互相補足〕，所以像連體嬰一樣。」

64．一九八七年三月廿八日張愛玲致鄺文美、宋淇：「我一直覺得Mae也有幽怨抑鬱的一面。」

65．一九五七年九月三十日張愛玲致鄺文美：「我在電影雜誌上看到你們的照片，起初確實以為是Stephen在飛機場送李麗華，細看方知是你。是真誤會了，不是瞎說。也是因為你這張照上的臉與身材都比較一般性。」

66．參看《赤地之戀》第十章，黃絹與劉荃在獄中訣別。結果張愛玲寫她唱了。

67．《文苑》是民國時期的文學刊物。

68．不詳所指。

69．〈李伯大夢〉（Rip Van Winkle），華盛頓．歐文著，鄺文美曾譯此書。《今日世界》曾把鄺譯〈李伯大夢〉與張愛玲譯的〈睡谷故事〉合成一冊出版。

70．當時鄺文美曾打算轉行當教師，大概是聊天談及，便有幾則關於教書的語錄了。小學時我讀聖保羅女校——是女校男生——有天來了一位代課老師，抬頭一望赫然便是母親，到今天我依然搞不清她何以會忽然代起課來。

71．「奇」即宋淇，C.P.即徐誠斌（天主教香港教區首任華人主教）。兩人在上海已是好友，同辦《西洋文學》。三二八八一是四十年代上海的電話號碼，但現在已無法確切考證是什麼地方。按所謂「十幾年」推測，可能跟四十年代初兩人編《西洋文學》時有關：此刊物當時由林氏出版社發行，其電話是三二四二五，也許三二八八一就是編輯部電話也說不定。時、地已變了許多，但大家心底還是記得當初的三二八八一，打動張愛玲的，正是這份樸素而恆久的情誼。一九七三年九月六日宋淇致張愛玲：「最近徐誠斌主教忽然以心臟病發作逝世，令我們全家哀痛萬分，我有一次失血過多，已近於shock〔休克〕狀態，他為我做了一次extreme unction〔病人傅油〕，文美是隨他聽道理並受洗，所以視他為友、為神師。」一九七三年九月廿日張愛玲致宋淇：「真想不到徐主教逝世，很震動——」

72．「瑯瑯」即宋以朗。

73．一九六三年六月廿三日張愛玲致鄺文美、宋淇：「前一向教皇之死非常感動人，這似乎是現代唯一活的宗教，但是連選新教皇放黑烟白烟也那麼保留傳統的美，我看著也想到你們。」一九七六年三月十四日張愛玲致鄺文美、宋淇：「Apart from everything else, your reserve & restraint-even between yourselves（不說其他，即使只在你們兩人之間也保持著的含蓄和克制）——是最吸引我的一點。」

74．張愛玲一九五二年九月到港大復學，十一月便去了日本找炎櫻，前後只三個月。

75．S.M.L.即宋美齡。據我父母所言，宋美齡曾邀請鄺文美當她的私人秘書，卻被鄺婉拒了。所謂「companion」，實指「私人秘書」。

76．五十年代，我們居於北角繼園，父母臥室約三四百尺。一進門，迎面是落地的磨砂玻璃牆，前行數步才見右邊有一道小走廊，拐一個彎便通到露台。露台也由落地的磨砂玻璃包圍，只有打開中層的窗子方望到外面景物。由於露台設計獨特，初入臥室根本不會察覺，彷彿別有洞天，於是張愛玲便有上面的妙喻。

77．《有口難言》，宋淇署名「林以亮」的劇本，見註18。《無奇不有》（今日世界，1953）則是鄺文美署名「方馨」的譯作，原名是Anything Can Happen，作者為George & Helen Papashvily。「人在幕後戲中戲」即指我的父母皆用筆名寫作，彷彿躲在幕後操控。

女人

差不多所有的人我都同情，可是有些我很不贊成。如「汪小姐」哭著要見我，我知道自己沒法應付，始終不肯接見她[78]。

有時淺紫也給人嬌懶之感。看上去有點cheap〔膚淺〕的人千萬不能穿淺紫。

一件淺紫色的大衣，不論質料多麼名貴，看起來總像廉價的衣服。

淺紫色的衣服最容易顯得人胖。

凡是你穿了好看的，我一定不能穿，這倒很方便——一種negative〔反面〕的標準。

世上最可怕的莫如一個神經質的女人。我曾經身受其苦，所以現在特別喜歡同正常的人在一起。

我總相信一個人，尤其一個女人謙虛一點是好的。你千萬不要改變一點。

漂亮的男人往往不娶美麗的太太，就好像美麗的女人往往不嫁漂亮的丈夫，因為自己已經有的，就不希罕了。

她（李麗華）好像一朵花，簡直活色生香。越知道一個人的事，越對她有興趣。李麗華漸漸成為「立體」，否則只是一個十全十美的美人，還沒有這麼有意思[79]。

一個女人太十全十美——又美又慧——不像真人；必須略有些缺陷，才像活生生的人——彷彿上天覺得別人享受太多秀色和才具，太便宜了。

美人並不需要學問。

最討厭是自以為有學問的女人和自以為生得漂亮的男人。

很多女人因為心裡不快樂，才浪費，是一種補償作用。或對丈夫冷淡——不要說憎他——就瞎花錢，如表姐。

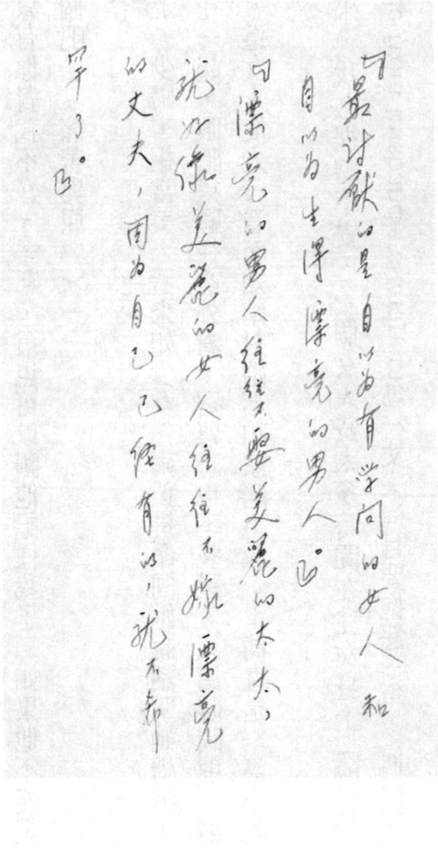

「最討厭的是自以為有學問的女人和自以為生得漂亮的男人。」

「漂亮的男人往往不要美麗的太太，就如美麗的女人往往不嫁漂亮的丈夫，因為自己已經有的，就不希罕了。」

女人總想被棄前先棄人，hoping it'll cost him a little pain at least. Yes, he did feel pain, though not much.「You're the only one who treated me badly.」Well, that's something to remember me by. 如果他不能記得我所記得的，就讓他記得這個吧。（The pain and humiliation）〔女人總想被棄前先棄人，希望至少能讓他吃點苦。是的，他會痛苦，但不太多。「就只有你對我不好。」嗯，這也可以讓他記住我了。如果他不能記得我所記得的，就讓他記得這個吧。（痛苦與屈辱）〕

電車上一少婦，相當美，看來如少女。兩孩拼命同她說話叫她姆媽，她不甚理會，裝好像不同他們在一起，眼睛只顧往窗外看。買票時也不多說，只用眼睛射。射兩孩，使賣票員也弄不大清楚。這女人使人一看而知她對婚姻和家庭不滿——簡直是一篇小說[80]。

你常來，我心裡總不安。一個女人費太多時間在兒女身上（雖然本身是好的），尚且undesirable from husband's standpoint?〔丈夫尚且要抱怨〕——何況朋友[81]？

看人真難，當初我也只看見你的外表，覺得你是個典型的賢妻良母，後來過了好些時候才發現你這些難得的品質，有思想的女人往往不能adjust〔調適自己〕——能adjust的也往往沒有思想。

「庸脂俗粉」視為「神仙中人」。送生日禮物：

1. S因丈夫忘記自己生日而不悅。

2. TP恐丈夫忘記，前一日預先提醒。

3. M不以為意，認為「只要他一年到晚待我好——也不在乎這一天。許多女人自以為得勝，其實在我看來，只不過是慘勝。」

鄺：TP的丈夫叫她跟某某人學得斯文點，少說話，不要嘩啦嘩啦。

張：就好像有種人想減輕體重，自己已經很吃力，別人卻一點沒有看出來，或者反而說「你又胖了」。

我對服裝太感興趣，其實並不好——不清高，想不到你也是。

我們談衣服還像樣，談「打仗」似乎不太像樣。奇擬：

婦人之見，紙上談兵　（朝鮮打仗）

沾沾自喜，有口難言

有些人穿「媽姐裝」倒很「寫意相」。

總記得某人穿某件衣服，但有例外，如打針的鄭小姐穿什麼，我就不會記得。

最好照相拍得像自己，又比自己好看一點[82]。

關於「才」與「貌」——

1.起先以為「才」比「貌」lasting（持久）。

2.自己的書絕恨讀者已忘記，言慧珠等卻仍在出風頭[83]（許多作家到了一個年紀就寫不出了）。

3.現在又寫，——十年二十年外表的美總要過去。

「才」、「貌」、「德」都差不多一樣短暫。像一表姐，「娶妻娶德」，結果嫁後她變得嘮叨得不得了，有人疑心他殺了她。

Fig Flower（無花果花）——有些中國女人（如我一個表姐）早就結婚，沒有開花就結果，花在果的裏面。「釘梢的故事」[84]。

不知聽多少胖人說過，她從前像我那年紀的時候比我還要瘦——似乎預言將來我一定比她們還要胖[85]。

我這人只有一點同所有女人一樣，就是不喜歡買書。其餘的品質——如善妒、小氣——並不僅限於女人，男人也犯的。在亂世中買書，丟了一批又一批，就像有些人一次又一次投機失敗，還是不肯罷手。等到要倉皇逃難，書只能丟掉，或三錢不值兩錢地賣掉，有如女人的首飾，急於脫手時只能削價賤賣；否則就為了那些書而生根，捨不得離去，像×××那樣困居國內。我從來沒有遇到過一個像某些男人那麼喜歡買書的女人，女人總覺得隨便買什麼都比買書好。……結論是：一個女人如果肯默不出聲，不去干涉男人買書，可以說經得起愛情的考驗[86]。

我小時候沒有好衣服穿，後來有一陣拼命穿得鮮艷，以致博得「奇裝異服」的「美名」[87]。穿過就算了，現在也不想了。

像你這雙手真應該戴些戒指，吸引別人注意。我總覺得這些都是暫時的——「活著也是暫時的」，不過我們大概還可以活得相當久，可以戴的時候不戴太可惜。

每次我看見你指甲上塗的powder pink（粉紅），總看個不了，覺得真美麗，同時又怕你會換別的顏色（因為別人的指甲，我做不了主），可是後來看見你一直塗這顏色，我暗暗高興。

我喜歡圓臉。下世投胎，假如不能太美，我願意有張圓臉。（正如在蘭心拍的一張照相，頭往上抬，顯得臉很圓。）

我把這本Coronet（《小冠冕》雜誌）當作聖經似的——永遠有一本這樣的書，前一陣是那本起課的書[88]。讓我看那篇關於治pimples（青春痘）的文章，比送我金剛鑽還要好，如果臉上長滿pimples，戴金剛鑽有什麼意思呢？眼鏡和治pimples，都是你幫的忙。對一個人有好感，總願意給她credit（讚賞），沒有好感，明明人家有功，還（……）[89]

藍綠色——我以為自己已經cured（痊癒）了，可是一看見你穿藍綠色的衣服，我又很想再穿這種顏色。或者以後弄一間房間，一大片牆壁或窗簾是藍綠色的，看個飽。我要的房間，是（……）[90]

中年以後之女穿暗淡衣——為過去的她服喪。

玉蘭如菊亦枝上萎，而無人留意，可見貞女不美則不為人重。

78．「汪小姐」，身份不能確定，但可能與水晶在〈蟬——夜訪張愛玲〉中所記的事有關：「當年，《十八春》（《半生緣》的前身）在上海《亦報》連載，引起一陣轟動。她（編按：張愛玲）說，有個跟曼楨同樣遭遇的女子，從報社裏探悉了她的地址，曾經尋到她居住的公寓裏來，倚門大哭。這使她感到手足無措，幸好那時她跟姑姑住在一起，姑姑下樓去，好不容易將那女子勸走了。」

79．又見宋淇〈私語張愛玲〉。五十年代，李麗華希望透過宋淇找張愛玲編劇，於是宋便安排二人見面。張赴美後也曾見李麗華，當時的情況可見於一九七六年張愛玲看了〈私語張愛玲〉後的來信：「那次見李麗華的事我忘得乾乾淨淨——只記得後來在紐約見面，還看見她午睡半裸來開門」。

80．張愛玲似乎很喜歡留意電車上的女人，如《有女同車》。

81．宋淇〈私語張愛玲〉：「我們時常抽空去看望她，天南地北的閒聊一陣，以解她創作時不如意的寂寞和痛苦。有時我工作太忙，文美就獨自去。她們很投緣，碰在一起總有談不完的話。但是不論談得多麼起勁，到了七點多鐘，愛玲一定催她回家，後來還索性贈她My 8 O'Clock Cinderella（我的八點鐘灰姑娘）的雅號，好讓她每晚和家人聚天倫之樂。在這種地方，愛玲對朋友是體貼入微的。這也可以說是我們同她往來最密切的時期。」

82．當時張愛玲第二次在英皇道蘭心照相館拍照。

83．言慧珠（1919-1966），京劇旦角女演員。

84．「釘梢的故事」，似指〈相見歡〉中荀太太被人跟的故事。至於以「Fig Flower」比作女人，見炎櫻所撰，張愛玲譯的〈無花果〉一文。

85．宋淇按：愛玲不食人間煙火。從前瘦，現在苗條，將來也沒有發胖的危險。

86.一九五八年九月廿二日張愛玲致鄺文美：「我們十月底離開這裏，在紐約住一星期料理點瑣事，乘飛機到洛杉磯去，趁這機會賣掉Ferd〔賴雅〕存在堆棧裏的幾千本書（大部份是Americana〔有關美國的書〕），至少夠來回旅費。我這樣反對藏書的人，這也真是人生的諷刺，弄上這麼許多書。你想，以你們的家境，Stephen買書我尚且搖頭。」

87.《對照記》：「我穿著我繼母的舊衣服。她過門前聽說我跟她身材相差不遠，帶了兩箱子嫁前衣來給我穿。〔……〕不過我那都是因為後母贈衣造成一種特殊的心理，以至於後來一度clothes-crazy（衣服狂）。」

88.Coronet，美國一本綜合性雜誌，類似《讀者文摘》，每月一期，一九三六至七一年印行。「起課的書」則指我們家的牙牌籤書，當時張愛玲常用它來問前程。

89.此片段殘缺不全。

90.殘缺不全。關於「藍綠色」，可參考《對照記》：「T字形白綢領，穿著有點傻頭傻腦的，我並不怎麼喜歡，只感到親切。隨又記起那天我非常高興，看見我母親替這張照片著色。〔……〕她把我的嘴唇畫成薄薄的紅唇，衣服也改填最鮮艷的藍綠色。那是她的藍綠色時期。我第一本書出版，自己設計的封面就是整個一色的孔雀藍，沒有圖案，只印上黑字，不留半點空白，濃稠得使人窒息。以後才聽見我姑姑說我母親從前也喜歡這顏色，衣服全是或深或淺的藍綠色。」所謂「以後弄一間房間」，也許就像一九五七年七月十四日張愛玲致鄺文美、宋淇的信裡所說般：「我告訴過Mae我最喜歡自己動手漆傢俱，現在我把那糊著刺目的花紙的一面牆漆成了極深的灰藍色，配上其他的牆上原有的淡灰蘆蓆紋花紙。藍牆前的書桌與椅子也漆成藍色，地板也是藍色。此外雖然另有別的色素，至少有了些統一性。」

人生

我的人生——如看完了早場電影出來，有靜蕩蕩的一天在面前[91]。

每次事情懸而不決，一過了我生日就會好轉，今年也是，先是那眼鏡，然後是《秧歌》。算命的說我眼睛不夠亮，戴了眼鏡運道就會好[92]。

All long things become snakes〔所有長的東西都變蛇〕，比夜長夢多還要好。看見人家往遠處計劃，我就替他擔心。

人生本是compromise〔妥協〕，有許多時候反而因禍得福，如《有口難言》[93]。

美國人總說要really live〔實在地活〕，就是做自己愛做的事。尤其在動盪的亂世，更應該享受（總算看了The Jacaranda Tree〔《紫薇樹》〕和The Bride Comes to Evensford〔《新娘來到伊凡斯津》〕[94]。

我常常故意往「壞」處想——想得太壞，實際發生的事不會那麼壞。

「他生未卜今生休」[95]

父母根本不必為子女擔憂。

The best cure of life is 「life」——你的創傷很快結疤，因為後來你一直在live a full life。〔「人生」就是人生最佳的治療——你的創傷很快結疤，因為後來你一直在充實地活著。〕

幼時，每日傍晚跳自由舞，口唱：「又一天過去了，離死又近一天。」[96]

中年以後說起「十幾年前」如指顧間事，年青人以「十幾年」為whole lifetime[97]〔一生一世〕。

中年之樂——有許多人以為青年時代是人生最美好的時期，其實因為他們已經忘記adolescent〔青年〕時候的許多不愉快的事——那時還沒有「找到自己」，連廿幾歲時也是。我倒情願中年，尤其是early middle age〔中年初期〕（中國人算來是三十前後，外國人算起來遲得多，一直到五十幾歲）人漸漸成熟，內心有一種peace〔寧靜〕，是以前所不知道的。

As people get older, they learn to live with a lot of bad memories (gnawing memories) without letting them affect their peace of mind too much.〔人年紀大了，就懂得跟許多不快的回憶（咬嚙性的回憶）過活，而不致令平靜的心境受太大干擾。〕多不愁。

我們經過了許多變故，還沒有對人類失去信心——的確非常難得。

我從來不故意追憶過去的事，有些事老是一次一次回來，所以記得。

聰明而有多方面才能的人往往不能專心，結果反而一事無成。

一個人太聰明圓滑反不能成大事。發大財者皆較笨，較single-track mind〔思想單一〕者。

文章寫得好的人往往不會揀太太。

把一生最好的時間浪費在沒有意思的事上，同無聊的人打交待，怎不叫旁人急煞？

在亂世，我覺得什麼都不可靠——只有人與人間的關係才是「真」的。

天待人總算不錯，而且報應越來越快。厚道的人往往有福氣。

也許因為她的心情永遠是愉快的，所以那麼有福氣。

有時故意找藉口使自己良心好過一點。

每個人都有一部份「童心未泯」。

我最常常想起的，認為最悲哀的幾句話：「肉體的愉快是短暫的；心的愉快是要變為哀愁；只有理智的愉快永遠與我們同在，直到最後。」（西班牙格言）

快樂而不知其所以然，是徒然的，就好像貓和狗也可以快活——不過並不是真正的快樂[98]。

「快樂與不快樂」——時候過得快！不快之時更快，快樂時較慢，因較充實。

「有話即長，無話即短」——時間覺長，或短亦如此。Life full〔人生充實〕覺長，否則即短[99]。

從不同角度看，我們看見的大概差不多。

Distance lends charm, but distance can also caricature.〔距離能美化，也能醜化。〕

回憶永遠是惆悵的：愉快的，使人覺得「可惜已經完了」，不愉快的想起來還是傷心，最開心的莫如「克服困難」，每次想起來都重新慶幸[100]。

一個人死了，可能還活在同他親近愛他的人的心——等到這些人也死了，就完全沒有了[101]。

人生不必問「為什麼」！活著不一定有目標。

替別人做點事，又有點怨，活著才有意思，否則太空虛了。

大多數人都拿自己看得太重要（例如怕別人看他們的信……）——別人可能根本沒空，或沒有這份好奇心，可是如果不這樣，活著更沒有意思了。

在醫院門口躺下等車，覺得「improper」〔不得體〕，但想來人總是「見怪不怪」。

聽見我因寫「不由衷」的信而conscience-stricken〔於心有愧〕——人總是這樣半真半假——揀人家聽得進的說。你怕她看了信因你病而擔憂，可是我相信她收到你的信一定很高興，因為寫得那麼好，而且你好像當她是confidante〔閨中密友〕——，這樣一想，「只要使人快樂就好了。」例如我寫給胡適的信時故意說《海上花》和《醒世姻緣》也是有用意的。

「人性」是最有趣的書，一生一世看不完。

最可厭的人，如果你細加研究，結果總發現他不過是個可憐人。

要做的事情總找得出時間和機會；不要做的事情總找得出藉口。

人生恨事：

（一）海棠無香。

（二）鰣魚多骨。

（三）曹雪芹《紅樓夢》殘缺不全。
（四）高鶚妄改——死有餘辜。[102]

最羨慕的幾種職業：（一）寫影評；（二）fashion〔時裝〕；（三）佈置櫥窗。

現在我心裏開心，更怕有變動——會失去這一切，一個人越快樂越滿足，越要擔心，nothing to lose〔沒什麼可失去〕時倒不覺得什麼。

心死了之後的勇敢不足貴。真勇敢是has everything to lose時，in the midst of life and love之時。〔心死了之後的勇敢不足貴。真勇敢是有可能要賠上一切之時，在生命與愛情正盛之時。〕

Everyone should have a little inferiority complex—that's the only thing that keeps people in check, so they wouldn't get too long-winded and generally insufferable.〔每個人總應該有點自卑感——這樣人們才會節制，不致變得太嘮叨和討厭。〕

Exhausted半躺著——生命ebbing away，leaving me stranded on the beach, a cold corpse.〔筋疲力盡地半躺著——生命在退潮，我擱淺於沙灘上，冷冰冰的一具屍體。〕

「宗教」有時是扇方便之門。如炎櫻——她固信教，不說謊，可是總有別的辦法兜圈子做她要做的事。我覺得這種「上帝」未免太笨，還不容易騙？

Make a god of a man and he would be as偏心 and cruel as God（or Fate）.〔把一個男人捧為神，他就會像上帝（或命運）般偏心和殘酷。〕

李叔同（弘一法師）與Conway 與HK Prof.與釋迦牟尼等皆一例，handsome, winsome men to whom satisfactory human relationship comes too easily ∴ a surfeit of it ∴ boredom and出世思想。正如富人之厭倦。如我，則如one who has to work for the barest essentials of living ∴ satisfactory human relationship comes as a revelation and a miracle. Find more depth and significance in it.〔李叔同（弘一法師）與康韋與香港教授與釋迦牟尼等皆一例，動人的美男子，愜意的人際關係得來太易∴過量∴厭倦與出世思想。正如富人之厭倦。如我，則如一個要為生活最低需求而工作的人∴能獲得愜意的人際關係，就像啟示與奇蹟。當中更富深意。〕

With death in your heart you are not afraid of anything—except life （i.e. the way things happen, the way things go on happening, one after the other）〔心存死亡，就什麼

也不怕了——除了生命（即事情在我身上發生，且接二連三地繼續發生）〕

一提到有些話——關於前途——便覺聲音嘶啞，眼中含淚，明知徒然embarrass〔為難〕人，但無法自制。其實心中並不大感覺pain〔痛苦〕，似乎身體會悲傷，而心已不會了。浴時（或作任何雜事時）一念及此，也覺喉頭轉硬，如扣一鐵環，緊而痛，如大哭後的感覺[103]。

I've got used to living with pain and the thought of death. They're not so terrible once you got used to them. And I can get used to anything.[104]〔我已習慣了痛苦及想到死亡。一旦習慣了，它們就不那麼可怕。而無論什麼事，我也可以習慣。〕

Many things foolish to observers惟身受者體驗出味，但說不出。（∴ life often tastes better than it looks）（正如身受者覺苦而人不知。）〔在旁人眼中愚蠢的事，惟身受者體驗出味，但說不出。（∴人生品嚐起來，總比看上去好）（正如身受者覺苦而人不知。）〕

91．《小團圓》：「起床像看了早場電影出來，滿街大太陽，剩下的大半天不知道怎樣打發，使人忽忽若失。」

92．「每次事情懸而不決，一過了我生日就會好轉」這句話，鄺文美幾年後依然記得。一九五七年九月五日張愛玲致鄺文美書：「你記得我說的過了生日後轉運的話，這種小地方也使我覺得一陣溫暖。」《秧歌》是一九五四年出版。那年張愛玲以牙牌籤為《秧歌》卜卦，得上上籤。之後《秧歌》在美國出版，果然好評潮湧。

93．見註18。「因禍得福」可能指「有口難言」雖暫時無法在港上映，卻能成功賣埠到台灣、泰國。

94．兩本皆英國小說家貝茨（Herbert Ernest Bates,1905-1974）在一九四九年出版的小說。

95．當作「他生未卜此生休」，出李商隱〈馬嵬〉。

96．一九七六年一月廿五日張愛玲致鄺文美書：「我小時候因為我母親老是說老、死，我總是在黃昏一個人在花園裏跳自由式的舞，唱『一天又過去了，離墳墓又近一天了。』在港大有個同宿舍的中國女生很活潑，跟我同年十八歲，有一天山上春暖花香，她忽然悟出人世無常，難受得天地變色起來。對我說，我笑著說『是這樣的，我早已經過了。』其實過早induced〔歸納〕的是第二手，遠不及到時候自己發現的強烈深刻，所以我對老死比較麻木，像打過防疫針。」

97．類似說話早見於《十八春》（1950）：「日子過得真快，尤其對於中年以後的人，十年八年都好像是指顧間的事。可是對於年輕人，三年五載就可以是一生一世。」

98．真正的快樂必涉及理性，就如穆勒（J.S.Mill）在《功利主義》（Utilitarianism）第二章中的雋語：「寧為不滿足的人，勝作饜足的豬」（It is better to be a human being dissatisfied than a pig satisfied），意謂快樂有高低之分，只有「理智的愉快」才是真正快樂。

99．這兩則語錄的時間觀，跟常人的經驗不同：一般是快樂則時間覺短，不快則嫌長。但張愛玲卻認為只有充實地過的時間才算時間，又因為只有充實、豐盛地生活才算快樂，故快樂便與時間、生命的長短成正比。她姑姑其實也有類似想法。〈姑姑語錄〉說：「她有過一個年老嘮叨的朋友，現在不大來往了。她說：『生命太短了，費那麼些時間和這樣的人在一起是太可惜——可是，和她在一起，又使人覺得生命太長了。』起初我當做她是說：因為厭煩的緣故，彷彿時間過得奇慢。後來發現她是另外一個意思：一個人老了，可以變得那麼的龍鍾糊塗，看了那樣子，不由得覺得生命太長了。」「龍鍾糊塗」，即是說生命不再充實，活下去就嫌「太長」了。兩者都以充實與否來衡量時間、生命。

100.《小團圓》第三章：「回憶不管是愉快還是不愉快的，都有一種悲哀，雖然淡，她怕那滋味。」一九七六年一月廿五日張愛玲致宋淇書：「你講你們看從前的信，一切恍在目前，情調真濃。我怕re-live experiences〔重新體驗過去經歷〕，不管是愉快還是不愉快的。」正如她之前引用過培根的話（註56），張愛玲說「克服困難」的回憶最愉快，可能也是在書上看過的。那根本是古羅馬人諺語：「已克服的苦差是愉快的」（iucundi acti labores），可見於西塞羅（Cicero）《論善惡之究極》（De Finibus Bonorum et Malorum, 2,105）。再追溯上去，古希臘詩人荷馬（Homer）及悲劇家歐裡庇得斯（Euripides）也有意思類近的話，不贅。

101.《對照記》中，張愛玲談及祖父母，最後說：「我沒趕上看見他們……他們只靜靜地躺在我的血液裡，等我死的時候再死一次。」《小團圓》第三章也有近似的話。這則語錄的意思，其實跟沙特（Jean-Paul Sartre）在《存在與虛無》所說的很接近：「死者若不獲拯救而遷進一個活人那實在具體的過去中，他們就不是逝者，而是和他們的過去都一併完全沒有了。」（“Et les morts qui n’ont pu être sauvés et transportés à bord du passé concret d’un survivant, ils ne sont pas passés, mais, eux et leurs passés, ils sont anéantis.” L’être et le néant, Gallimard, 1943, p.156）下一則語錄亦很有虛無主義的色彩。張愛玲跟存在主義者對人性世事多有相通看法，另參註104。

102．宋淇按：前三句用在〈紅樓夢未完〉文中，重抄時差一點刪掉，後來我說「如果你不用，我用。」愛玲就用了。

103．「身體會悲傷」，可參考《小團圓》第十二章：「有時候也正是在洗澡，也許是泡在熱水裡的聯想，浴缸裡又沒有書看，腦子裡又不在想甚麼，所以乘虛而入。這時候也都不想起之雍的名字，只認識那感覺，五中如沸，混身火燒火辣燙傷了一樣，潮水一樣的淹上來，總要淹個兩三次才退。」

104．《赤地之戀》結尾，劉荃以戰俘身份回國，預料隨時會被殺害，這時作者寫道：「他相信無論什麼事都能漸漸習慣，一個人可以學會與死亡一同生活，看慣了它的臉也就不覺得它可怕。」卡繆（Albert Camus）《異鄉人》（L'Étranger）也有類似一句：「我們到頭來什麼都能習慣」（on finissait par s'habituer à tout）。

雜錄

我纏夾，敘往事常忘（常熟總云常州）。姑姑說再過廿年不知何似，深幸乃我之上一代而非下一代。

總發現別人的好處，從不澆冷水。如——姑姑烹飪。

從來不敷衍人，如果不以為然，頂多不作聲，不作違心之論。

我從小就充滿自信心：記得我在高中二時，看見一位相當有地位的人（顏惠慶）寫給我母親的信[105]，我就不管三七廿一拿它批評了一番，使母親生氣極了。那時候我才十五六歲。

小孩子要末像小狗小貓那樣讓大人玩，要末就像小間諜似的，在旁邊冷眼觀察大人的動靜。我小時候可以算很早熟，雖然樣子老實，大人的事我全知道。後來我把那些話說出來，拿姑姑和母親都嚇壞了[106]。

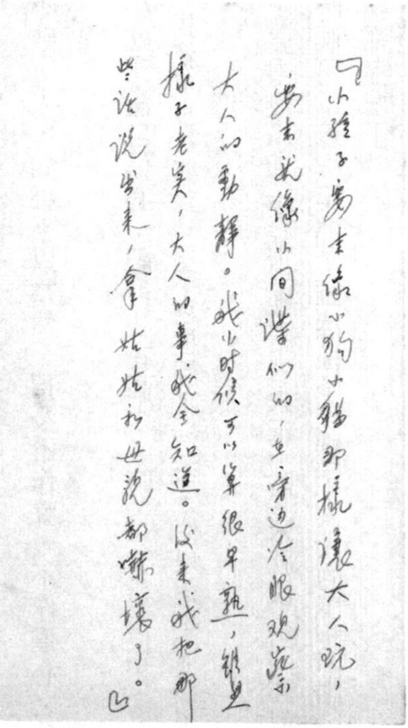
「小孩子實在像小狗小貓那樣讓大人玩，
要不就像小同伴們似的，在旁邊冷眼觀察
大人的動靜。我小時候可以算很早熟，只是
樣子老實，大人的事我全知道。後來我把那
些話說出來，拿姑姑和母親都嚇壞了。」

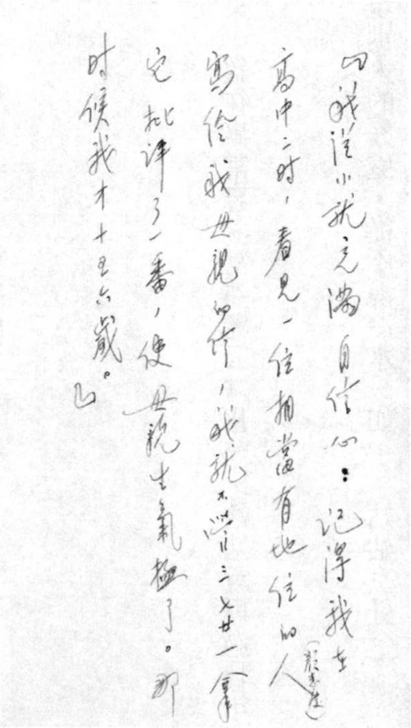
「我從小就充滿自信心：記得我在
高中二時，看見一位相當有地位的人（張子靜）
寫給我母親的信，我就不以為然，拿
它批評了一番，使母親生氣極了。那
時候我才十五六歲。」

（英皇道近繼園）想不到我還會這麼快樂地走這條路……從前住在繼園內時我每天都得走下山到嚴家去——那時不在做事，不在讀書——一切都好像毫無希望。

像我，別的都能省，可是醫藥費總省不了。如一不吃維他命B就會添許多麻煩（生病）。

有些病說出來令人同情，有些beauty treatment〔美容護理〕聽起來很romantic〔浪漫〕，只有我由頭到腳生的小毛病，都要當心，臨睡前花許多時間搽藥泡腳等，說出來，人家聽了又好笑。

樓下公雞啼，我便睡。像陳白露、像鬼——鬼還舒服，白天不用做事[107]。

一個家庭如果沒有感情，要多用許多冤枉錢——大家不出乎真心地合作——節省。

家庭太溫暖，反而使人缺少那股「衝勁」。必須對周圍不滿，才會發憤做事。

小孩為了覺得環境夠安定，只要大人不告訴他們，只要大人間有安定的關係。

即使是家中珍藏的寶物，每過一陣也得拿出來，讓別人賞玩品評，然後自己才會重新發現它的價值。

室內裝飾——幻想：房中有英皇道Studio d'Art〔藝術工作室〕那樣的platform〔平台〕——下面存放東西（比壁櫥省地方），兩個平面，燈擱在平台上，又像在平台上，又像檯燈，又像落地燈。

從前上海的櫥窗比香港的值得看，也許白俄多，還有點情調[108]。

我故意不要家裡太整齊，否則可能

（一）立刻又得搬家

（二）就此永遠住下去。

兩者皆非所願。

Next to演戲〔僅次於演戲〕，就只有教書的教員能給人那麼深的印象，有那麼大的影響。現在還記得自己小時一個先生，儘管只是個胖胖的普通人。

教書很難——又要做戲，又要做人。

無論誰把金錢看得重，或者被金錢沖昏了頭——即使不是自己的錢，只要經過自己的手就覺得很得意，如炎櫻在日本來信說「憑著自己的蹩腳日文而做過幾billions〔數以十億〕的生意」——我都能明瞭。假如我在她的地位，我也會同她一式一樣——所以看見一兩個把金錢看得不太重的人，我總覺很詫異，而且非常佩服。

不善拿到大筆錢，也不喜用錢出去，除非少到不覺得。

東西皆便宜，惟一缺點乃鈔票難賺——這一個缺點就有點致命。

夢——comes when it will〔要來就來〕，且短暫不容流連其中。故謂戀情如夢。但未必如夢之恰到好處便完耳。

夢——輾轉認識一家人家（似舊式內地房子），恰像X女家[109]，正在籌辦婚事。X婚之另一面。見girl〔女孩〕以為是女，但太年青，乃女妹。從她面上可推知女之面目何似。復見女母……seen anything but her, see how subconscious mind shrinks from the person.〔只偏偏看不見她，可見潛意識如何要避開此人。〕

睡前，極力想分神，看小說，寫作等，深夜疲極上床，不料怕想之事如一小物件在枕上等著她，頭一著枕便想起，儘管鎮靜地。（枕下滴搭滴搭之錶）常不久即入睡。天明後忽夢，宛然如真，生動極。與X爭執，大聲，二人均直爽無顧忌逾平時，一切話都說盡了。夢醒，已白日。

今人皆不懂何以崇拜關公，尤惡其感曹操恩而放之。其實關與曹故事如「還君明珠雙淚垂」知遇之感，人情之中——所以纏綿悱惻，民眾乃愛此故事，否則忠義氣節，激昂艱苦百倍於關羽者，歷史上正多，而人不記憶。

有人說：不覺得時間過去，只看見小孩子長大才知道。我認為有一個更好的辦法，就是每到月底拿薪水——知道一個月又過去了。但從來沒有過這種經驗。[110]

I want to stand before the world while I still have my own face—not when I am—like some old people—a mere mark of the passage of Time.〔趁臉孔尚在，我就要站在世界面前——不要等到自己——像一些老年人——只淪為時間流逝的一個記號。〕

We looked at each other through our wrinkles—the barbed wires of Time.〔透過彼此的皺紋——時間的帶刺鐵絲網——我們望著對方。〕

今春人皆云春寒特長，其實每年皆如此。至三月底猶寒。春如女人，永遠遲到。但來時make it up by being美女迷人〔但來時化成美女迷人以作補償〕，人forgive〔原諒〕她，所以忘了她遲到。

烈日，大風，淡藍天。忽然日落，但見遠近碉堡式樓閣亭台均作金黃色，天之光榮悉予地面。（並有火亮玻窗）而天容轉faint〔暗淡〕淡藍，自甘淡泊，收斂暗淡，如母之微笑視婚衣子女。

新秋之涼風，如涼手指，如盲人，coming back，feels all over the face of a dear one.〔新秋之涼風，如涼手指，如盲人歸來，上下撫弄著至親的臉。〕

大雪紛飛……雪花往上飛，因為風緊。蒼白色的寒空，雪花映天色上成為小黑影，憧憧飄舞。……

雪中時聞鳥鳴啁唧。園中竹葉叢叢皆白……忽念及X，此時當電彼女，云：「今天落雪落得真大。你現在在做什麼？」只是這樣，閒閒娓娓地。為之惆悵竟日。

每次看「選美競賽」的照片，最使我感覺興趣的是宣佈結果後落選者的表情，即使有些人故意笑，也笑得非常勉強。（在香港這小圈子尤其如此，外國似乎不使人覺得這樣。）

聞台北觀櫻花盛況：

紅帽哼來黑帽哈
武陵太守看梅花
梅花忽地開言道
小的梅花接老爺[111]

Wrapping gifts〔包禮物〕：又fussy〔太講究〕，又不會包。男人索性不管倒省事了。

不喜歡greeting card〔賀卡〕。

一個人在戀愛時最能表現出天性中崇高的品質。這就是為什麼愛情小說永遠受人歡迎——不論古今中外都一樣[112]。

雖然當時我很痛苦，可是我一點不懊悔……只要我喜歡一個人，我永遠覺得他是好的。

When faced with a man who has fallen out of love—nothing you do is right. Well-dressed seems extravagant, badly dressed is ugly. Silence is depressing, talk is boring. Was going to ask if it's still raining outside, then stopped, wondering if I have already asked him that. 〔面對一個不再愛你的男人——做什麼都不妥當。衣著講究就顯得浮誇，衣衫襤褸就是醜陋。沉默使人鬱悶，說話令人厭倦。要問外面是否還下著雨，又忍住不說，疑心已問過他了。〕

Have it out by writing about it—so that others will share the burden of my memory that they will remember, that I might forget.[113] 戀愛上的never 與forever同樣的短促嗎？但我的never是never，我的forever是forever, my love died a natural death, but natural death can be agonizing and long drawn. 〔藉寫作來宣洩——於是其他人就會分擔我的記憶，讓他們記住，我就可以忘卻。戀愛上的永不與永遠同樣的短促嗎？但我的永不是永不，我的永遠是永遠，我的愛是自然死亡，但自然死亡也可以很磨人和漫長。〕

任何男女不attractive to each other in any form則相憎。Invariably, I adore all my things but don't take care of them. M wistfully said she'd rather be treated like that than held in respect for always. 〔任何男女不互相吸引則相憎。我總熱愛我的東西，但對它們都不大操心。M慨嘆寧願被這樣看待，也勝過老是受人敬重。〕

Holding his face in my hands，如水中月，有流動飄忽之預感——有此願望：Let age

and death take this face away from me, but let nothing else.[114]〔我雙手捧著他的臉，如水中月，有流動飄忽之預感——有此願望：除非是衰老與死亡，其他什麼都不能把這張臉奪去。〕

她的心碎，如砸掉一疊碟子一樣的聲響。

No one can love his own country as much as he can love another country—only half understood, half revealed—a veiled beauty; and usually tied up with his career, his prestige before his own people… ∴ a distant princess who showered favours on him, ∴ for her, a fanatical loyalty.〔人愛自己的國家，總不及愛別的國家——只是一知半解——戴面紗的美人；通常都涉及自己的事業，與國人面前的威望……∴一位寵幸他的遠方公主，∴對於她，是神魂顛倒的效忠。〕

三等秘書——gentleman's gentleman〔貼身男僕〕

「Seven Women」〔七個女人〕——有七面，還算好，普通人恐怕只有兩三面，H.H.H.F.只有兩面[115]。

黎明姨言，矇矓驚醒，聞門砰上，忽聽見鐘之滴搭，異樣地，同時有a rush of loneliness

like a wind blowing into the room. 〔一陣孤單感湧來，像吹進房間的風。〕

怪不得有些人「不甘寂寞」，寂寞時連很討厭的人都看來有幾分好。

「秋色無南北，人心自淺深」，祖父作[116]。祖父信中看得出他異常喜歡與崇拜李鴻章，與祖母感情亦因此。

她（潘柳黛）的眼睛總使我想起「涎瞪瞪」這幾字[117]。

想不到來了香港倒會遇到兩個蛇蠍似的人——港大舍監[118]、潘柳黛。幸而同她們本來沒有交情——一看見就知道她們可怕——hurt〔傷害〕也是浮面的。

聽見章的丈夫邵說：

「這次在台李、章二人搶盡鏡頭。」

「不要做愛丁堡公爵。」[119]

覺得慘極了。一句話包括無限辛酸。

聽見Professor P.〔P.教授〕之偏見後才覺得他是個真的人——否則只知道他相當開通，

balanced〔平和〕，再也想不出是怎麼樣的人。

他好像一個菩薩，上面塗了金，L之類的吸血鬼往上一刮，總可以刮點金子下來。

「說了話不算數」最討厭，對這種人毫無辦法。

桑之慘：今日當為××日（因為他的三片今時上映，佔六家戲院），在報頭寫：「請看今日之上海，竟為××之天下」。（你一得意便又慘又幼稚）永遠是那十三歲孤兒[120]。

從不向人呼彼名，即使聽別人提及亦覺刺耳[121]，as if it's used only in love and passion and died with it〔彷彿它只在熱戀時管用，沒有愛就不復存在〕……孤獨時試呼其名，答覆只有「空虛」，知道人已不在。

「Dick」 in The Box[122]——撳一下，過一陣又彈起來。Gets stuck to某些ideas〔熱衷於某些主意，一觸即發〕。

That smile—enraged and cynical and disillusioned but looks angelic and sweet—I was very angry as I still love that smile.〔那微笑——雖帶著憤怒、嫉俗和幻滅，卻像天使般甜蜜

——我惱自己依然愛那微笑。〕

聽你說她穿什麼衣服，有如看照相簿。面孔已經熟悉，只要用想像拿衣服配上去就可以。

這張臉好像寫得很好的第一章，使人想看下去。

不望告訴我anything〔任何事情〕。譬如about her father〔關於她的父親〕臨終feel〔覺得〕女有所托——多麼sentimental〔傷感〕的溫情的一幕呀！一日，正在寫稿時（不相干，about〔關於〕翠惠之會）忽念及[123]，頓覺胃下腸中隱隱作痛，面熱，淚生。

倒熱水瓶中水，即想起X說過，最喜洗熱水臉，特買五磅熱水瓶，一瓶水洗一次臉……無一物不觸機想起其一話語或姿態。

有時像芸娘那麼機靈風趣，有時卻像「啞妻」那麼沉默[124]。

秋夜，生辰，睡前掀簾一瞥下半夜的月色。青霜似的月色，半躺在寒冷的水門汀洋台欄杆上。只一瞥，但在床上時時察覺到重簾外的月光，冰冷沉重如青白色的墓石一樣地壓在人心胸上。亙古的月色，閱盡歷代興亡的千百年來始終這樣冷冷地照著，然而對我，三十年已經太多了，已經像墓碑似的壓在心胸上[125]。

悵望千秋一灑淚，蕭條異代不同時。[126]

圖四十九：一九五四年我住在香港英皇道，宋淇的太太文美陪我到街角的一家照相館拍照。一九八四年我在洛杉磯搬家理行李，看到這張照片上蘭心照相館的署名與日期，剛巧整三十年前，不禁自題「悵望卅秋一灑淚，蕭條異代不同時。」

《對照記》手稿

1954

105．顏惠慶（1877-1950），曾任民國政府國務總理並攝行總統職務。張愛玲十五六歲時，他應該正擔任駐蘇聯大使。

106．張愛玲〈造人〉（1944）：「小孩不像我們想像的那麼糊塗。父母大都不懂得子女，而子女往往看穿了父母的為人。我記得很清楚，小時候怎樣渴望把我所知道的全部吐露出來，把長輩們大大的嚇唬一下。」我小時也得過張愛玲的品題：「瑯瑯——見風使舵」。

107．宋淇按：陳白露是〈日出〉裡的交際花，她有一句出名的對白：「太陽不是我們的，我們要睡了。」

108．宋淇按：近年來香港也有值得大看特看的櫥窗了。

109．語錄有多處提及「X」，似指一位友人，惜考證不出身份。

110．宋淇按：現在愛玲可以靠每半年結版稅知道，只是相歷時間長一點。

111．詩見清代獨逸窩退士輯的《笑笑錄》及倪鴻《桐陰清話》，原文作：「嘗聞梅花觀題壁詩云：『紅帽哼兮黑帽呵，風流太守看梅花；梅花忽地開言道，小的梅花接老爺。』詩雖鄙俚，可以愧花間喝道之輩。」與此處版本略異，如「風流太守」變了「武陵太守」（典出陶淵明〈桃花源記〉），這裡應該誤記。

112．鄺文美〈我所認識的張愛玲〉：「在題材方面，她喜歡寫男女間的小事情，因為『人在戀愛的時候，是比戰爭或革命的時候更素樸，也更放恣』。她覺得人在戀愛中最能流露真性，『這就是為什麼愛情故事永遠受人歡迎——不論古今中外都如此。』」按「人在戀愛的時候，是比戰爭或革命的時候更素樸，也更放恣」一語，早見於張愛玲〈自己的文章〉（1944），原文是：「我以為人在戀愛的時候，是比在戰爭或革命的時候更素樸，也更放恣的。」

113．參考註48。

114．《小團圓》第十二章：「他把頭枕在她腿上，她撫摸著他的臉，不知道怎麼悲從中來，覺得『掬水月在手，』已經在指縫間流掉了。」

115．不詳所指。

116．張佩綸。《對照記》：「他的詩屬於艱深的江西詩派，我只看懂了兩句：『秋色無南北，人心自淺深。』我想是寫異鄉人不吸收的空虛悵惘。有時候會印象淡薄得沒有印象，也就是所謂『天涯若夢中行耳。』」

117．潘柳黛（1919-2001），筆名南宮夫人，在上海文壇與張愛玲、蘇青、關露並稱為「四才女」，因嘲弄張愛玲的〈藍血〉而與張結怨。一九四四年五月，《雜誌》月刊登了一篇胡蘭成〈評張愛玲〉，對張愛玲大加讚賞。之後潘柳黛發表了〈評胡蘭成評張愛玲〉，把張、胡二人嘲諷一番，例如說張愛玲自恃為李鴻章曾外孫女，「以這點『貴族仙氣兒』來標榜她的出身」，又調侃說：「其實這點關係就好像太平洋裡淹死一隻雞，上海人吃黃浦江的自來水，便自說自話是『喝雞湯』的距離一樣。」據說張來香港時，曾有人向她談起潘柳黛，她還餘怒未消地說：「潘柳黛是誰？我不認識她。」可參看潘柳黛〈記張愛玲〉一文。

118．一九八〇年二月九日張愛玲致鄺文美、宋淇書有提及「港大舍監」的事：「使我想起剛從大陸出來的時候再進港大，有個女舍監是中國人，常跟我攀談，我以為是因為年紀相仿。她長得至少比我好，英文當然也說得好。她總是打聽我跟保我出來的老教授的關係，見確實沒來往，才不找我了。我到日本去了一趟又回來了，香港警局調查我，到港大女生宿舍一問，舍監說我有共諜嫌疑。我雖然人緣不好，撞來撞去這些年，倒也沒碰見過一個壞人。」

119．英女皇伊莉莎白二世的丈夫。

120．桑弧（1916-2004），原名李培林，著名電影編導。曾與張愛玲合作「不了情」（1947）、「太太萬歲」（1947），及流產的「金鎖記」等。所謂「三片上映」，可能指同於一九四七年公映的「假鳳虛凰」、「不了情」及「太太萬歲」，三片皆有桑弧參與製作。「請看今日之上海」云云，是改寫駱賓王〈為徐敬業討武曌檄〉的名句「請看今日之域中，竟是誰家之天下」。

121．「彼」，也許指胡蘭成。

122．本來是Jack in the box，指一掀蓋就跳出盒子的玩偶。「Dick」 in The Box是戲言，指美國新聞處長理查德．麥卡錫（Richard McCarthy），Dick是Richard的暱稱。麥卡錫後來擔當張愛玲的保證人，助她赴美定居。

123．「翠惠之會」，可能指翠芝和叔惠，那麼她寫的稿就是《十八春》了。

124．芸娘是《浮生六記》作者沈復的妻子。「啞妻」，指電影「有口難言」的女角，別見註18。這一則很可能是讚美鄺文美語默得宜，跟宋淇相處有道。

125．張愛玲生日是農曆八月三十日，與起首的「秋夜，生辰」吻合。《小團圓》首章有一段跟此節很相似：「過三十歲生日那天，夜裡在床上看見洋台上的月光，水泥闌干像倒塌了的石碑橫臥在那裡，浴在晚唐的藍色的月光中。一千多年前的月色，但是在她三十年已經太多了，墓碑一樣沉重的壓在心上。」

126．這聯原出杜甫〈詠懷古跡〉詩。鄺文美〈我所認識的張愛玲〉：「她嗜書如命，也是個徹頭徹尾的

『紅樓夢迷』，甚至為了不能與曹雪芹生在同一時代——因此不能一覩他的丰采或一聽他的高論——而出過『悵望千秋一灑淚，蕭條異代不同時』的感慨。」在《對照記》，張愛玲把此聯的「千」字改為「卅」，自題於舊照片上：「一九五四年我住在香港英皇道，宋淇的太太文美陪我到街角的一家照相館拍照。一九八四年我在洛杉磯搬家理行李，看到這張照片上蘭心照相館的署名與日期，剛巧整三十年前，不禁自題『悵望卅秋一灑淚，蕭條異代不同時。』」

第四部分

書信選錄

前言

宋以朗

這裡說的主要有四方面：一，書信檔案概況；二，節錄信件的原則；三，出版書信的理據；四，輯校說明。

先簡述一下我家書信檔案的狀況。張愛玲與鄺文美、宋淇之間的往來通信，計有六百多封，共四十多萬字。現存的第一封寫於一九五五年十月廿五日，由張愛玲所寄，最後一封則是一九九五年八月九日，發信者是鄺文美。張愛玲的信應已完整保存下來，但我父母那些信的情況則較為複雜。一九五五年至一九六五年間，因影印不便，我家寄出的信都沒留底本。後來張愛玲搬家頻仍，如《對照記》所言，「三搬當一燒」，所以那時期鄺文美、宋淇給她的信全都丟了。自一九六六年起，宋淇的信在寄出前都影印存底，大概只有一封遺漏（寫於一九七八年三月八日）；鄺文美的信早年多不留底，直到一九九二年後，因宋淇患病不能寫信，多數由她代筆，那時她的信才開始保存副本。鄺文美早期也常寫明信片，這些則一概不留底。由於這些因素，在以下選編的信中，頭十年就只有張愛玲一方，其後也會間中出現些仿佛毫無先兆的話，雖略嫌突兀，但讀者只要細察文理，相信也不難領會。

他們寫的信主要談什麼呢？張愛玲有一句話可以扼要回答。一九八〇年七月十三日，張愛玲致函鄺文美、宋淇，說：「我的信除了業務方面，不過是把腦子裏長篇大論對你們說的話揀必要的寫一點。」所謂「業務」，包括文學創作上的切磋（如討論〈色，戒〉、《小團圓》的優劣及改寫方法）、賣電影電視版權的細節、出版新書的各項計畫及安排、金融投資等「正經事」；而「腦子裏長篇大論對你們說的話」則範圍極廣，包括健康、朋友、衣服、美容、夢境……（所謂「腦子裏長篇大論」云云，別詳〈張愛玲語錄〉的註55，見本書第85頁。）正如我在全書前言所說，本部分收錄的書信，都「以反映彼此友情為主」，所以內容多集中於「業務」以外的事，側重生活、感性的一面。

張愛玲很小的事也會想起我父母來：在《新聞周刊》（Newsweek）上看見一個上裝廣告，就想起鄺文美幾年前做的深藍夾克（一九五八年四月廿七日張愛玲致鄺文美書）；選新教宗放黑烟白烟，就想到我父母間相處的傳統美德（一九六三年六月廿三日張愛玲致函鄺文美、宋淇）；從窗子望出去，看到「一疊疊黃與藍的洋台」，就記起與鄺文美在港共處的畫面（一九六四年五月廿五日張愛玲致鄺文美、宋淇）；電視上聽到古典樂，「也想起Mae來」（一九八五年二月一日張愛玲致鄺文美、宋淇）。諸如此類的零星片段，只要能體現到三者間的友情，我都盡量梳理出來收入這部分。有關我家的內容，自然也佔了不少篇幅，因為省掉這些，張愛玲許多體己話便失去脈絡，刊出來也沒有意義。

在各式話題當中，又以健康狀況至關重要。事實上，這裡輯錄的書信簡直可當一部「病史」來看。除了數不清的傷風感冒等小病外，信裡提及的病不少都驚心動魄：例如宋淇一九六七年動手術，由於要長期休養而向邵氏請辭，從此便脫離電影圈，那次就連張愛玲也擔心他可能已不在人間了（一九六九年六月廿四日、一九八五年十月廿九日張愛玲書）。以後的情況是：一九七七年，宋淇十二指腸出血；八八年夏，他心臟衰竭，水腫、心悸、呼吸困難相繼而至，翌年夏天做胸腔手術；九一年，他支氣管擴張、咳血；至九三年呼吸衰竭，入加護病房急救，之後便賴氧氣設備度日。用他的話來總括一句，「凡是希奇古怪的病我差不多都生過了」（一九九一年三月十四日宋淇書）。鄺文美則八六年尾證實患胃癌，要進行全胃切除手術，繼之以化療；到九四年，她又得了痛風。至於張愛玲，她八十年代期間皮膚敏感惡化，加上眼疾、牙痛，出門就診一次就染一次感冒，至八八年皮膚病得良醫會診，對症下藥，總算有所改善。不幸她在八九年傷臂骨裂，而膚疾又於九十年代反覆惡化，到九五年更說要「一天十三小時照日光燈」（一九九五年五月廿一日張愛玲致鄺文美）。另外還有我外婆的病、老傭人「阿妹」的不適，諸如此類的病歷，我都酌量編入本書。這做法的目的，不但是要說明通信三者如何互相扶持，更想帶出一種生活質感，讓讀者想像到他們寫信時的處境及感受。

另一方面，「業務」書信在某程度上也能表現出他們彼此信任、合作無間的一面，不能說與「友情」這主旨完全無關。例如一九八七年有幾封關於〈續集自序〉的信，就證明那「自序」原來由宋淇代筆，張愛玲只輕輕改動一兩字，叫人驚訝他們竟能如此互相信任。更重要的，是這些業務性質的信，儘管其內容看來非常抽離冷靜，但只要考慮到寫信人當時的處境，便往往被他們的情義所打動：因為這些公事上的信函，很多都是宋淇或鄺文美大病期間勉力而寫的（可參看一九八六年八月二日宋淇書、一九八七年一月廿三日宋淇書、一九八八年七月十三日鄺文美書、一九九一年一月二日宋淇書等）。我不知道今天還有沒有這種朋友，但他們仨的確就是這樣的人。所以即使是「業務」信函，我也連帶其生活背景酌量收錄一些，相信細心的讀者自會明白箇中深意，恕不逐一解釋。

現在要說明一下公開這些書信的理據，主要有兩點。第一點針對整批書信，意義較普遍：它們對張愛玲研究者來說，是珍貴的第一手資料，有極高學術價值。不妨舉兩個令我感受最深的例子說明。一是上文提過的〈續集自序〉作者問題，本書已收錄了一切相關資料。另一例是二〇〇七年電影「色，戒」上映，坊間謠傳王佳芝就是鄭蘋如、易先生是丁默邨，但書信卻明確否定了這些揣測：〈色，戒〉根本是取材於宋淇提供的故事，而且「女主角不能是國民政府正統特務工作人員」（一九七七年三月十四日宋淇致張愛玲）[1]。不公開這些信函，張學研究中很多謬誤便無法澄清、修正，而大眾對張愛玲其人其書亦肯定會繼續誤解下去。宋淇對出版這些書信，亦抱開放態度：

宋淇致張愛玲1976.1.19

我們發現在你的信中，有不少珍貴的資料——簡直可以寫一本書。退休以後，我們說不定真會寫一本也未可知。一笑。

一九八七年二月二十日，宋淇寫了一封信給平鑫濤。信中說有人聽到他們夫婦倆身體不好，便寫信來勸他們整理張愛玲的信扎，再賣給美國的大學。以下是宋淇致平鑫濤信函的重點節錄：

他聽說我們身體不好，就急得不得了，連忙寫信來勸我們將全部信扎好好整理，他可負責介紹我給美國一所大學，保證在二千年之前不能公諸於世，並可取得相當代價。

〔……〕

他並說愛玲寫給我們的信最有價值，因為內容都是她個人的私事和想法和生活細節，而寫給別人的或是答覆，或是請求，多數是談公事，所以希望我們早日做出決定。

〔……〕

我考慮後，香港兩大學根本不考慮，一九九七之後香港不知如何？美國大學固然有國際地位，但原件是用中文寫的，一年也不會有一個人去利用這寶貴的資料。想來想去，台灣大可考慮，因她的書全集是台灣皇冠出版，她的基本讀者在台灣，而皇冠最近有了皇冠中心，除了音樂、舞蹈、美術展覽、演講之外，似乎可以進一步設立檔案室（literary archive）。張愛玲和我們之間的通信可以成為這計劃的出發點和核心。將來歐美學者如要研究張愛玲，應該到台北皇冠中心來取經，而本身有一天可向中國讀者和張迷開放。我們絕無意將這些信居奇，從中得益，但深信一個作家的信件、原稿等都是後人研究的第一手資料。現在我想知道的是：兄對此想法有何反應？如有誠意，我們不妨再談。

我沒見到平鑫濤的答覆，似乎此事亦不了了之。但重要的是，我們知道宋淇為了方便學術研究，本就有意公開這批書信。現在三位當事人皆已去世，一切都昇華為歷史，把它們公諸於世，讓大家更明瞭張愛玲的過去，相信就是處理這批信扎的最好方法。

出版這些書信，尤其是本書選編的部分，還有第二個較狹義的理由：那就是要讓公眾明白，究竟張愛玲與宋淇夫婦的友誼是怎麼一回事。我在全書前言已提到，宋淇夫婦生前只寫過〈我所認識的張愛玲〉、〈私語張愛玲〉及〈張愛玲語錄〉三篇關於張的文章，最後一篇刊於一九七六年，之後即使尚有十九年交往，宋、鄺二人也再無片言發表。對公眾來說，這無疑是他們三人交往歷史的一大片空白。一九八五年二月一日，張愛玲致函鄺文美、宋淇，說：

> 一次夜間因為不想回來得太晚，疾走幾條街，心口又有點疼，想起可能heart attack〔心臟病發〕倒在街上，剛巧幾天後有兩萬多存款到期，換了一家開了個新戶頭，就填你們倆作beneficiaries〔受益人〕，可以幫我料理。應當立遺囑，也許別的accounts〔戶頭〕就不必改了。

到一九九二年二月廿五日，張愛玲終於寄來一份遺囑，並附函交代自己的遺產將由宋淇夫婦擁有。沒讀過他們書信的外人，其實不可能理解張愛玲何以有這個決定。事實上，鄺文美就是張愛玲最要好的知己，她對我母親的欣賞，甚至去到這程度：「越是跟人接觸，越是想起Mae的好處，實在是中外只有她這一個人」（一九六七年十一月一日張愛玲致宋淇）；而宋淇為了張愛玲的事業，更幾乎賠上自己所有時間、精神，他自己就說過：

宋淇致張愛玲1974.8.17

朋友勸我一直為人打算，而忽略了自己出書不免太不為自己著想了。

宋淇致陳皪華1987.10.18

大概《續集》的序不容易寫，而自己漸漸老邁，不復有當年的銳氣。有時想想這樣做所為何來?自己的正經事都不做，老是為他人做嫁衣裳，可是如果我不做，不會有另一個人做，只好義不容辭，當仁不讓的做了。

宋淇致張愛玲1990.8.14

這個月來為了這五本書忙得我將〈怡紅院四大丫鬟〉一文停寫，沒有辦法，弄濕了頭，只好做下去。這一陣老態畢呈，趁現在還能做事之時，辦了也好。

我節錄以下書信，就是希望能按著時序，扼要地展示整段友誼的發展，好讓大家可根據第一手資料，弄明白張愛玲與我父母的關係。

最後是輯校說明，主要有以下八點：

一・本書以下部分，只摘錄涉及張愛玲與我父母間友誼的內容，除非有註腳標明為書信全文，否則都是原信節錄。

二・編排信件的形式，力求能呈現一種此問彼答的互動關係（當然因材料所限，也不可能像「對話錄」般暢順）。編者省略的部分，一概以〔……〕代替，而原信中的省略號，則保持不變。

三・張愛玲、鄺文美及宋淇三人用字各有特色，偶有舊式寫法，編者一概不改。例如「陰曆」的「曆」字，張愛玲好用止部的「歷」（一九八〇年七月十三日張愛玲致鄺文美、宋淇），宋淇亦然（一九八八年三月八日宋淇書），只有鄺文美沿用今天慣見的日部的「曆」（一九八一年七月廿四日鄺文美書）——其實按語言發展而言，「歷」是本字，不誤，「曆」雖常見，卻反而是後起。既沒寫錯別字，故一律不改，以存其個人風格。

四・書籍、雜誌、報紙、電影名稱，凡原信沒標點的，編者都劃一加上書名號。

五・宋淇或鄺文美致張愛玲信，因收信人只有一個，故僅於節錄上冠以寫信日期及寄件人名字。張愛玲信函則標明日期及發信、收信人名稱。

六・張愛玲信函，凡同時寫給鄺文美、宋淇二人的，皆以「Mae & Stephen」稱呼，故以下書信致兩人者，皆作「張愛玲致鄺文美、宋淇」，保持原來的稱謂次序。

七・書信中即使是同一人也有不同稱呼，為方便讀者，現把主要人物的各種別稱表列如下。

姓　名	別　　稱
宋淇	宋奇，林以亮，Stephen Chi Soong
宋鄺文美	Mae Fong Soong
鄺林憐恩	Laura Lum Fong，Auntie
曾宋元琳	Elaine Soong Kingman，琳琳，玲玲
宋以朗	Roland Soong，瑯瑯，朗朗
曾茉莉	Melissa Kingman，小茉莉
張茂淵	姑姑
李開第	ＫＤ（張愛玲姑父）

鄺林憐恩，宋以朗，宋淇，曾宋元琳，宋鄺文美(由左至右)
一九五七年一月十九日

張愛玲致鄺文美1955.10.25[2]

也許你會想我是受恐嚇，怕許久不寫信你就會不回信，所以趕緊寫了來。事實是有許多小事，一擱下來就覺得不值一說了，趁有空的時候就寫下來。你們一切都好？代替雙十節的放假，出去玩了沒有？別後我一路哭回房中，和上次離開香港的快樂剛巧相反，現在寫到這裏也還是眼淚汪汪起來。

路上一切其實都很愉快，六個人的房間裏迄今只有一個葡籍少婦帶著個六歲的孩子，起初兩天我們房間裏一天到晚墨黑的不開燈，大家都睡覺，除起來吃飯外。他們是暈船，我是補上這些天的睡眠不足。昨天到神戶，我本來不想上岸的，後來想說不定將來又會需要寫日本作背景的小說或戲，我又那樣拘泥，沒親眼看見的，寫到就心虛，還是去看看。以前我看過一本很好的小說《菊子夫人》，法國人寫的，就是以神戶為背景。一個人亂闖，我想迷了路可以叫的士，但是不知道怎麼忽然能幹起來，竟會坐了電車滿城跑，逛了一下午只花了美金幾角錢，還吃咖啡等等，真便宜到極點。這裏也和東京一樣，舉國若狂玩著一種吃角子老虎，下班後的office worker〔辦公室職員〕把公事皮包掛在「老虎」旁邊，孜孜地玩著。每人守著一架機器，三四排人，個個臉色嚴肅緊張，就像四排打字員，滴滴搭搭工作不停。這種小賭場的女職員把臉塗得像idol〔神像〕一樣，嘴卻一動一動嚼著口香糖。公司裏最新款的標價最貴的和服衣料，都是採用現代畫的作風，常常是直接畫上去的，寥寥幾筆。有幾種cubist〔立體派〕式的弄得太生硬，沒有傳統的圖案好，但是他們真adaptable〔與時並進〕。看了比任何展覽會都有興趣，我一鑽進去就不想出來了。陋巷裏家家門口的木板垃圾箱裏，都堆滿了扔掉的菊花，雅得嚇死人。當地居民也像我以前印象中一樣，個個都像「古君子」似的，問路如果他們也不認識，騎腳踏車的會叫你等著，他自己騎著車兜個大圈子問了回來，再領著你去。明年暖和的時候如果Stephen到日本去籌拍五彩片，我真希望你也去看看。我想，要是能在日本鄉下偏僻的地方兜一圈，簡直和古代中國沒有分別。苦當然是苦的——我想起嚴俊林黛下鄉拍戲的情形。十月十四。（我想古代中國總不像現在中國鄉下和小城那樣破敗黯淡骯髒。）

上船後我就記起來，吳太太問我幾件行李的時候我也算錯了，多報了一件，使她大驚小怪起來，以為我做了許多衣服。那天實在瞌睡得顛三倒四。上船前付挑夫和汽車錢等等一共十幾塊，請你不要忘了給我扣掉——假使那五十塊錢拿得到的話。如拿不到，請不要忘記告訴我一聲。房間裏添了一個印度猶太太太帶著兩個孩子和無數箱籠什物，頓時大亂起來。我的玻璃杯也砸了，所以到東京時我要去買一隻那種旅行用的小熱水瓶，用它泡藥，可以掛在衣櫥裏面，比較安全。船在橫濱停一天半，第二天近中午的時候我上岸，乘火車到東京市中心，連買東西帶吃飯，（飯館子裏有電視，很模糊，是足球賽），忙忙碌碌，不到兩個鐘頭就趕回來了，因為要在三點前上船。銀座和冬天的時候很兩樣，滿街楊柳，還是綠的。房子大都是低矮的新型的，常是全部玻璃，看上去非常輕快。許許多多打扮得很漂亮的洋裝女人，都像是self-consciously promenading〔很刻意地蹓躂著〕。回橫濱的時候乘錯了火車——以前來回都是乘汽車，所以完全不認識。半路上我因為不看見賣票的，只好叫兩個女學生到了站叫我一聲。她們告訴我乘錯了，中途陪著我下來找taxi〔計程車〕，你想這些人是不是好得奇怪？不過日本人也和英國人一樣，大都一出國就變了質。

我還買了一瓶墨水，怕筆裏的墨水會用完。事實是我除了寫了兩封必要的信（給姑姑和秀愛和Mrs. Rodell〔羅德爾太太〕[3]）詩一首也沒譯成。兩年沒繙譯，已經完全忘了怎樣譯，譯出來簡直不像話，只好暫時擱下來。臨行前天天跑領事館，英文說得流利了些，但是一上船，缺少練習，又說不出來了，所以趕緊借了些英文小說來看，不然等見到Mrs. Rodell這一干人，在需要千恩萬謝的時候又要格格不吐，那真糟糕。有一本小說叫The Conquest of Don Pedro〔《唐佩德羅遠征記》〕很好，我看的是袖珍本，看來銷路也不錯。船上電影看了許多，只有一齣The Conquest of Space〔「征服太空」〕是好的。同船的菲律賓人常常在太陽裏替小孩頭上捉蚤子，小女孩子們都是一頭鬈髮翹得老高，我看著實在有點怕蚤子跳上身來，惟一的辦法是隔幾天就洗一次頭，希望乾淨得使蚤子望而卻步。三等艙除了人雜，一切設備也還好，吃得也很好，可惜大部份是我不能吃的。我也只好放寬管制，我的diet〔飲食〕向來是以不挨餓為度。

廿二日到火奴魯魯，我上岸去隨便走走，聽說全城的精華都在Waikiki〔威基基〕，我懶得去。就碼頭與downtown〔市中心〕看來，實在是個小城，港口也並不美麗。但是各色人種確是嘻嘻哈哈融融洩洩，那種輕鬆愉快，恐怕是全世界獨一無二的，至少表面上簡直是蕭伯納威爾斯理想中的大同世界的預演。我剛趕上看到一個parade〔遊行隊伍〕，各種族穿著native costumes〔民族服裝〕，也有草裙舞等等。街上有些美國人赤著膊光著腳走來走去。很多外國女人穿著改良旗袍，胸前開 slit〔狹長口〕領，用兩顆中國鈕子鈕上。畢直的沒有腰身，長拖及地，下面只有開衩處滾著半寸闊的短滾條。不知道你姊姊從前住在那裏的時候是否就流行？

日本女人也穿著改良和服，像nightgown〔睡袍〕，袖子是極短的倒大袖。也同樣難看。當然天氣熱，服裝改良是必需的，但是我相信應當可以弄得好一點。

今天廿四，收到你的信，如你預料的一樣驚喜交集。在上船那天，直到最後一刹那我並沒有覺得難過，只覺得忙亂和抱歉。直到你們一轉背走了的時候，才突然好像轟然一聲天坍了下來一樣，腦子裏還是很冷靜& detached〔和疏離〕，但是喉嚨堵住了，眼淚流個不停。事實是自從認識你以來，你的友情是我的生活的core〔核心〕。我絕對沒有那樣的妄想，以為還會結交到像你這樣的朋友，無論走到天涯海角也再沒有這樣的人。那天很可笑，我正在眼淚滂沱的找房間門牌，忽然一個人（並非purser〔客輪的事務長〕）走來問「你是某某嗎？305號在那邊。」當時我也沒理會這人怎麼會認識我，後來在佈告板上看見旅客名單，我的名字寫著Eileen Ai-Ling Chang，像visa〔簽證〕上一樣嚕囌。船公司填表，有一項是旅客名單上願用什麼名字，我填了E.A. Chang。結果他們糊裏糊塗仍把整個名字寫了上去。我很annoyed〔困擾〕——並不是不願意有人知道我，而且事實上全船至多也只有一兩個人知道，但是目前我實在是想remain anonymous〔隱姓埋名〕。你替我的箱子pack〔收拾〕得那樣好，使我unpack〔打開行李〕的時候也很難過。當然我們將來見面的時候一切都還是一樣。希望你一有空就寫信來，但是一年半載不寫信我也不會不放心的。惦記是反正一天到晚惦記著的。我到了那邊，小的mishaps〔事故〕大概常常有，大的不幸和失望是不會有的，因為我對於自己和美國都沒有illusions〔幻想〕，所以你也可以放心。看見Dick時請替我問候[4]，希望他沒有扶病給Mrs. Rodell寫信。也望望Rachel〔瑞秋〕。

P.S. The Red Badge of Courage〔《紅色英勇勳章》〕, A Gradual Joy〔《漸歡》〕, Melville Goodwin, USA〔《美國的梅爾維爾．古德溫》〕等書你們如不看，請還給Dick。

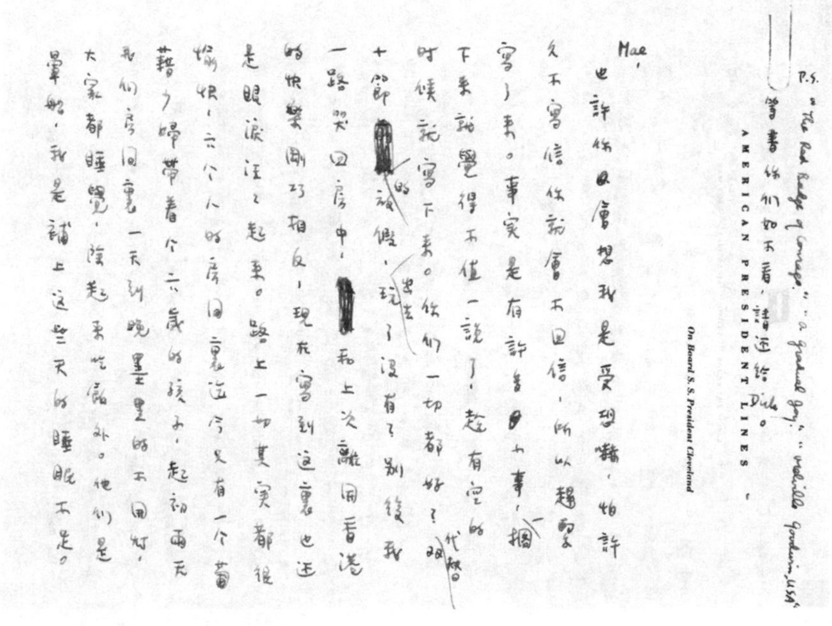
P.S. "The Red Badge of Courage." "A Gradual Joy." "Melville Goodwin, USA" 等書你們如不看，請還給Dick。

AMERICAN PRESIDENT LINES

On Board S. S. President Cleveland

Mae,

也許你會想我是受嚇，怕許久不寫信你就會不回信，所以趕緊寫了來。事實是有許多事，一個下來就覺得不值一說了。趁有空的時候就寫下來。你們一切都好？代替我十節[redacted]的放假，玩了沒有？別後我一路哭回房中，[redacted]和上次離開香港的快樂剛巧相反，現在寫到這裏也還是眼淚汪汪起來。路上一切其實都很愉快，六個人的房間裏近今又有一個葡萄牙婦帶着個六歲的孩子，起初兩天我們房間裏一天到晚黑里里的不開燈，大家都睡覺，除起來吃飯外。他們是暈船，我是補上這些天的睡眠不足。

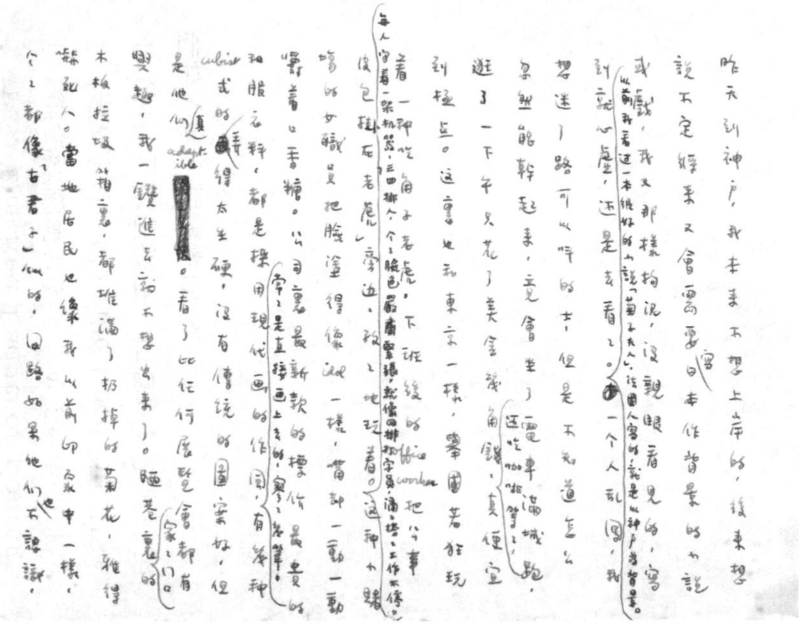

昨天到神戶，我本來不想上岸的，後來想說不定將來又會需要寫日本作背景的小說或戲，我又那樣拘泥，沒親眼看見的，寫到就心虛，还是去看看。（以前我看过一本很好的小說「蝴蝶夫人」，法國人寫的，就是以神戶為背景。）我一个人乱闯，我想迷了路可以叫的士，但是不知道怎么忽然能幹起來，竟會坐了電車滿城跑，（还吃咖啡等等，）逛了一下午只花了美金幾角錢，真便宜到極点。这裏也和東京一樣，帝國若狂玩着一种吃角子老虎，下班後的office worker把公事皮包挂在老虎上旁边，孜孜地玩着。（每人守着一架机器，三四排个个脸色严肃紧張，就像四排打字員，滴滴嗒嗒工作不停。）这种小賭場的女職員把臉塗得像doll一樣，當即一動一動嚼着口香糖。公司裏最新款的櫻竹最貴的和服衣料，都是採用現代画的作風，（常常是直接画上去的，寥寥几笔。）有幾种cubist式的，畫得太生硬，沒有傳統的圖案好，但是他们真adaptible。看了比任何展覽會都有興趣，我一鑽進去就不想出來了。陋巷裏的（家家门口）木板拉門箱裏，都堆滿了扔掉的菊花，雅得嚇死人。當地居民也像我以前印象中一樣，个个都像「古書子」似的，問路如果他们也不認識，

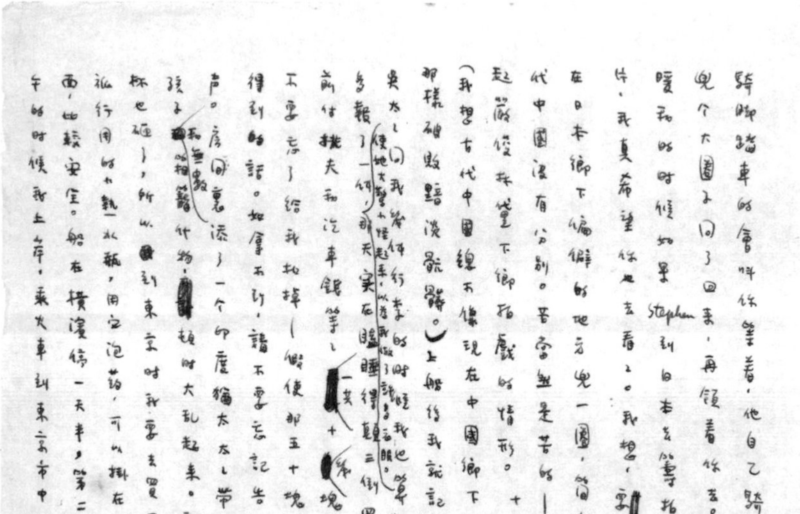

騎腳踏車的會叫你等着，他自己騎着車兜个大圈子回了回來，再領着你去。明年暖和的时候如果Stephen到日本去導指玉彩片，我真希望你也去看看。我想，要是能在日本鄉下偏僻的地方兜一圈，简直和古代中國沒有分別。晋宮無是苦的—我想起嚴俊拍鄉下鄉拍戲的情形。十月十四。（我想古代中國總不像現在中國鄉下和小城那樣破敗骯髒。）上船後我就記起來，吳太太同我搬行李的时候（使她大驚小怪起來，以為我做了[illegible]眼。）我也算錯了，多報了一倍，那天實在瞌睡得顛三倒四。上船前付挑夫和汽車錢等等一共+塊，請你不要忘了给我扣掉（假使那五十塊錢拿得到的話。如拿不到，請不要忘記告訴我一声。房间裏添了一个印度籍太太带着兩个孩子（和無數的箱籠什物），頓时大乱起來。我的玻璃杯也砸了，所以到東京時我要去買一隻那种旅行用的小熱水瓶，用它泡藥，可以掛在衣櫥裏面，也較安全。船在横濱停一天半，第二天近中午的时候我上岸，乘火車到東京市中心，連買

東西帶吃飯，忙忙碌碌，不到兩個鐘頭就趕回（飯館子裏有電視，很模糊，是足球賽）來了！因為要在三點前上船。銀座和冬天的時候很兩樣，滿街楊柳，還是綠的。房子大都是低矮的新型的，常是全部玻璃，看上去非常輕快。許許多多打扮得很漂亮的洋裝女人，都像是self-consciously promenading。回橫濱的時候乘錯了火車——以前來回都是乘汽車，所以完全不認識。半路上我因為不看見賣票的，只好跟兩個女學生到了站，叫我一聲。她們告訴我乘錯了，中途陪着我下來，找Taxi，你想這些人是不是好得奇怪？不過日本人也和英國人一樣，大都一出國就變了質。我還買了一瓶墨水，怕箱裏的墨水會用完。事實是我除了寫了兩封必要的信（給姑姑和香愛、和Mrs. Rodell）詩一首也沒譯成。兩年沒譯，已經完全忘了怎樣譯，譯出來的句子不像話，只好暫時擱下來。臨行前天天跑領事館，英文說得流利了些，但是一上船，缺少練習，又說不出來了，所以趕緊借了些英文小說來看，因不然等見到Mrs. Rodell這一下子，在需要千恩萬謝的時候會要格格不吐，那真糟糕。有一本小說叫"The Conquest of Don Pedro"很好，我看的是袖珍本，看來銷路也不錯。船上電影看了許多，又有一齣：The Conquest of Space，是好的。同船的菲律賓人常常在太陽裏替小孩頭上捉蝨子，小女孩子們都是一頭鬈髮，翹得老高，我看着實在有點怕蝨子跳上身來，唯一的辦法是隔幾天就洗一次頭，希望乾淨得使蝨子望而卻步。三等艙除了人雜，一切設備也還好，吃得也很好，可惜大部份是我不能吃的。我也只好放寬管制，我的diet向來是以不損健康為度。廿二日到火奴魯魯，我上岸去隨便走走，聽說全城的精華都在Waikiki，我懶得去。就碼頭與down-town看來，實在是個小城，港口也並不美麗。但是各色人種確是嘻嘻哈哈，融融洩洩，那種輕鬆愉快，恐怕是全世界獨一無二的，至少表面上簡直是蕭伯納、威爾斯理想中的大同世界的預演。我剛趕上看到一個parade，各種族穿着native costumes，也有草裙舞等等。有些美國人未着鞋光着腳走來走去。街上很多外國女人穿着改良旗袍，胸前用slit領，用兩粒中國鈕子鈕上。畢直的沒有腰身，長拖到地，下面又有用文邊滾着半寸闊的短滾條。不知道你姊姊從前住在那裏的時候是否流行？日本女人也穿着改良和服，像night gown，袖子是極短的倒大袖，也同樣難看。當然天氣熱，服裝改良是必需的，但是我相信應當可以弄得好一點。今天廿四，收到你的信，如你預料的一樣驚喜交集。在上船那天，直到最後一刻那我並沒有覺得難過，

18

又覺得忙亂和抱歉。直到你們一轉背走了的時候，才突然好像車輪無一聲天塌了下來一樣，臨子畫還是很冷靜detached，但是喉嚨堵住了，眼淚不停。事實是自從認識你以來你的友情是我的生活的core。我絕對沒有那樣的妄想，以為還會結交到像你這樣的朋友，無論走到天涯海角也再沒有這樣的人。那天很可笑，我正在眼淚汪汪的找房間門牌，忽然一個人（並非Chinese）走來問「你是某某嗎？305號在那邊。」當時我也沒理會這人怎麼會認識我，後來在佈告板上看見旅客名單，我的名字寫着Eileen Ai-ling Chang，像visa上一樣嚕囌。船公司填表，有一項是旅客名單上願用什麼名字，我填了E.A. Chang。結果他們糊里糊塗仍舊把整個名字寫了上去。我很annoyed——並不是不願意有人知道我，而且事實上全船至多也只有一兩個人知道，但是目前我實在是要remain anonymous。你替我的箱子pack得那樣好，使我unpack的時候也很難過。當然我們將來見面的時候一切都還是一樣。希望你一有空就寫信來，但是一年半載不寫信我也不會不放心的。惦記是一天到晚惦記着的。我到了那邊，小的mishaps大概常常有，大的不幸和失望是不會有的，因為我對於自己和美國都沒有[redacted] illusions，所以你也可以放心。看見Dick時請替我問候，希望他沒有扶病給Mrs. Rodell寫信。也望[illegible]。祝

愛玲 廿五日

張愛玲致鄺文美1955.11.9

我本來暫時不打算寫信的，但是實在很想念你，所以又寫了。我在船上寫的一封信和後來寄的一張明信片不知到了沒有？Stephen的書評我看了，寫得太好了，看了完全可以想像原著是什麼樣的。只有Shelley〔雪萊〕那句詩，怎樣由pronoun〔代名詞〕上研究出涵義，我看不懂，也不求甚解，只欣賞文字，已經覺得夠好了。我到了這裏後的經過，瑣瑣碎碎，自己寫出來都嫌boring〔令人厭煩〕，但是想必你不怕被bored〔煩擾〕。

〔……〕

你的小白鐘現在站在一個shelf〔架〕上，我仍舊像看見它在你的長白櫥上[5]。

張愛玲致鄺文美1955.11.20

昨天收到你十三日的信，看到你office〔辦公室〕的事非常欣慰，如果你做Modic〔莫迪克〕的助手，與別人隔離，真是再好也沒有了——under the circumstances〔在這情勢下〕。今年此地非常流行深藍綠色，你的顏色正是「當令。」現在我正忙著寫劇本，希望兩星期內能寄來。說不完的話，等下次再寫了。現在早起早睡，完全正常，也真是賤脾氣。總之一切都舒服愉快。

張愛玲致鄺文美1955.12.18

你說遊山，廟裏老尼說「有公事」，我笑了半天——實在叫人嚇得逃走，彷彿被她當作大施主了。真想不到你們附近的山上竟別有天地。耐冬家裏鬧鬼，真有趣。她越來越像個連載小說了。我仍舊無論什麼事發生，都在腦子裏講給你聽——當然是用中文，所以我很不贊成，因為我總想一切思想都用英文，寫作也便利些，說話也可以流利些。但是沒有辦法，這是一個習慣。你的滾黑邊的灰旗袍藍旗袍一定好看極了。

〔……〕

Fatima並沒有變[6]，我以前對她也沒有illusions〔幻想〕，現在大家也仍舊有基本上的了解，不過現在大家各忙各的，都淡淡的，不大想多談話。我對朋友向來期望不大，所以始終覺得，像她這樣的朋友也總算了不得了。不過有了你這樣的朋友之後，也的確是spoil me for other friends〔寵壞了我，令我對其他朋友都看不上眼〕。

〔……〕

這裏常常有鴿子撞到窗上來，使我想起你那裏啄窗的鳥。你母親不知Xmas〔聖誕節〕後幾時來？你的job〔工作〕我現在聽聽又覺得還是原處好，你說你在那裏像大家庭裏的姑娘，比得真有道理。替人改寫稿子實在太苦了，太不值得。現在大概已經決定了？我真希望你沒有顧情面，委曲了自己。

張愛玲致鄺文美1956.1.14

好久沒寫信，但是沒有一天不至少想起你兩三遍，總是忽然到腦子裏來一會，一瞥即逝。

〔……〕

你的job〔工作〕已定規了沒有？你的沙喉嚨我記得很清楚[7]，實在很好聽，和你平日的喉嚨是一底一面，（像一件淺色衣服的黑綢裏子）希望你這一向除了喉嚨外沒生過別的病，家中大小也一個都沒有病過。

張愛玲致鄺文美、宋淇1956.2.10

Stephen到西貢去我覺得非常有興趣。現在那裏是不是平靜下來了？國際和邵氏你搶我奪，也像Mae被總店和支店搶奪一樣，你們都成了香餑餑。

〔……〕

小報上關於我的消息真可笑，和實際情形比起來真是dramatic irony〔戲劇性反諷〕[8]。這裏有一張Audrey Hepburn〔奧黛麗・赫本〕將演拿破崙的兒子的劇照。另一張照片是不是很像你們倆在爬山？有一天我忽然在報上看見The Heart of Juliet Jones〔「朱麗葉・瓊斯的心」〕，如對故人。想起和Mae隔著幾萬里的海水，真像是喝多了水似的飽悶得難受。

張愛玲致鄺文美1956.3.14

聽你說的office情形一切好轉，我覺得真是「You can never keep a good man（or woman） down.」〔有能者（不論男女）始終會出人頭地。〕玲玲的耳朵真嚇人一跳。幸而吉人天相。

張愛玲致鄺文美1956.3.19

你這一向忙得怎麼樣？前些時你提起和Stephen有點小意見，所以情緒不大好，現在當然早已事情過去了。當時我看了就想跟你說，總希望你覺得你們的因緣是世上少有的，因為兩人都這樣敏感，中間沒有一點呆鈍與庸俗作為shock absorbent〔緩衝〕，竟能相處得這樣好。當然這是因為你是太理想的賢妻，但是有賢妻也不一定是好姻緣。以前我看見你的時候，常常想起有一本蹩腳文言小說《美人福》（民初李定夷著），作者的目的是想推翻《紅樓夢》以來的美人薄命的傳統，書中的美人個個吟詩作賦，而仍是福太太。寫得太欠真實感，但是居然被我親眼看到，真有這樣的人。（我不記得跟你說過沒有，屢次想說，不知怎麼打岔忘了說。）男人無論怎樣聰明能幹，在他所愛的女人面前常常會像孩子一樣的憊賴。我總希望你不要生氣，要把你們倆都當稀世之寶看待，珍重自己。——勸別人總是容易的，只有當局者才知道自己的難處。我風涼話一說一大堆，好在我知道你也不會嫌討厭。以前寫信因為是給你們倆看的，所以沒有提。

張愛玲致鄺文美1956.4.11

收到你四月一日的信，你的新窗簾新旗袍與宴會上談話情形一切都歷歷如在目前。現在你母親想必剛到，一定忙亂熱鬧萬分，你又了卻一樁心事了。那看手相的人真太靈驗。每次聽你說起ＵＳＩＳ那些狗皮倒灶的舉動[9]，總使我自慶脫離苦海，因為對於不會應付的人確是苦海，會處世的人則不過是一些小氣惱，不傷脾胃。

〔……〕

你看我用原子筆寫信，也許以為你給我的筆被我丟了。並沒丟，但不知怎麼不吸墨水，需要修。已經十一點了，明天還得起早，下次再談。你說的九龍渡船上的霧，我簡直就像站在船欄杆邊一樣。

張愛玲致鄺文美1956.6.11

你即使不是正趕著母親回來，沒添出額外的應酬，也已經夠忙的，我永遠詫異你能坐下來寫長信，從來不納悶怎麼許久沒收到信。同時我對你們的一切都有一種信任與樂觀，所以從來不覺得不放心。你母親回來後興致怎樣？身體可好？你成天在辦公室和那些討厭的人週旋，自己家裏情投意合的人反而見面時間那樣匆促，實在使人覺得氣悶。

〔……〕

你寫的劇評我看了笑聲不絕，一開頭就雋妙到極點。罵得又俏皮又痛快，我只恨你沒有細說，但是你一說「Tee hee!」也已經使人不由得哈哈大笑起來。我想了半天想不出他怎樣譯「汗」與「靈感」的pun〔雙關語〕[10]。

張愛玲致鄺文美1956.7.31

你們的信上一片蒸蒸日上的氣氛，看了總是使我精神一振。彷彿「善有善報，惡有惡報，天有眼睛。」我真高興你在office的地位與前大不相同，雖然忙，雖然苦，究竟心裏稍微痛快些。添了助手反而頭痛，我完全可以想像，真是寧可不要。Stephen在電影公司那樣複雜的環境裏能夠處理得那樣順手，越來越成為負責人物，真是不容易，也可見一切全在各人自己的personality〔性格〕。我看了也替自己慶幸，因為間接地我也得到益處。假使你們搬到九龍，請你馬上寫個一句兩句的航空明信片通知我。（一想到搬家我不免替你頭痛，尤其因為我特別喜歡你們原來的地方。所以我珍視那小白鐘，那是那房子的一小部份。）

〔……〕

我現在很瘦，但是胃口非常好，不久就會胖起來，所以暫時也不必量尺寸，衣服還是再等些時再做。好在你給我買的料子，除那件花布外都是四季咸宜的。你講點新做的衣服給我聽我永遠愛聽，因為栩栩如在目前。我也想講點衣服和頭髮等等瑣事，可惜現在沒有工夫多寫，改天再談。

〔……〕

你提到那伊朗來的朋友，我記得很清楚。我從來不懷疑我們再見面的時候也是這樣。如果老朋友再會晤的時候忽然不投機起來，那是以前未分開的時候已經有了某些使人覺得不安的缺點，已經有了分歧。世事千變萬化，唯一可信任的是極少數的幾個人。所以我從來不fret or worry〔煩躁或憂慮〕。我覺得很詫異，你們倆都再三解釋近來沒有常常寫信。我不但知道你們忙的情形，而且我自己這樣懶寫信的人，千怪萬怪，也不會怪別人不勤寫信，你說是嗎？

十四日我和 Ferdinand Reyher〔費迪南・賴雅〕結婚——Ferd是我在 MacDowell's〔麥道偉文藝營〕遇見的一個writer〔作家〕，今年二月裏我到那裏去的時候他已經在那裏，但他比我走得早——我沒有預先告訴你，因為我怕你又會送東西給我。事實上也只是登記，Fatima願意作證，但我寧願臨時在登記處抓到一個證人。Ferd離過一次婚，有一個女兒已經結了婚了。他以前在歐洲做 foreign correspondent〔國外通訊記者〕，後來在好萊塢混了許多年 doctoring scripts〔修改劇本〕，但近年來窮途潦倒，和我一樣penniless〔身無分文〕，而年紀比我大得多，似乎比我更沒有前途。除了他在哈佛得過doctor & master degree〔博士和碩士學位〕這一點想必 approved by〔見賞於〕吳太太之流，此外實在是nothing to write home about〔乏善足陳〕。Fatima剛回來的時候我在電話上告訴她，說：「This is not a sensible marriage, but it's not without passion.」〔這婚姻說不上明智，卻充滿熱情。〕詳細情形以後再告訴你，總之我很快樂和滿意。以後手邊如有照片和他的小說，也會寄來給你。月底我們回到 MacDowell's去，有信可以直接寄到那裏。你幾時到北京店買東西時，請順便看看有沒有像你那件白地黑花緞子對襟夾襖那樣的料子，或銀灰本色花的。如有雅緻的花樣，請你替我先買下來，我想做一件對襟棉襖，大致如那件舊的米色襖，而更短肥些。以後再畫詳細圖樣寄來，和那幾件旗袍一同叫裁縫做。

Dear Mae and Stephen:

You are the only ones of Eileen's people she says she wants me to meet, but I feel I have already met you, she has told me so much about you. I only want to assure you that she is safe with me, secure always in her loveliness and laughter and wisdom, for all this extraordinary occurence is a situation requiring no adjustments. It simply was, is and always will be.

My love,

Ferd

〔親愛的文美與淇：

愛玲說她的朋友當中，就只想讓你們跟我見面，但她講了這麼多有關你們的事，使我覺得大家早就見過了。我只想向你們保證，與我一起她很安穩，永遠都會這樣美麗，開懷和睿智，這一切奇蹟的發生，並不因為要互相遷就而改變。過去如是，今天亦然，直到永遠。

祝好

費迪〕

August 18, 1956

Dear Mae & Stephen:

You are the only ones of Eileen's people she says she wants me to meet, but I feel I have already met you, she has told me so much about you. I only want to assure you that she is safe with me, secure always in her loveliness and laughter and wisdom, for all this extraordinary occurance is a situation requiring no adjustments. It simply was, is and always will be.

My love,

Ferd

賴雅致宋淇與鄺文美書

張愛玲致鄺文美1956.10.12

我想請你隨便什麼時候有空，給我買一件白地黑花緞子襖料，滾三道黑白邊，盤黑白大花鈕。如果沒有像你那件那麼好的，就買淡灰本色花的，或灰白色的，同色滾邊花鈕。黑軟緞裏子。那三件旗袍統統做單的。我不是等著穿，你不必催裁縫，做了請直接寄到Peterborough〔彼得伯勒〕。此外我不需要別的衣服。

你這一向忙得怎樣？我一想到你忙累了情形，實在覺得內疚。匆匆寫這信，許多值得一提的瑣事只好暫時略去，但是你來信告訴我一些瑣事總使我非常快樂。希望你和奇和孩子們這一向都沒生病。

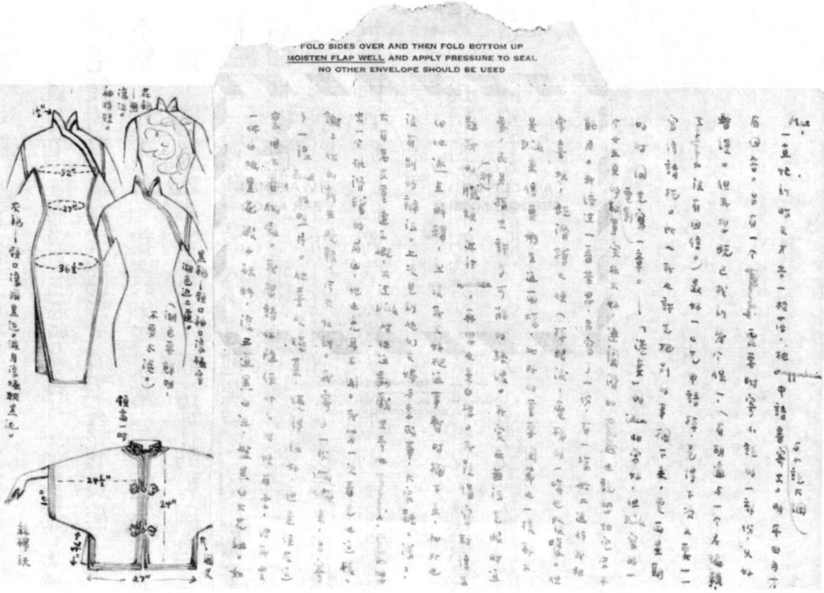
FOLD SIDES OVER AND THEN FOLD BOTTOM UP
MOISTEN FLAP WELL AND APPLY PRESSURE TO SEAL
NO OTHER ENVELOPE SHOULD BE USED

AIR LETTER
AÉROGRAMME
VIA AIR MAIL
PAR AVION
PETERBOROUGH
OCT 13
1956
Mrs. Stephen Soong
2A North Point View Bungalow
Off King's Road
Hong Kong
NO TAPE OR STICKER MAY BE ATTACHED
IF ANYTHING IS ENCLOSED, THIS LETTER WILL BE SENT BY ORDINARY MAIL
FIRST FOLD
SECOND FOLD

張愛玲致鄺文美1956.11.16

此地有一種rummage sale〔義賣〕，據說New Hampshire〔新罕布什爾州〕辦得最好，一毛錢的男式女式襯衫，五毛錢的長袴子，七毛五的厚大衣，便宜得駭人聽聞，料子和裁製都不錯，八成新。我買了些家常穿，因為我發現我穿長袴子很合式。今天我穿了件舊旗袍，吃了一驚，因為大小正合式，而這件的臀圍是三十七吋半。如果裁縫還沒做我的黑旗袍，請你叫他把hips〔臀部〕放大，其他照舊。如已做了而放不出，請仍給我寄來。又，黑旗袍如還沒做，請叫他改滾週身一道湖色窄邊，如圖。

（不要領口袖口滾兩道。）我自己想想，也不好意思開口，左改右改，攪得你頭昏腦漲。也是因為你一向脾氣太像天使似的，使我越發囉唣不休。但這次絕對是最後一次。

〔……〕

我想到你們的時候，毫無意見，僅只是你們的影子在眼前掠過，每天總有一兩次。希望你這一向沒有不舒服，家裏大小平安，愉快的事層出不窮，house guests〔訪客〕改期不來。

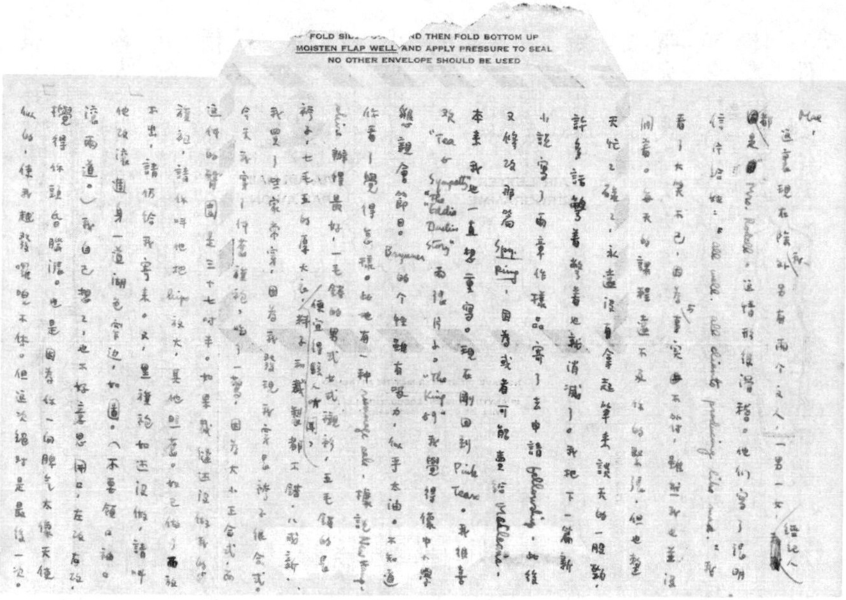

FOLD SIDES IN AND THEN FOLD BOTTOM UP
MOISTEN FLAP WELL AND APPLY PRESSURE TO SEAL
NO OTHER ENVELOPE SHOULD BE USED

Mae，

這裏現在除我外另有兩個文人，一男一女，都是經紀人 Mrs. Rodell。這情形很滑稽。他們寫了張明信片給她："All well. All clients producing like mad." 我看了大笑不已，因為事實並不如此，雖然我也並沒閒着。每天的課程遠不及從前的緊張，但也整天忙忙碌碌，永遠沒有拿起筆來談天的一股勁。許多話攢着攢着也就消滅了。我把下一篇新小說寫了兩章作樣品，寄了去申請 fellowship。如維又修改那篇 Spy Ring，因為或者可能賣給 McCalls。本來我也一直想重寫。現在剛回到 Pink Tears。我很喜歡 "Tea & Sympathy"、"The Eddie Duchin Story" 兩張片子。"The King & I" 我覺得像中小學[illegible]遊藝會節目。Brynner 的個性雖有吸引力，但手太油。不知道你看了覺得怎樣。好也有一種 [illegible]，據說 [illegible] 辦得最好，一毛錢的男式女式襯衫，五毛錢的[illegible]褲子，七毛五的厚大衣，料子和裁製都不錯，八成新。（便宜得驚人，對不對？）我買了一些家常穿，因為我發現我穿袴子很合式。今天我穿了一件舊旗袍，嚇了一驚，因為太小太合式，而這件的臀圍是三十七吋半。如果裁縫還沒做我的旗袍，請你叫他把 hip 放大，其他照舊。如已做了而[illegible]不出，請仍給我寄來。又，黑旗袍如還沒做，請叫他改滾週身一道湖色窄邊，如圖。（不要領口袖口滾兩道。）我自己想想，也不好意思開口，左改右改，覺得你頭昏腦漲。也是因為你一向脾氣太像天使似的，使我越發囉唆不休。但這次絕對是最後一次。

[crossed out]

Reporter 由雜誌社寄了一份給你，不知有沒有收到。我想到你們的時候，毫無意見，僅只是你們的影子在眼前穿過，每天總有一兩次。希望你這一向沒有不舒服，家裏大小平安，愉快的事層出不窮，Lance quote 的改翻不來。

愛玲 十一月十六夜
1956

黑袍：週身滾最窄湖色邊一道。

E. Chang Reyher
MacDowell Colony
Peterborough, N.H.

AIR LETTER
AÉROGRAMME

VIA AIR MAIL
PAR AVION

Mrs. Stephen Soong
2A North Point View Bungalow
Off King's Road
Hongkong

NO TAPE OR STICKER MAY BE ATTACHED
IF ANYTHING IS ENCLOSED, THIS LETTER WILL BE SENT BY ORDINARY MAIL

FIRST FOLD

SECOND FOLD

張愛玲致鄺文美1956.12.28

看到衣料的samples〔樣品〕，真不知道怎樣謝你才好。你的年終報告想已寫完。你們的客人一批批像颶風襲港一樣，我看了心悸。現在不知道來完了沒有？沒有聽見你說起你母親的近況，希望她健康，Stephen的母親來港，你一定又添上許多忙碌。你沒有空千萬不要給我寫信，我永遠像在你旁邊一樣，一切都可以想像。

張愛玲致鄺文美、宋淇1957.2.2

接信知道你們前一向都不舒服，念念。希望你們無論怎樣忙，總設法隨時保重，製造機會小小地休養一兩天，幾小時都好。我早就想寫信來，因為Pink Tears〔《粉淚》〕正寫到高潮的一章，又夾著生些小病，直挨到今天總算完工，正開始打。譯稿費收到，感謝不盡。照片拍得真自然，我到處給人看「我最好的朋友的照片。」衣服早已收到，滿意到極點。除灰色袍子稍微太緊外（可以找人放），統統合身。料子花式你選得太好了，我希望沒太費事，否則我總覺得不過意。棉襖可以作為城裏的短大衣穿，好在它永不會過時或嫌小。

張愛玲致鄺文美1957.3.24

你寄來的衣料樣子我真愛看。可以想像你那天晚上純黑與金色的打扮，也像看見你和琳琳捧著魚缸在街上走。幾時你如果在店裏再看見你那件鮮艷的藍綠色綢袍料，能不能請你給我買一件，（短袖）買了請放在你那裏，以後再做，因為藍綠色的料子難得有。我這一向稍微瘦了些，那件灰色袍子已經能穿，絕對是我所有穿過的衣服裏最合適的一件，真感謝你。

張愛玲致鄺文美、宋淇1957.4.19

我記得你們喜歡吃 hamburger〔漢堡〕，很想請你們吃Ferd做的 hamburger，他的烹飪實在不錯，比普通的館子好。

張愛玲致鄺文美1957.6.5

看到你上次信上說的近況，簡直迫得人透不過氣來，一樣樣累積起來，再加上復活節流行感冒的高潮。只恨我不在場，雖然不能幫你洗燙侍疾買東西，至少可以給你做個 ventilator〔垃圾桶〕，偷空談談說說，心裏會稍微痛快些。你說你脾氣變了，使我打了個寒噤，因為不能想像。但是我記得你有時忙累過份，說話的聲音立刻會變，sounds taut and a little distraught〔聽起來緊張且有點慌亂〕。也許你也像一切細緻的東西一樣，是脆弱的，我只是習慣上把你當作世界上一個最固定的單位，這一向我希望一切都緩和下來了？有些事能推宕的，總儘量設法推宕，否則萬一你自己break down〔把身體弄垮〕，豈不更耽誤事情？我希望你常常這樣自己譬解著，可是明知你太有責任感，決不會這樣做。

〔……〕

Stephen無論做什麼事我總有「大才小用」之感，但是他在公司裏現在這樣被倚重，還有他對業務上的興趣，我聽到了實在覺得高興。

張愛玲致鄺文美、宋淇1957.7.14

前幾天我吃到煮珍珠米的水，但因為珍珠米太少，太淡，遠不及Mae帶來的熱水瓶裏裝著的，那滋味我永遠不會忘記。此地雖然不受熱浪侵襲，天氣寒暖不定，前兩天我又發過老毛病，一躺又是幾天，好了以後特別覺得忙。我告訴過Mae我最喜歡自己動手漆傢俱，現在我把那糊著刺目的花紙的一面牆漆成了極深的灰藍色，配上其他的牆上原有的淡灰蘆蓆紋花紙。藍牆前的書桌與椅子也漆成藍色，地板也是藍色。此外雖然另有別的色素，至少有了些統一性。上月屢次想起你們過生日不知怎樣過的，一直忘了問。今天是我第一次在那書桌上寫字。還有許多瑣碎的話，留在下次再說了。希望你們身體好。

張愛玲致鄺文美1957.8.4

上次Stephen來信你沒寫，我並沒有擔憂，因為你如果生病，他一定會提到的，我猜你一定是忙。我這一點上一向脾氣篤坦，你如遲到或爽約我也決不會疑心是汽車闖禍等等，知道一定是臨時有事絆住了。Stephen到星加坡去不太熱？他在香港獨當一面的痛快，你們小別的滋味，我覺得都是你們平日做人應得的報酬，使我覺得快慰。你寫的關於我的文章[11]，即使是你的second-best〔次佳之作〕，我也已經十分滿意，因為我知道得很清楚如果換了別人寫的是什麼樣子。只怕你太費斟酌，多花了時間不值得。

張愛玲致鄺文美1957.9.5

《文學雜誌》上那篇關於我的文章[12]，太誇獎了，看了覺得無話可說，把內容講了點給Ferd聽，同時向他發了一通牢騷。你在電影雜誌上寫的那一篇[13]，卻使我看了通體舒泰，忍不住又要說你是任何大人物也請不到的official spokesman（官方發言人）。當然裏面並不是全部外交辭令，根本是真摯的好文章，「看如容易卻艱辛。」我想必不知不覺間積了什麼德，才有你這樣的朋友。你記得我說的過了生日後轉運的話，這種小地方也使我覺得一陣溫暖。

張愛玲致鄺文美1957.9.30

我在電影雜誌上看到你們的照片，起初確實以為是Stephen在飛機場送李麗華，細看方知是你。是真誤會了，不是瞎說。也是因為你這張照上的臉與身材都比較一般性。你們高興的神氣與瑯瑯撲在琳琳身上躲著的神氣使我看著笑了半天。如果是琳琳和瑯瑯——他們比我記憶中似乎更小。一般人每次看見小孩子總是詫異「又大了許多，」我卻恰巧相反，大概因為總覺得「後生可畏」，他們咄咄逼人的往上長，日漲夜大，其實他們並不像我想像中那樣長得快。在香港的時候我每次看見他們也總是詫異他們還是這樣小。今天抄完劇本已經深夜兩點半，想明天上午寄出，所以很瞌睡的寫信，寫得亂七八糟，但都是以前陸續想起打算和你說的話。

〔……〕

我可以想像你有時候office裏出了氣人的事，想寫給我看又懶得細說，真是氣悶——但是幸而近來你在office裏比較痛快得多，沒人敢給你氣受。

圖片原載《國際電影》一九五七年八月號

張愛玲致鄺文美、宋淇1957.10.24

琳琳的志向我覺得完全是因為一切小孩子都喜歡做人們注意的集中點（你們姊妹們是例外，但是你仔細分析後也許覺得姊妹間也不是個個都是例外）。如果太早對一門學問發生興趣，反而是不健康的束縛，你說是嗎？我覺得她不但美，而且五官位置勻稱，線條有力，眼睛有神，不浮不戚，有一種堂堂的氣概，將來不可限量，而且有福氣。我承認我迷信到相信這一套，雖然並不是「麻衣相法」，只是憑我對人的興趣，倒是你的擔憂使我擔憂，來日方長，她一天比一天美麗，誘惑當然特別多。但是我相信等她大起來的時候你一定會信賴她的判斷力。你的藍綠絨線衫一定好看到極點，快織好了沒有？Stephen又生過感冒，我聽了很覺得不安，希望這一向大家都好。Mae的「左手」的韻事太可笑了[14]。

張愛玲致鄺文美1958.3.30

好久沒收到你的信，你們一定是跟我生氣了。我想，都是怪寫信的壞處——說來也許使人覺得奇怪，我這靠文字吃飯而又口才拙劣的人，倒是寫信比說話更加言不達意[15]。寫給你的信因為不打草稿，所以更糟。我相信如果面談，你一定會記得我是說話從不加考慮，尤其是在朋友面前，有時候本是好意，也使人聽不入耳。但是當時在融洽的空氣中說了也就忘了，不像白紙上寫黑字，總像是含蓄著深意。我在長久沒收到你們的信後才想起，難道Stephen以為我「拿喬」不寫《溫柔鄉》是希望多拿劇本費？還是覺得我脾氣太壞，一點也不能接受建議？其實電影的製造過程本來非如此不可的，而且公司方面提出的都是內行話。我只是認為我們有一個默契，Stephen介紹這工作給我本來是幫我的忙，如果覺得容易輕鬆我就做，覺得難就不做，報酬我一直非常滿意。但是我始終對於金錢來往影響友誼這一點懷著一種恐懼，使我每次收到劇本費，一則一喜，一則一憂。這封信一個月前就打算寫的。我常常牽記你們近來怎樣，家裏是不是一切照常。

〔……〕

最近老毛病又發了一次，躺了一個禮拜，今天剛起來。我自己知道我是最壞的通訊者，所以也不能要求你經常的給我寫信。如果提起筆來感到意興索然，那就不通信也好，我仍舊相信將來見了面一切都還是和從前一樣。

張愛玲致鄺文美1958.4.27

你們已經有廿年的歷史，真是難於想像，因為你們永遠表裏如一絲毫不變，真像是時間站住了不走，使人有恍惚之感。

〔……〕

我希望你找房子不太累，搬家的時候不太熱。如果我仍在香港，一定會跟著搬到九龍。我以前對寄卡片的意見現已作廢，為了偷懶，幾乎所有的信都用明信畫片代替。你遇到沒空寫信的時候，也隔些時寄張卡片給我，只要說一切平安。最近「Newsweek」〔《新聞周刊》〕上一個廣告裏有一件上裝，與你幾年前做的深藍夾克一式一樣。不知道現在還常穿嗎？琳琳住讀你也許會覺得寂寞。

張愛玲致鄺文美、宋淇1958.5.26

收到你們的信，使我覺得抱歉，尤其因為我的信寄到的時候Mae正發著103°的寒熱。最怕的就是一家大小接二連三或是同時病倒，近來是否大家都無恙？打了針是否好得多？你們忙的情形我不是不明白，我如果有你們一半忙，早已倉皇得什麼都顧不上。千萬不要以為我要你們常寫信。總之我只歸罪於不見面的氣悶，不然我也不會多心。Mae梳髻再配也沒有，高低部位也好，一道單鑲的綉花邊也簡單得可愛，不知道是什麼顏色？早晨梳頭是否費時候，是不是自己梳？我前一向燙的頭髮不好也不壞，最近試驗剪得極短，終於決定養成不長不短分層的直頭髮。

〔……〕

我在電影雜誌上看到關於《南北和》[16]，就覺得錯過這齣戲實在痛心。

張愛玲致鄺文美1958.7.6

《南北和》收到，看了非常喜歡，下次寫信時再講。

張愛玲致鄺文美1958.9.21

趁這空閒的時候寫信給你，把上次信上匆忙中略去的話補上。我實在羨慕你做謀殺案的陪審員，認為是一樁大經驗，可以想像乘警輪出鯉魚門的氣氛[17]。但不知凶手為什麼當眾行凶，不怕抵命？是一時衝動還是預謀？你的上司一蟹不如一蟹，上次Life〔《生活雜誌》〕上大捧Norman B.〔諾曼B.〕（名字不知我攪錯沒有）我看了不由得要笑，而又覺得寒颼颼的，天下事實與外表大都如此。The Ugly American〔《醜陋的美國人》〕那本書你們看到沒有，不知罵得是否在筋節上。

〔……〕

近來我因為胃口不好，常常自己做些中國菜，例如青椒炒蘑菇，用bacon〔燻肉〕油代替火腿油。希望有一天能夠做給你吃，同時聽你講點煩惱的事給我聽。

〔……〕

《侍衛日記》這本書，能不能請你叫個識字的傭人代我留心，碰到就買一本？不是等著要。小女孩子總是喜歡漂亮的姑娘，你不要替琳琳擔心。

張愛玲致鄺文美1958.9.22

時刻惦記著，尤其是收到你九月九日的短信後，覺得天災人禍一併發作，使人透不過氣來。這一向台灣時局緊張，我著急香港不知可會受影響，也想到你二姊，卻沒想到你們會有別的不幸。皮下發炎不知道是什麼症候，聽上去來勢洶洶，希望Stephen暫時多多保養，我聽你說一天到晚來客商量大計，想像這情勢一定不容許他多休息。我正預備今天寫信，（昨天晚上剛改寫小說完工）恰巧今天又收到你百忙中寫的長信，真覺得罪過。

〔……〕

我們十月底離開這裏，在紐約住一星期料理點瑣事，乘飛機到洛杉磯去，趁這機會賣掉Ferd存在堆棧裏的幾千本書（大部份是Americana〔有關美國的書〕），至少夠來回旅費。我這樣反對藏書的人，這也真是人生的諷刺，弄上這麼許多書。你想，以你們的家境，Stephen買書我尚且搖頭。《南北和》不但噓天噓地，格局的簡單有一種圖案美，我可以想像演出的效果。

謀殺案我極感興趣，這和新房子都希望你多告訴我點。

〔……〕

張愛玲致鄺文美1959.1.11

收到你十二月十五的信，真覺得皇皇然。有種時候，安慰的話不但顯得虛浮，而且簡直冷酷，根本無從安慰起。但是能夠有好醫生診治，實在是不幸中的大幸。你說他對你大姐的好感到現在還會發生作用，我不由得想起吳先生代我母親生氣，大為光火——雖然表現的方式不同。我可以想像你每天趕來趕去的倉皇情形，真恨我不在場，否則你隨時能偷空訴說一通，至少會稍微心裏鬆動一點。你說這信寄到的時候最壞的已經過去了，這樣寫著已經覺得好過一點，這話我看了反而覺得心酸。我實在是想知道開刀經過怎樣，否則還不會寫信來。希望你空郵寄張明信片給我，好處在篇幅限制，只能寫一兩句話，也不必提所說的是誰，用英文也好。寫得再簡短我也不會覺得突兀。等你慢慢地心定下來再寫信。我這一向在趕寫《荻村》，因為越耽擱越不上算，希望在二月底前打完寄出。此外閒話有許多，但是有你這邊的事梗在心頭，一切都像是無聊的閒話。

〔……〕

你的頭髮現在短而鬈，我希望你腦後堆得高點，「帝國式」我覺得於你非常合適。我的頭髮也較闊較高，不鬈而蓬。

張愛玲致鄺文美1959.3.16

收到你一月廿五的信，心裏一寬。Stephen的病源你如果當面講給我聽，也還沒有這樣清楚，因為我用耳朵聽不容易吸收。但是我記得你說過他騎腳踏車來報告停戰。我想像你們的近況一定苦盡甘來，Stephen在家裏養息，相聚的時間比較多，能夠從容的領略生活的情趣。我希望你office這一向不忙，也沒有無端端岔出別的麻煩差使。病後的世界像水洗過了似的，看事情也特別清楚，有許多必要的事物也都還是不太要緊。任何深的關係都使人vulnerable〔容易受傷〕，在命運之前感到自己完全渺小無助。我覺得沒有宗教或其他system〔思想體系〕的憑藉而能夠禁受這個，才是人的偉大。請你原諒我這一套老生常談的人生觀，反正你知道我明白你從醫院探病回來的心情就是。痛定思痛，也許你現在反而有更深的感觸。

張愛玲致鄺文美1959.5.3

聽你說你們這裏一切如我想像的一樣，使我很安慰。我像看見你們的洋台、花草。你夏天如果穿短衫袴配上頭上的髻，那真再理想也沒有。

張愛玲致鄺文美1959.6.3

臨行前收到你的短信，覺得心焦，不知道Stephen現在出院沒有？有沒退熱？香港好的醫院擁擠的情形我簡直不能想像。病後反覆，即使不要緊也使人著急。

張愛玲致鄺文美1959.8.9

前一向我惦記著你們今年過生日是怎樣情形，Stephen好了沒有。我在趕寫《荻村》劇本，中文本昨晚剛寫完，Dick McCarthy十五日過埠，大概來不及譯好打好給他看。其實不必如此急急，但我總想做完它，騰出充份的時間來寫小說。一方面這工作也就是休息，因為我始終為那小說煩惱著，雖然已經經過大的改動，還想拆了重換框子。常常晚上做同樣的夢，永遠是向相識的人（昨夜是我小時候一塊兒玩的一個丫頭）解釋為什麼不再寫。這真是病徵，我真要自己極力把持著不成神經病。如果能夠天天和你談一個鐘頭，可以勝過心理治療。

張愛玲致鄺文美1959.11.26

八月中旬見到Dick，聽見說Stephen仍在醫院裏，我很著急，想著你一定心焦，心亂，當然沒心緒寫信，連我也這些時一直無法寫信，我的同情你完全明瞭，但是人不在那裏總是隔著一層，如果你正心煩的時候我卻絮絮不休閒話家常，也自覺無聊。我是真的不願意要你分神寫信給我，所以最近寫信給Dick請他聽到關於你們的消息就轉告我一聲。

〔……〕

前兩天收到你們的信，知道Stephen近況，非常快慰。

〔……〕

我的書又寫下去了，這又使我起勁得多，這次我不想再停下來寫電影劇本，但是你們要改編的兩齣戲我還是要買來看看。欠公司的錢無論如何要還的。如果我不打算馬上動手寫，下次寫信告訴你們，好另找人。

〔……〕

你下次看見周裁縫替我望望他，我常常念叨著他的。上兩個星期我去申請入籍拍派司照，寄一張樣張給你，雖然粗糙，倒比別的照片像我。一百磅在你是標準重量，我一百磅卻是瘦得厲害。

〔……〕

你擔憂有一天變得像你母親，似乎是杞憂，但是我可以想像，因為人老了確是善變。不過我總認定你永遠是你，回想起深夜送你回繼園台的一截路，與有一天我一夜沒睡，大清早送稿子到附近的印刷所，順便兜到你們家，（我忘了是送什麼東西去）你剛起來喉嚨有點沙啞，統統像昨天的事。那天早上你們「媽媽」正在梳頭，握著頭髮來開門，甬道裏充滿濃厚的睡意，說不出的可愛。我想到現在你們的公寓裏又天下太平恢復原狀了，（雖然甬道與房間換了方向）真感謝萬分。

〔……〕

我相信幾年內我們會見面。那一定像南京的俗語：「鄉下人進城，說得嘴兒疼。」

張愛玲致鄺文美1960.2.8

收到你一月底的信，知道再耽擱下去會使你們誤會我是不高興寫，其實我上封信裏說的都是實話，欠公司的錢與欠私人的一樣，怎麼能懡賴。我後來再回想離港前情形，已經完全記得清清楚楚，預支全部劇本費。本來為了救急，誰知窘狀會拖到五年之久，目前雖然不等錢用，錢多點總心鬆一點。如果能再多欠一年，那我對公司非常感謝，因為我仍舊迷信明年運氣會好些，這是根據十三年前算的命。

〔……〕

你升官，一些無用的也升，我可以想像你的感覺。你肚子裏一部美國官場現形記白擱著真可惜[18]。我看了The Ugly American〔《醜陋的美國人》〕，材料精彩，只是寫得太差。你整天應付那一班人，在你也許覺得勝之不武，我如果知道細情卻會感到痛快。

這裏兩張照片是Ferd一個朋友有一天來拍的，大笑的一張你看了一定覺得眼熟，穿的衣服也就是我的大作。日本面具是Fatima給的，寄到Huntington Hartford〔亨亭頓．哈特福文藝營〕已打碎，幸而有個畫家代為黏上。Fatima上月結婚，自紐約寄請帖來，對象不知是醫生還是博士，我也沒查問，大家都懶寫信。我自己覺得這幾年來沒有更老，所以總相信我們再見面的時候都還不會怎樣改變。你在我所見過的青春常駐的人裏是最極端的一個，（不單是我這樣說，你總也有點相信。）即使因為憂煎勞碌老了五年，也還是年青。而且這是有彈性的，

宋鄺文美在美國新聞處，一九五六年三月

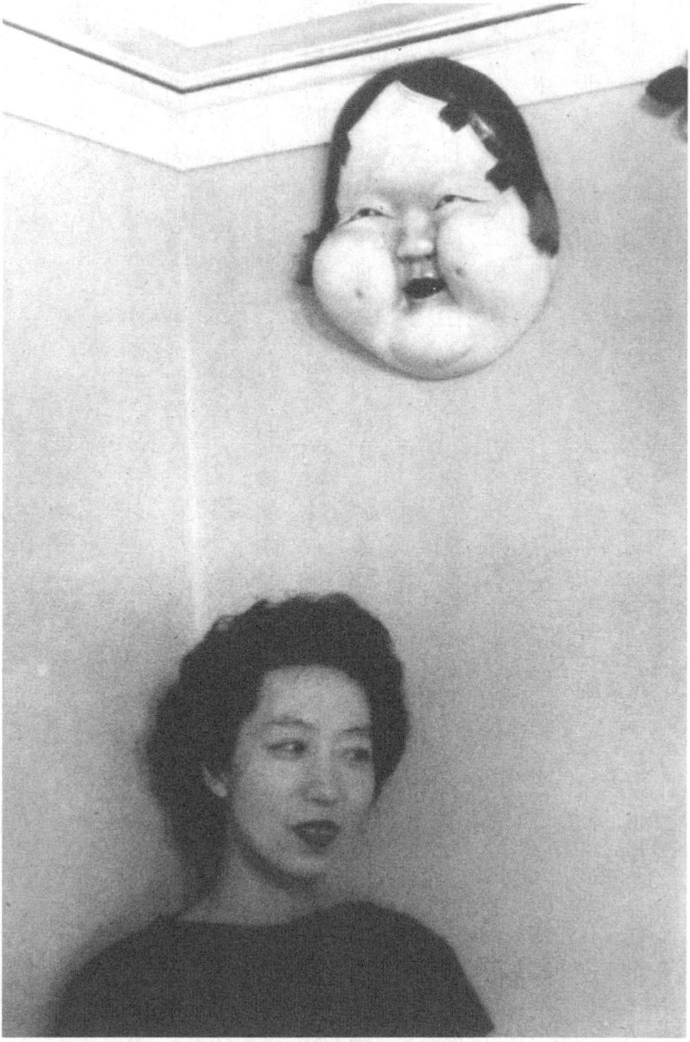

《對照記》[圖五十一] 一九六一年，在三藩市家裡，能劇面具下。

（至少在中年是如此）心境一變，幾個月後會變回來，不過這和發胖一樣，因素是累積的，效果卻是「突變」，不是漸變。要過一向才看得出。

張愛玲致鄺文美、宋淇1961.2.21

我因為在電影雜誌上看到Stephen照片，雖然瘦，似乎精神很好，所以沒有信息並不心焦，仍舊天天想起，彷彿你們永遠在那裏，毫無變化，這種永恒感也是麻木的另一面。Stephen千萬不要說什麼「有事有人，無事無人」，顯得見外，因為我這朋友極少的人，在我這方面是不拿你們只當朋友看待的。雖然因為欠著由你們經手的一筆錢，有點覺得虧心，我總認為是暫時的事。「病去如抽絲」的滋味我很熟悉，我知道對你們兩人都是精神上的負擔。朗朗怎麼又生這怪病。你們的事只好用「好事多磨」這句話來安慰自己，可以略微心平些。

〔……〕

雜誌除有你們房子照片那一期似都收到。報紙最近又收到兩批，郵費積少成多，但少數錢不便寄，只好以後再和Mae算。我對於琳琳的「小姐脾氣」只有最現實的看法，現代不論哪一種社會裏還是有不同的階級，聰明美麗的女孩子照樣做名演員藝人或鐵托夫人。即使遇到厄運，聰明人自會能屈能伸。做父母的想給她預防受打擊，未來的情形無法逆料，防不勝防。還是讓她儘可能享點福好。希望Mae不覺得這是局外人的風涼話而感到不高興。天天過海，你時間更少了。

張愛玲致鄺文美1961.5.17

我很高興Stephen和瑯瑯這一向好多了。你說Stephen拔牙，我想起黃醫生給我裝全部上牙，離港數月後發現太receding〔後縮〕，幸而還來得及補救。（通常有這傾向。最好裝得比天然protruding〔凸出〕）他雖然是好醫生，對美容或欠研究。希望你注意這一點。美國政府我看看實在不行，你的上司一蟹不如一蟹完全是意中事。我想你們看《十八春》一定覺得離我很遠，我卻覺得距離很近。許許多多話相信不會永遠擱著，一定有機會暢談。

張愛玲致鄺文美1961.9.12

想在下月初一個人到香港來，一來因為長途編劇不方便，和Stephen當面講講比較省力，二來有兩支想寫的故事背景在東南亞，沒見過沒法寫，在香港住個一年光景，希望能有機會去看看。暫定十月三日夜乘US Overseas Airline〔美國海外航空公司〕（一家較便宜的unscheduled airline〔臨時航班公司〕）來港，一到就給你們打電話，請千萬不要來接。聽說香港旅館擠得厲害，不知是否只是上等旅館有這情形？我還是打算在離你們家不遠的地方找個房間住下來，旅館只預備住幾天，髒一點貴一點都沒關係，請你代為留心。如果這一向剛趕上你們特別忙，你不要擔憂，反正我一住定下來就得忙著想《小兒女》劇本，以後儘有長談的機會。近來你們身體都好？報上說香港鬧虎列拉，你們生活上有沒有什麼不便？我今年過了年以來常有蕭索之感。相信你們自從Stephen病後也常有類似的心境。但是我一想到不久可以見到你們，卻是真正感到愉快。

張愛玲致鄺文美1961.9.23

收到你的信嚇了一跳，怎麼你這樣好的眼睛需要動手術。三個月沒通信，我只惦記著Stephen的健康，再也沒想到你會出花頭。你上次寄來的照片，我前一向正找出來重看，覺得你真是六年來一點也沒變。

〔……〕

飛機是十月三日（星期二）夜離三藩市，幾時抵港，昨天打電話到那小航空公司去問，不得要領，今天跑去問過，星期五下午四時三刻才到香港。途經Guam〔關島〕，Wake Is.〔威克島〕，Okinawa〔沖繩〕，又因international dateline〔國際換日線〕失去一天，路上要兩天之久。他們的時間表完全靠不住，你們千萬不要來接，白等一天半天，徒然使我負疚。叫的士來你們處毫無問題，而且我一到就會先打電話來。我非常高興你們可以替我找房子，不用住旅館。我的理想是沒有傢俱而有電話，但是知道找房子的麻煩，絕對不會疙瘩。

張愛玲致鄺文美1961.10.2

USOA忽然改了時間表，兩星期一次飛港，（據說是因入秋生意清）十月三日一班機改十月十日。我為了省這一百多塊錢，還是買了十日的票。

〔……〕

如果你們已代我找到房間，房租請先代付。人還沒來先給你們許多意外的麻煩，真是說不出的內疚。希望你們不會見怪。

張愛玲致鄺文美1963.1.24

我一再請你千萬不要為不常寫信抱歉，你的每天生活情形我有什麼不明白的？Stephen累倒了也在意料中，那次收到他的SOS〔求救信號〕時我就擔憂，聽上去工作太緊張，所以這幾個月來我一直為遲遲未交卷而內疚，但是非醞釀一個時期不可，只好屢次連想一兩個星期又擱下來。電懋不知對《真假姑母》劇本有興趣沒有？

〔……〕

我現在正在寫那篇小說，也和朗朗一樣的自得其樂[19]。

〔……〕

轉眼間三月就要到了，希望Stephen的手術經過順利，你務必抽空來張一行字的便條將大致情形告訴我一聲。你吃東西最好比以前fussy〔挑剔〕點，或於貧血有助。

張愛玲致鄺文美、宋淇1963.3.27

Stephen養息得見效這樣快，實在是好消息，可見身體底子還是好。Mae又生病——我不禁記起你晚上十一點左右臉色蒼白睡眼朦朧，從來沒看見你那樣病態美似的。

張愛玲致鄺文美、宋淇1963.4.2

最近我又身體啾啾唧唧起來，病了幾天。寫小說看參考材料，找到金聖嘆講軍閥時代「陪斬」的一段，不由得感謝Mae歷年寄給我的新生晚報，從前實在美不勝收。算著Stephen大概已開過刀，總算幸而Mae已經好了，不怕奔波勞碌，希望你稍微空下來點的時候就來張便條約略講點Stephen開刀經過，過天再寫信。我也常想到一別已經又是一年，感到惆悵。

張愛玲致鄺文美、宋淇1963.6.23

收到你們六月三日的信覺得非常安慰。我本來也想著如果開刀後稍有點複雜情形，無論怎樣輕微，替Mae想著總覺得定不下心來給人寫信。我這一向浸在Wuthering Heights〔《咆哮山莊》〕裏[20]，屢次預備給你們寫信也是心裏亂糟糟的寫不成。有些成問題的地方，隔上兩天又想出個答案，也就不去跟Stephen商量了，免得Stephen在這時候還要寫信，像上次那封一樣，使我拿到了心裏久久不安。

〔……〕

Mae所說的Stephen在醫院的經過與住院日子之久，我實在沒有見過，聽著也心悸。你們的事也確是總要受盡磨折麻煩後才如意。水荒我在報上看見，以為在香港是老生常談，沒想到剛趕著這時候的不便。前一向教皇之死非常感動人，這似乎是現代唯一活的宗教，但是連選新教皇放黑烟白烟也那麼保留傳統的美，我看著也想到你們。希望發炎已好，Mae也不再瘦下去。

張愛玲致鄺文美、宋淇1963.7.21

收到你們七月十三的信非常高興。Stephen還沒完全復原，聽著雖使人心焦，我從小聽慣了「病去如抽絲」與「不舒服別人替不了你」的話，所以生起病來很有耐性，只有不病的時候活得不值得才覺得可惜，這一點你們可以自慰。我自己對命運也很有忍勁，何況你們這是有把握的事，不過時間問題。Mae的大姊這些年後見面，真是人生難得的事，比我想像中跟我姑姑重逢還更像隔世一樣，你一定談得又痛快又疲倦。

〔……〕

玲玲大兩歲後一定更美更動人。女孩子們的「大志」does not mean much〔不大重要〕，Mae當然也知道，沒有也照樣可以出人頭地。男孩子向來長得慢。

張愛玲致鄺文美、宋淇1964.1.25

書已買到，是16 Famous European Plays〔《歐洲名劇十六齣》〕，另一本沒有。十七日寄出，希望不久可以收到。你們替我買的書沒算出多少錢，我也知道Mae每天忙與趕的情形，沒工夫搞那些，這本書無論如何不要算了，不然更叫我不安。以後如再想起什麼再叫我買，只要打個電話，連門都不用出。

張愛玲致鄺文美1964.1.30

接二連三收到我的信，你也許覺得詫異，事實是我一想到就隨手寫張字條子，相信你不會怪我草率與顛三倒四。

張愛玲致鄺文美、宋淇1964.5.25

每逢收到你們的信總覺得過意不去，因為知道Stephen的健康情形與Mae的忙，難得放假還要寫封長信講公司內幕，我恨不得馬上告訴她那是不急之務，這一類的事反正可以想像。

張愛玲致鄺文美、宋淇1964.11.11

我搬了家都沒寫信來，似乎荒唐，但是一來因為郵局代轉信不會失落，二來因為先忙著搬，接著又要做積壓下來的工作，直到昨天才透口氣。前兩個月我申請廉價房子，其實從前一到紐約就想登記住這種housing project〔公營房屋〕，沒有職業不合格，現在是因為Ferd年紀關係，很快的租到一個新造的公寓，房租只有本來的三分之一，目前可以生活無憂。地方比原來的大得多，又是我喜歡的現代化的房子，空空洞洞，大窗子裏望出去，廣場四面都是一疊疊黃與藍的洋台，像在香港和Mae看的藍與赭色的洋台一樣。剛定下來Ferd忽然又頭暈起來，澈查後吃了一程子藥，總算病沒發。

〔……〕

我這一向本來心緒壞得莫名其妙，大概因為缺少安全感，雖然住到稱心的房子。今天更低氣壓，實在不應當揀這時候寫信，但是也不能再耽擱下去，天天惦記著你們這一向怎樣，希望一切都好。

張愛玲致鄺文美、宋淇1965.2.6

我總等到有事才寫信，也是因為沒心腸談話。反正你們永遠在我思想背後，只要有什麼大變動的時候告訴我一聲。Mae的時間都在交通工具上搭掉了，我太知道這情形，雖然我不常出去，一出去就是一天。最近我把存著的箱子拿了隻出來，第一次用她給我的鱷魚皮包。林黛自殺不知道是為什麼？想起她和你們同住一個公寓的時候，有異樣的感覺。

張愛玲致鄺文美、宋淇1965.3.1

收到你們的信知道Stephen又生病，頭痛到極點。

〔……〕

Mae說的我看了真覺得震動而又慘淡，無話可說。不過經常睡不夠總不是事。怎樣補救我也不能想像。以後你們有事還是給我寫便條，我知道你們寫不慣，能不能試試？

張愛玲致鄺文美、宋淇1965.6.16

不過我向來睡不著的時候總是在腦子裏講著近事，比這更沒有興趣的，像告訴什麼人聽，恐怕也就是你們，幸而你們聽不見。近來特別感到時間一天天過去得多麼快，寒噝噝的。

張愛玲致鄺文美、宋淇1965.8.2

又，Mae講起辦公，你從前講過些office politics〔辦公室政治〕，無論怎樣可氣而又可笑，我覺得反正你會應付，又不傷神，動真氣，儘管自己覺得沒有意義，有本領不用總可惜，在那是非窩裏實在要真本領，不過你叫它「摩練」。

張愛玲致宋淇1967.4.10

又，王說要出版你的《前言與後語》[21]，這名字真好，出來了希望寄一本給我看看，馬上寄還，還可以派用場，千萬不要給我，免得又丟了。

張愛玲致鄺文美、宋淇1967.4.27

提起Stephen開刀，嚇了我一跳。不知道已經出院沒有，恢復得可快？如果知道，就不會趕在這時候夾忙，還寄稿子來。

張愛玲致宋淇1967.5.20

今天收到信，高興到極點，甚至於沒有拆，擱在那裏快一個鐘頭，先去忙些雜事，已經完全放心了。上次王敬羲信上也說開刀後流血過多，還沒出院，所以我非常擔心，前兩天寫信給

Dick McCarthy，因為他剛從遠東回來，還問他有沒有消息。看了你信上的險境，實在可怕，也真是幸運，星期日人都齊全，也幸而你們倆當時都不大知道。這次復原得慢，又岔出別的如腸胃病，這是像你的醫生說的那句名言。等好了些千萬把邊緣上的感想寫點下來。我自己也有過一兩次這種經驗，不過思想太簡單，又有種自衛性的麻木。Mae的姊姊週期性來港，我總不禁想起颱風××小姐們，這次剛趕著你病後，真累著了。

〔……〕

關於《十八春》你想得再週到也沒有，不過趕著這時候讓你寫這麼封長信，我實實在在覺得罪孽深重。

鄺文美1967.6.14

這半年來我被Stephen的病害得真苦，再加上近日香港的動亂[22]，驚醒了我們十八年來安居樂業的美夢，使我心力交瘁，彷彿只有半個人還活著，怎麼也提不起勁來寫信，所以好幾次Stephen寄信給你，我都沒有附筆致意，希望你能諒解。等我心情好一點的時候再和你詳談吧。

張愛玲致鄺文美、宋淇1967.6.30

Stephen怎麼開了刀這些時還又流血過多入院，真正麻煩，也真是著急也沒用的事。

張愛玲致鄺文美、宋淇1967.7.30

上次Mae信上講香港情形，那時候我還想著跟金門砲戰一樣，鬧一陣又會停下來。後來越來越壞，天天等著看報，最近又收到一個老同學的信，她是香港土著，講許多人想搬，她也忙著送十六歲的兒子到蘇格蘭，我這才真感到恐怖起來。交通不便不知道Mae上班怎樣？希望Stephen不會趕在這時候不舒服。

宋淇1967.10.3

我因為生病時間太久，已有七個多月沒有去公司辦公，不得不向公司辭職，所以我和邵氏公司的關係已告一段落。

〔……〕

文美很忙，也很累，她為了我的病和家事，心力交瘁，她真是我一生中所見過最好的女人，我這樣說，並非想在你面前誇獎她。我們正在預備把Roland送到澳州去讀書，正在辦理手續中，希望能成功，則可以了卻一件心事。

張愛玲致宋淇1967.11.1

我在這裏沒辦法，要常到Institute去陪這些女太太們吃飯[23]，越是跟人接觸，越是想起Mae的好處，實在是中外只有她這一個人，我也一直知道的。

張愛玲致宋淇1968.5.5

Mae一回來就把音樂開得很響，我太知道那滋味了。琳琳太漂亮，（他們倆照片上完全跟前幾年一模一樣，那時候也就不上照）無論如何也是extension of self-identification（自我認同的外延），最使人滿意的一種，也只好先享受著再說。不漂亮也不見得就sensible（有見識），這樣想著也許看開些。他們書又唸得這樣好。巴黎到現在還是全世界的最高峯。上個月有個畫家演講，說紐約代替巴黎成了美術的中心，大家都笑了。她自己住在紐約。她急了，又辯：Dealers（商販）都在紐約。Mae除了手瘦了，臉方了些，一點也沒變，好在現在時行方。

宋元琳，一九六八年一月

張愛玲致宋淇1968.5.15

正寫著信，又收到你十一日的信，已經是坐著寫的，想必好些了。拖著倒也讓它去，受罪真討厭。家裏緊張也not the worst of it〔不算最糟〕——我吃咖啡總想起Mae。忘了說她母親跟七八年前沒有絲毫分別，太可羨慕，這種是遺傳的，等於一大筆遺產給女兒外孫女。

張愛玲致宋淇1968.7.21

看見你信上說又進過醫院，這次開刀「痛入肺腑」，實在winced〔令我齜牙咧嘴〕。其餘的麻煩與你們的感覺，我想也只有我這長期沒有半點安全感的人能知道一二。

張愛玲致宋淇1968.10.9

謝謝你寄來兩篇文章，〈拜銀的人〉看了笑聲不絕[24]，這題目太好了，我倒覺得不太切合影評，世界上一大部份人都在內。真可惜你永遠不會寫像關於ＴＶ內幕的non-fiction〔紀實文學〕，（書中人用假名字；有的也諷刺得很蘊藉）裏面不知道有多少好故事，我看著〈拜銀的人〉的時候不由得這麼想。

〔……〕

我從來不要求意見一致，跟Mae和你常常一樣，已經喜出望外了。

張愛玲致宋淇1969.1.4

收到《前言與後語》也都沒來得及細看。我想最被注意的一篇是關於你父親與毛姆的，以前聽你講起，因為記不清原文，老是與辜鴻銘那篇纏夾，根本沒聽清楚。《在一個中國屏風上》[25]，我們知道屏風四週房間與人物的氣氛，真比原著多出多少韻味！他對你父親與對辜鴻銘的心理的不同，到現在也還是典型的。

張愛玲致宋淇1969.1.20

你說申請不到研究《紅樓夢》的港大fellowship〔助研金〕，我看了不由得嘆氣，當然是這情形。你做助理校長也是再合適也沒有，只要不太累，因為你其實是個理想的校長，包括fundraising〔籌款〕等——如果還有空可以寫東西。

張愛玲致宋淇1969.5.7

希望你跟Mae都好，隔兩個星期沒有消息就很惦記你們。

張愛玲致鄺文美1969.6.24

還沒收到你的信已經聽夏志清說在《紐約時報》上看見琳琳的照片，漂亮到極點[26]。我告訴他她還不算上照，等他看見本人還要漂亮。看了信覺得實在美滿。你講的他們姊弟倆的情形，也是你們這些年的政策的一個考驗，證明你們對。到底誰也都還是需要證據的。你有一次講「他們將來」的時候聲音非常淒楚，我還記得很清楚，所以現在更替你們高興，真是fulfilment〔如願以償〕。儘管一方面也許若有所失，「哀樂中年」四個字用在這裏才貼切。我常常用你們衡量別人的事，也像無論什麼都在腦子裏向你們絮絮訴說不休一樣，就連見面也沒這麼大的勁講。你有次信上說《半生緣》像寫你們，我說我沒覺得像，那是因為書中人力求平凡，照張恨水的規矩，女主角是要描寫的，我也減成一兩句，男主角完全不提，使別人不論高矮胖瘦都可以identify with〔視作〕自己。翠芝反正沒人跟她 identify〔身份掛鉤〕，所以大加描寫。但是這是這一種戀愛故事，這一點的確像你們，也只有這本書還有點像，因為我們中國人至今不大戀愛，連愛情小說也往往不是講戀愛。（彷彿志清書上引他哥哥評台灣小說也有這話，說都是講 petty hurts to the ego〔自我的小創傷〕）不過這本書中國氣味特濃，你們一家四口的聚散完全是西方的態度，又開闊又另有種悲哀。你說只要Stephen不生病就是了，我想起那次聽見Stephen病得很危險，我在一條特別寬闊的馬路上走，滿地小方格式的斜陽樹影，想著香港不知道是幾點鐘，你們那裏怎樣，中間相隔一天半天，恍如隔世，從來沒有那樣尖銳的感到時間空間的關係，寒凜凜的，連我都永遠不能忘記[27]。

宋淇1970.8.11

我們的女兒已經結了婚，住在紐約，對方是名畫家曾景文的兒子，是一家雜誌的副編輯。兒子則在澳洲，已入了大學，在畢業中學，入大學考試時，成績打破了澳洲的紀錄，大出冷門。我自己，生了十二年的痼疾已霍然而愈，現在生活正常，與好人無異，已經在中大full

曾宋元琳結婚照片

宋淇手握澳洲雪梨晨鋒報頭版

time〔全職〕工作了九個月了。文美的工作單位因經費關係而取消，可是她本身卻調到另一單位辦公。所以在我們家庭說來，一切都可以說是合乎理想，天公待我們很厚，但願能如此平平安安活下去，別無他求。最出人意外的是我的頑疾居然不藥而愈，令我們起先不敢信以為真，後來真有點涕淚何從之感。

張愛玲致宋淇1970.9.12

接信知道你健康完全復原，有這樣好的消息，我實在高興到極點。

張愛玲致宋淇1970.11.7

你完全復原了，真是給人一種「到底天有眼睛」的感覺。瑯瑯在澳洲打破紀錄，他們姊弟倆都這樣好，如果對調一下，就沒有這麼理想了，更可見你們的福氣。有一天我在ＴＶ「Merv Griffin Show」〔電視的「莫夫‧格里芬秀」〕上看見James Mason〔詹姆斯梅森〕說他穿的袴腳上有袴袋的袴子是他的朋友Dong Kingman〔曾景文〕介紹在香港做的，Griffin忙說也是他的朋友。

張愛玲致宋淇1971.5.27

我在ＴＶ上看見你們親家Dong Kingman在此地街上作畫。

宋淇1971.11.6

水晶的訪問記也已看到，使我們如聞其聲，如見其人，雖然我們已多年不見，可是加上一點想像，令我們有一種惘然的感覺。

〔……〕

我們看美國人是越來越幼稚和天真，所以文美在暑假中就辭了職不幹，免得看他們的嘴臉，聽他們骨頭輕的話生氣。

〔……〕

我們家中情形還好，我身體好了之後，可以做full time〔全職〕，所做的事我也很喜歡，雖然事務較多，寫文章讀書的機會大為減少。今年暑假女兒、女婿、小外孫女來港住了一個月，兒子也從澳洲來港辦理赴美手續，全家團聚了一月，其樂可知。女兒現在完全是賢妻良母，兒子則在紐約Stony Brook的SUNY〔美國紐約州立大學石溪分校〕讀物理[28]，大概有點天才，人很怪，沒有什麼朋友，思想很有深度，英文寫得好得不得了，希望他能在美打出一條出路。

張愛玲致宋淇1972.4.6

美國的國運當然在走下坡，對中共的態度只有fatuous〔愚昧〕這字能形容。Mae看不慣而辭職，我可以想像。不過我覺得他們知識份子對中共的好感由來已久，是現在才表面化。大眾也漸漸都受影響。有些趨勢，恐怕誰當政都是一樣，因為不得不顧到民意。

張愛玲致鄺文美1972.5.13

我接連感冒，這封信耽擱到現在才寫，怕萬一已經搬家，所以寄到中大。我當然非常高興你們在申請來美。琳琳瑯瑯&family〔及家人〕都回來過一個夏天，實在是你們在香港這些年的一個高潮與總結，使我想起「壽怡紅群芳開夜宴」。瑯瑯專修computers〔電腦〕，是尖端裏的尖端——看雜誌上蘇聯科學家說用computers是「第二個產業革命」，雖然他們這方面落後。你說做父母的惟有遙遠的佩服，這儘管帶點惆悵，更永遠有餘不盡。我覺得含蓄是你跟Stephen與子女的關係中最難得的一點。你說有時候有空虛感，當然是普遍的。就連男人，這也是法國人所謂 the bitter age〔苦澀的年齡〕。不過你更吃虧在 too intelligent & youthful-looking for your recessive, chosen role〔太有才智，又長得太年青，不適合你選取的含蓄內斂角色〕——在危急的時候正用得著你的才幹風度，一旦風平浪靜就「良弓藏」。希望你留神另找工作，光為了內心的滿足。——VOA〔美國之音〕本來不大合適[29]，而且最近報上說這機構幾乎被取消了——也許來美後可以跟Stephen合作。

張愛玲致鄺文美1972.5.20

上次的信寄出後才想起來，我說你在VOA做事本來不大合適，彷彿忘了過去這職業貼補家用的功用，而且他們內部的複雜，也只有你有本事這些年應付下來。我是看見報上議會攻擊USIA〔美國新聞處〕，尤其VOA「almost dismantled」〔尤其美國之音幾乎解散〕，心裏想Mae & Dick McCarthy are well out of it〔心裏想Mae跟狄克麥卡錫都早已置身事外了」。又，屢次忘了問《皇冠》上〈包可華文選〉是不是你或Stephen譯的。

宋淇1972.9.9

我們本定九月二十日搬家，可是原來的住客還沒有從旅行的地方回來，老是在等。自己的房子是租是賣，也拿不定主意，所以這兩天我們二人總是心神不定。

〔……〕

Mae的母親摔了一交，入了醫院，可憐她又要醫院和家兩面跑。

張愛玲致鄺文美、宋淇1972.10.6

收到九月九日的信，照信封上印的指示剪開，剛巧剪掉一句要緊的話，是你們在等著什麼，延期搬家的原因。

〔……〕

Auntie好全了沒有？可以想像Mae奔波的情形，加上搬家的問題。

宋淇1972.12.17

Mae十一月中去了紐約，十二月中已回港，外人一個也沒有驚動[30]。

宋淇1973.9.6

最近徐誠斌主教忽然以心臟病發作逝世，令我們全家哀痛萬分，我有一次失血過多，已近於shock〔休克〕狀態，他為我做了一次extreme unction〔病人傅油〕[31]，文美是隨他聽道理並受洗，所以視他為友、為神師。

張愛玲致宋淇1973.9.20

〈論大觀園〉是真好到極點，又渾成自然，看了不由得想到「文章本天成，妙手偶得之」，如果沒經你寫出來，彷彿總覺得應該有在那裏，其實連近似的也沒有過。

〔……〕

下次萬一要是路過洛杉磯，來得及就打個電話給我，不管白天晚上。如果不能來，也許我可以趕到機場去一趟。水晶打聽到我的住址，給了中華日報叫他們寄剪報給我。知道的人多了，路過的又多，只好不接電話，只打出去。Mae如果來，最好能先寫張紙條告訴我大約什麼日期，免得不接電話錯過。

〔……〕

真想不到徐主教逝世，很震動——

宋淇1974.5.13

小兒今年回港，他離港已三年，這次從SUNY（Stony Brook）畢業，Applied Math 和

Psychology的double major〔應用數學和心理學的雙學位〕，下學期入母校深造Math。暑假中可以熱鬧一點。

鄺文美、徐誠斌、宋淇（由左至右）
一九六七年十月二十七日

張愛玲致宋淇1974.5.16

令郎回來，真替你與Mae高興。他主修的兩門距離這麼遠，可見他這人多麼多方面。

宋淇1974.6.13

《文林》有一期登了〈五四遺事〉，昨天才發現幼獅文藝借用了其中照片。我這一陣忙於生病，大概根本沒有寄給你，便中告訴我一聲，以便補寄。

張愛玲致宋淇1974.6.29

收到六月十三的信，知道你近來又不舒服，正好瑯瑯回來這一個完美的夏天，真是the fly in the ointment〔油膏裡的蒼蠅，意指「掃興的事」。〕，讓Mae也減了幾分高興。只好是那句老話，「May all your troubles be little ones，」〔但願你的一切煩惱都是小事故〕蒼蠅就蒼蠅吧。

〔……〕

你關於《紅樓夢》的書希望能早日寫完。看過的部份也老是擔心散失。別的雜文我覺得即使紙荒，紙就壞點也應當出書，不是朋友們勸的話，是真有這需要。

宋淇1974.8.17

香港有人找我為他們的出版社編兩部書：（一）《紅樓夢論文集》〔……〕（二）《張

愛玲小說選》，由我來選。

〔……〕

此外，有正大字手鈔本《紅樓夢》也有人想印，也在找我寫序，看上去也逃不掉，好在這些都是我喜歡做的事，做起來並不成為一種負擔。朋友勸我一直為人打算，而忽略了自己出書不免太不為自己著想了。你信中也如此說。我一直到最近生病之後才有恍然大悟之感，論翻譯一書之後，以上三書都只不過是editor〔編輯〕，下一部書是《林以亮詩話》，希望能於今年年底前有個眉目。然後期以二年再出一本《紅樓夢》的論文集，那麼也總算有點東西可以交卷了。有一位朋友到台灣去，回來之後，大為奇怪，說我在那邊比在香港名氣大得多，我想主要原因是那邊讀書的風氣較盛。

張愛玲致宋淇1974.9.14

你提起我那篇〈紅樓噩夢〉，也真是巧，簡直像telepathy〔心靈感應〕，接信前幾天正因為寫小說又頓住了，想把〈噩〉找出來看看到底有些什麼東西。

宋淇1975.2.22

新年期間文美發感冒，有高熱，咳嗽到現在還沒有好，上海人所謂「牽絲扳籐」，真討厭。我除了咳嗽之外，尚無其他毛病，但也精神不濟。

張愛玲致宋淇1975.3.6

我知道你不過是咳嗽，精神不大好，但是如果照常辦事之外再添上別的麻煩，也夠頭疼的。收到二月廿二的信，才鬆了口氣。Mae感冒發高熱，也嚇人，這些感冒有時候可以很嚴重。咳嗽老拖著沒好，也是使人著急。她以前有點貧血不知道好了沒有？

宋淇1975.3.15

Mae在幫我看Hawkes〔霍克思〕的英譯，其中自不免有疏忽和看錯的地方，可是也真虧他，《紅樓夢》豈是可以隨便譯的？他的長處是英文寫得漂亮，而且從不偷懶和取巧，這種虔誠實在可嘉，當寫一長文。

張愛玲致宋淇1975.3.30

你說叫Mae幫你對Hawkes譯的《紅樓夢》，我覺得也許你有些事務也可以交給她代辦——當然我這大概是外行話——替你分勞，她也更有個寄托，才盡其用，比出去做事精神上的報酬也高些。

張愛玲致宋淇1975.11.5

前一向因為乘著那股子勁趕小說，來信也都手忙腳亂，也沒提起你給《中國時報》那封信寫得非常好[32]。我想以後不如就照西方經紀人一樣全權處理，不要特為寫信來問我，省點時間。我從來又沒什麼意見，除了覺得在這情形下也不能再好了。錢最好也經過你那裏，當然這一點如果麻煩就算了，我每次收到錢告訴你一聲。

宋淇1975.12.19

十一月五日、六日及十二日的航簡都已收到多時。我沒有作覆，你一定覺得有點奇怪，主要是由於我工作過勞，天氣暴冷，飲食不慎因而三十餘年前的痼疾——十二指腸潰瘍復發，幸虧發現得早，但已出了不少血。現正照醫生的辦法服藥、休養、改變diet〔飲食〕，頭上一個星期根本躺在床上。

張愛玲致宋淇1976.1.3

我沒在等你的信，不過每逢有點什麼就寫張航簡告訴你一聲，一直請你沒事就不要特為回信。你的十二指腸潰瘍又發了，真是——！其實一定要寫信的話，讓Mae寫個字條告訴我你不舒服就是了。病後積壓的事多，一定更忙，寫信勞神真不過意。

宋淇1976.1.19

我問她願意不願意登我寫的〈私語張愛玲〉[33]，發表期大約在三月一日左右。此稿明報月刊和聯合報副刊都表示極大的興趣。初稿已寫成，約六仟餘字，現正由文美重寫——濃縮、緊湊、加點人情味進去，同時並verify〔核實〕各事的年份日期等，所以總要月底前方可完成。

在這過程中，前塵往事都上心頭，如果你不嫌迷信的話，簡直音容如在身邊。帶給我們不少回憶和歡樂。但內容絕沒有香港所謂「大爆內幕」，而且絕對屬於good taste〔有品味〕，有時我的文章過份了一點，文美還要tone down〔改得含蓄些〕。我們發現在你的信中，有不少珍貴的資料——簡直可以寫一本書。退休以後，我們說不定真會寫一本也未可知。一笑。

張愛玲致宋淇1976.1.25

你講你們看從前的信，一切恍在目前，情調真濃。我怕 re-live experiences〔重新體驗過去經歷〕，不管是愉快還是不愉快的。但是當然是好材料，希望你們真有一天會寫本書。

張愛玲致鄺文美1976.1.25

真可笑，我老是在腦子裏聽見自己的聲音長篇大論告訴你這樣那樣，但是有事務才寫信，所以只寫給Stephen。也是因為耗費時間的例行公事越來越多，裁了一樣又出來一樣，如右手經常有點皮膚破了不收口，不能下水，只好什麼都是左手做，奇慢。也想起你訓練右手代替左手，真有毅力，我沒聽見別人有辦得到的。我對女人有偏見，事實是如果沒遇見你，在書上看到一定以為是理想化的畫像。Stephen這次又發十二指腸潰瘍，我正希望你沒太著急，急得出了accident〔意外〕——是這種情形下會出事的。你們現在的生活環境真是清福。爬山最好了，比走路有益。我也喜歡花，沒有green thumb〔精通園藝〕，偶有盆栽也很快的死了。三藩市有個花攤子設在小板車上，走過總狠狠的釘兩眼。都是些草花，有種深紫藍色的在燈光下堆成花山，走過一陣清香。美國放了這些「華青」不良少年進來，像瑯瑯這樣的人才倒這樣麻煩！琳琳倒已經二十九歲了！我不贊成你再「學習」，覺得你除了多譯點書，最好能找點需要待人接物的技巧的事做。當然我知道難找，需要顧到Stephen的地位。我小時候因為我母親老是說老、死，我總是在黃昏一個人在花園裏跳自由式的舞，唱「一天又過去了，離墳墓又近一天了。」在港大有個同宿舍的中國女生很活潑，跟我同年十八歲，有一天山上春暖花香，她忽然悟出人世無常，難受得天地變色起來。對我說，我笑著說「是這樣的，我早已經過了。」其實過早induced〔歸納出來〕的是第二手，遠不及到時候自己發現的強烈深刻，所以我對老死比較麻木，像打過防疫針。那年Stephen來信說他病勢多麼險，我也像是沒有反應似的。

宋淇1976.2.26

於梨華來信說星島日報美洲版又改變了主意，本來說副刊暫時不出，所以我就將〈私語張愛玲〉給了聯合報和世界日報（美國版的聯合報，由平鑫濤主編）同時發表，香港則在明報月刊發表，（並不是我自己想寫文章，而是借此機會拿你又製造成討論的對象）。

張愛玲致鄺文美、宋淇1976.3.7

上次到圖書館去，早上還沒開門，在門外等著，見門口種的熱帶蘭花有個紅白紫黃四色花苞，疑心是假花，輕輕的摸摸很涼，也像蠟製的，但是摸出植物纖維的絲縷。當天就收到Mae種的蘭花照片，葉子一樣，真是telepathy〔心靈感應〕。花與背景照得真美。Mae的近影簡直跟從前一樣，那件衣服也配。

〔……〕

聖誕樹上掛首飾，倒像我想出來的。我們這一點這樣像！小茉莉畫的碟子希望你們肯常用。

宋淇1976.3.11

寄上的剪報想已先後收到。最出人意外的就是〈私語張愛玲〉一文大受注意，連帶我也吃香起來，竟然有兩本雜誌、兩張報紙要我寫專欄，因為他們一向認為我是學院派作家，想不到我也能寫抒情散文，而且如此恰到好處。其實，這篇文章是為你而寫，而且我只描繪了一個輪廓，其中細節都是文美的touch〔潤飾〕，至於文章她更是一句一字那麼斟酌，所以看上去很流暢自然而實際上非常花時間，很deceptive〔容易予人錯覺〕，如果大家以為我拿起筆來就可以隨手寫出這種文章來，那就大錯特錯了。

〔……〕

最近台灣紅了一個女作家：陳若曦，回國學人，在國內住了七年，乘文化大革命時，混亂中走了出來，現在大寫其短篇，頗有真實感。可是第一個寫的人還是你，所以講起你來仍是振振有辭。我想一個作家總免不了有曲折起伏，但像你那樣有「第二春」還不多見，我們真希望好好利用這機會替你squeeze到每一分錢possible〔盡可能榨取到每一分錢〕，同時你寫熟了手，可以繼續寫下去，借此機會振作起來。

張愛玲致鄺文美、宋淇1976.3.14

〈私語張愛玲〉明報聯合報都寄來了，寫得真親切動人。看到「晝伏夜行」笑了起來。引我講陳燕燕李麗華的話是不是Mae寫的？我自以為對文字特別敏感，你們倆文字上實在看不出分別來。那次見李麗華的事我忘得乾乾淨淨——只記得後來在紐約見面，還看見她午睡半裸來開門，信上一定提過，你們忘了[34]——Apart from everything else, your reserve & restraint——even between yourselves〔不說其他，即使只在你們兩人之間也保持著的含蓄和克制〕——是最吸引我的一點。換了另一對才識相等的夫婦，我並不想跟他們接近，有時候正是為了要保持他們的好感。——志清就曾經為了這一點不高興我。

宋淇1976.3.21

說起〈私語〉一文，令我出了一個風頭，平offer〔邀請〕我在皇冠寫一個專欄[35]，中國日報則一個每日專欄，其他還有出版社也要出我的書。其實，〈私語〉這種文章是極deceptive〔容易予人錯覺〕的，看上去是隨手拈來，寫得很輕鬆自然，其實花了我們不少時間。第一，收得極緊，故意tone down〔寫得含蓄〕，任何有bad taste〔惡劣品味〕或betray〔流露〕傷感的都不寫。第二，處處在為你宣傳而要不露痕跡，傅雷、胡適、Marquand〔馬昆德〕、李麗華、夏氏昆仲、陳世驤都用來推高你的身份，其餘刊物、機構都是同一目的，好像我們在講一個第三者，非常客觀似的。第三，你猜得一點不錯，我們二人的文章風格很難分得出，李麗華、陳燕燕是我寫的，初稿大概是我的，Mae加入的是一點pathos和personal touch〔情感和

李麗華與宋淇

個人筆觸），然後翻舊信，引了兩句你信中的話以增加此文的真實性。然後Mae再逐字逐句的推敲，加以精簡，務使文中沒有廢話，多餘的字。這篇文章真是可一不可再，要是我們每天寫得出這種文章，那還得了？我們是有自知之明的，要寫這類文章，我們倒並不modest（謙遜），還真找不出幾個人來。總之，此文的目的總算達到了，將你build up（壯大聲勢；建立聲譽）的目的完成就算數，其餘都是意外。

〔……〕

我自己的《林以亮詩話》已於上月交出，本月底可望交出《紅樓夢西遊記》（即評Hawkes一書），生產量可謂驚人。

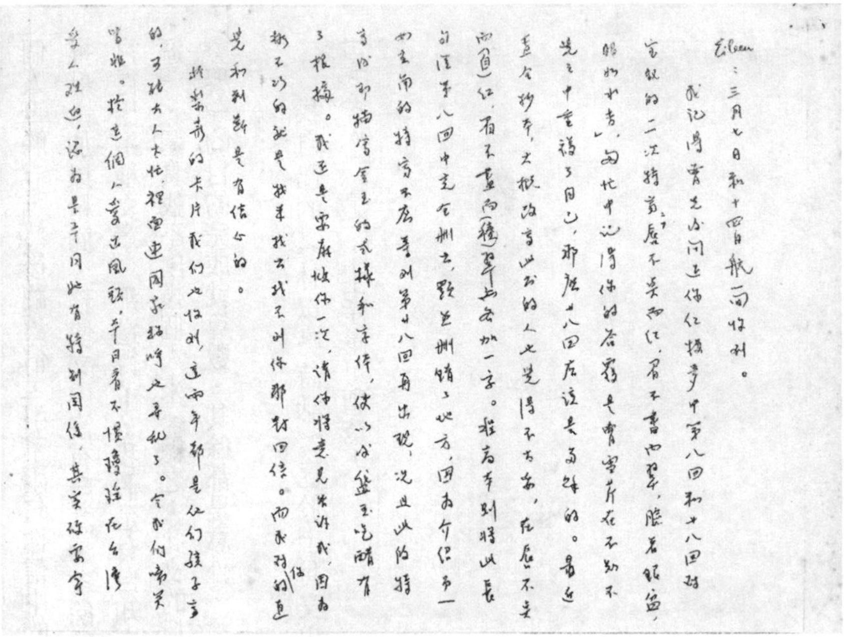

Eileen：三月七日和十四日航函收到。

我記得曾先以問過你紅樓夢中第八回和廿八回對寶釵的二次特寫，庚辰本不是和紅書，脂若硯齋的批中者，因此中心得你的答覆也曾寫在不知不覺之中重複了自己，那是廿八回在這長篇中的。最近查看抄本，大概沒有此節的人也覺得不太妥，庚辰本不妥而(直)紅，有不直向(稱)寫上面加一字。程高本則將此長前條第八回中之全刪去，顯然刪錯了地方，因為今傳本一如左前的特寫不應重列第廿八回再出現，況且此的特寫即描寫寶玉的衣揀和穿作，使以后盛玉之聰有了根據。我這是家鮮版你一次，請你將意見告訴我，因為柳存仁的研究我未找出我只叫你那封回信。而我對你的直覺和判斷是有信心的。

新年前的卡片我們也收到，這兩年都是他們孩子言的，可能大人太忙，裡面連國家稱呼也弄亂了。令我們啼笑皆非。提這個小害出風頭，平日看不慣瓊瑤在台灣受人歡迎，認為是不同她有特別關係，其實確實守

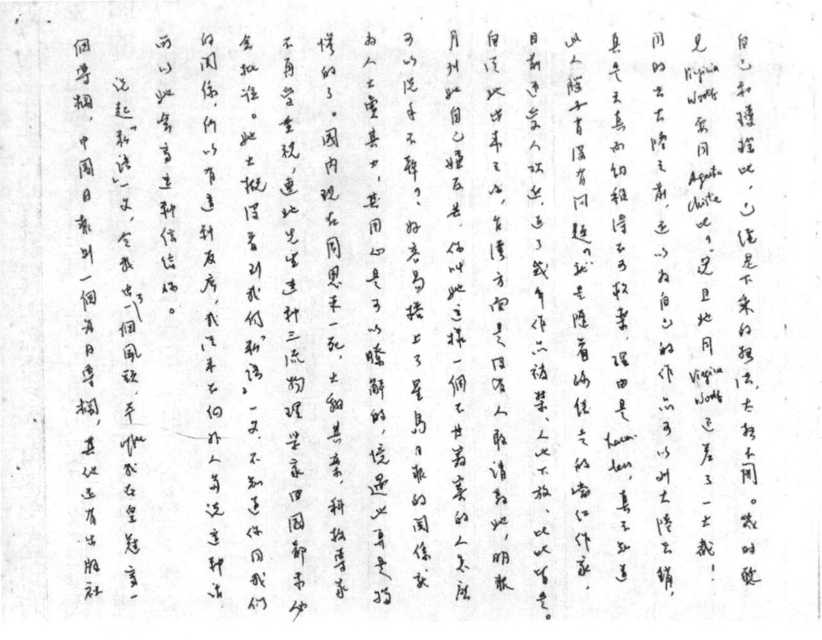

自己和瓊瑤比，已經是下乘的想法，太拎不開。當時就是Virginia Woolf實用Agatha Christie比，而且她用Virginia Woolf還差了一大截！用的是大陸之前，這以為自己的作品可以叫大陸出錯，其實主要而納粹得不到故事，理由是Kafka，甚至知道此人能寫有深度問題，就是隱着的後之的當代作家，目前台灣人以此這了幾年作品詩集，人也不放，比比皆是。自從此出來之後，台灣方面竟沒有人敢請教她，明報月刊她自己撰文去，你叫她這樣一個不甘寂寞的人怎麼可以從手不辭？好容易搭上了星島日報的關係，就為人士寫甚力，其用心是可以瞭解的，境遇也算是物情的了。國內現在同思來一死，大細甚詳，科技專家不再受重視，連她先生這種三流物理學家回國都未必受歡迎。她大概得當到我們"私語"一文，不知道你同我們的關係，何以有這種友庭，我從來在何外人前說這種話所以她會有這種信給你。

說起"私語"一文，令我出了一個風頭，平日我在皇冠寫一個專欄，中國日報則一個每日專欄，其他還有出版社

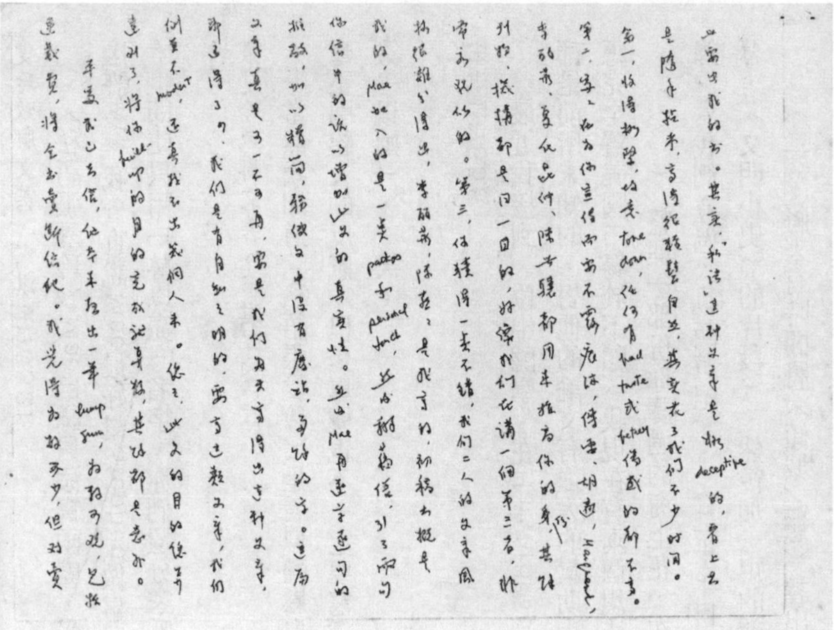

亦需要我的书。其实，我认为这种文字是非常 deceptive 的，看上去
是随手拈来，言语很轻松自然，其实花了我们不少时间。
第一，收信都要好好 tone down，凡有 bad taste 或 fatuous 伤感的都不要。
第二，字字都为你宣传而毫不露痕迹，傅雷、胡适、[illegible]、
李丽华、夏氏昆仲、陈世骧都用来推高你的身份，其他
片断、掌故都是同一目的，好像我们在讲一个第三者，非
常客观似的。第三，你猜得一点不错，我们二人的文字风
格很难分得出，李丽华、陈燕燕是我写的，初稿大概是
我的，Mae 加入的是一点 pathos 和 personal touch，如有关翻译信，引了两句
你信中的话以增加此文的真实性。此外 Mae 有些字句的
推敲，加以精简，稍微有点中间有点话多的字。这篇
文字真是了不起，实是我们两人才写得出这种文字，
而且写了了。我们是有自知之明的，写这类文字，我们
倒并不 modest，这真找不出第二个人来。你之此文的目的很
达到了，将你 build up 的目的完成就真难，其他都是意外。
年夏我已去信，他本来想出一笔 lump sum，我犹豫可观，已推
还[illegible]，将全书重新估价。我觉得书数不少，但对实

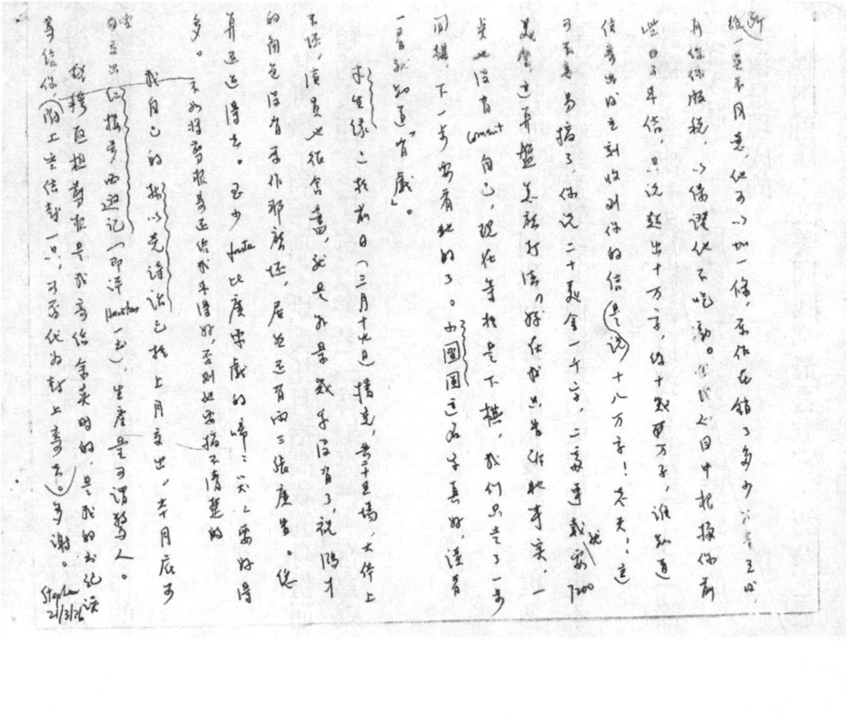

结一笔个月薪，他可以加一倍，不但还借了多少外，并且以
再保你版税，以保证你不吃亏。你我心目中非将你所
有的[illegible]年信，只说起出十万字，谁知道
你寄出的之前收到你的信是说十八万字！太夫人，这
可不是易摘了，你说二十几全一千字，二家连载要 7200
美金，这本书盘算打得好，但我只是作纸本实，一
点也没有 commit 自己，现在等于是下棋，我们只走了一步
开棋，下一步要看他的了。《小团圆》这名字真好，没有
一点知道"有"底"。
《半生缘》之我前日（三月十九日）看完，共二十五场，大体上
不坏，演员也很合适，就是有几场戏写得有了，就隐才
的角色没有多作那么坏，居然还有两三张广告。你
真还没得去。至少 taste 比广东戏的好之又之要好得
多。
不如将书和来还你寄来得好，否则她要搞不清楚的
我自己的《拟以先诗话》已于上月交出，本月底可
同时交出《红楼梦西游记》（即评 Hawkes 一书），生产量可谓惊人。
钱穆回想[illegible]是我交给你的，是我的书纪谈
寄给你（附上空信封一只），以保他为封上寄去。多谢。
Stephen
21/3/76

愛玲致鄺文美、宋淇1976.3.21

〈私語張愛玲〉Mae自謙只添寫兩處，怪不得我看著詫異Stephen這麼個忙人，會記得那麼許多。我一直說Mae最好幫Stephen做事，希望你們合寫專欄——政論專欄有二人合作的——即使只用「林以亮」名字，你們還分家嗎？

張愛玲致鄺文美、宋淇1976.4.2

當然我知道〈私語張愛玲〉是看似輕鬆自然，其實艱辛的作品，烘雲托月抬高我的身份而毫不引起人的反感。但是專欄也不一定要寫這一類的東西。Mae可以署名「林姒亮」，合寫就簽「以姒」，一笑。

宋淇1976.5.6

最近我接到一位中國學生在Harvard讀M.A.寫給我的信，讀到我的〈私語張愛玲〉，很多都是前所未知的，對他的論文有很大的幫助——論文是研究張愛玲。他這封信使我想起你也不應完全置美國市場於不顧。我現在有兩個想法：

（一）　整理一部份你譯過的海上花，在《譯叢》登出一段最好可以獨立的excerpt〔節錄〕（我們登過：《西遊記》、《二十年目睹之怪現狀》、《圍城》第一章，《原野》的一幕，《文明小史》的片段），然後加一短的前言。這是現成的。

（二）　將來有時間將〈傾城之戀〉譯出來。說來奇怪，文美同我都最喜歡它，認為它最完美，儘管其他幾篇有凸出的地方。譯者最好由你自己譯，實在沒有時間，我們另外再找人。好在只要《海上花》先登了出來，再過一年也不要緊。主要是我們要將你keep in circulation〔保持知名度〕。

〔……〕

我在想搜集一點你的quotes〔說話〕，叫〈張愛玲語錄〉，先得徵求你和Mae的同意。

張愛玲致鄺文美、宋淇1976.5.8

收到Mae非常累的靠在郵局櫃檯上寫的明信片，真過意不去。後來又收到四月廿一的信。〈三詳紅樓夢〉寫完了當然又改個不停，這幾天更忙著改，因為等我到郵局掛號寄還平鑫濤的支票的時候，希望能同時把這篇東西寄到你們這裏，免得跑兩趟。——我總是極力省時間，因為腦子裏有個鐘滴答滴答，主要是台局。能擱下的事統統擱了下來，媽虎到極點，但是我每天的囉唆事不免還是很多，所以信也是非寫不可的時候才寫。我自己這樣，怎麼會因為Mae沒接連來信就多心起來？我知道Mae有多少obligations〔責任〕，即使現在不上班。一累就喉嚨痛，也記得太清楚了。這樣疲倦不知道是不是還是與貧血有關？我非常喜歡你們倆的合影，Mae穿著粉紅邊外衣的那張——從前我說Mae像有些廣告，就是指這樣的角度與神情——但是另一張兩人的面部表情都非常moving〔動人〕。Auntie〔伯母〕好？我一直想問都沒來得及提。朗朗還是像teenager〔少年〕，給人看著更覺得他的成就impressive〔令人嘆服〕。幾張相片如果印得不多，我下次寄回來也是一樣，看得很熟悉了。

張愛玲致鄺文美、宋淇1976.5.20

〈語錄〉當然同意，不過隔得日子久了，不知道說些什麼。

張愛玲致鄺文美、宋淇1976.6.28

我上次說Mae的obligations〔責任〕多就是說姊妹多，光是送往迎來已經夠忙的。你們親家來選美[36]，我剛收到信又在報上看見傅聰去港的消息，不由得笑了——又是你們老朋友的兒子——我想已經累倒了。Mae如果去看選美，等以後有空的時候一定要仔細告訴我。茉莉來，琳琳夫婦去西班牙，那倒是大人小孩各方面都度假，太好了。

〔……〕

這次收到的照片，Stephen單獨照的一張表情真smug & boyish〔沾沾自喜和孩子氣〕，兩人照的一張Mae非常好，背後的金桔（？）是Mae種的？

張愛玲致鄺文美1976.7.3

收到六月廿六的信，我前幾天的信想必也到了，剛巧交叉錯過了。Auntie又病了！可以想像你分身乏術的情形。有個治扭了筋與風濕的偏方，不知道對止痛可稍微有點效用——用棉花蘸了witch-hazel〔金縷梅酊劑〕揉擦，貼在上面，睡覺的時候把蘸濕的棉花縛在患處，普通扭了筋三四天就好了，我試過。

宋淇1976.7.7

你要的稿紙我可以寫信給聯合報，他們有一種特別為航空寄而定做的稿紙，每張五百字，我會請他們先航郵一部份，再平郵一部份給你。

〔……〕

我自己最近寫作，得文美之助，開始更精煉，用字更老到，大概可以說沒有廢字廢話，漸趨爐火純青，把以前的毛病改掉了。最近台灣友人來信云，我的論《石頭記》英譯文章已獲得今年雜誌聯誼會的金筆獎，獎不獎對我而言無意義可言，可是他們將此獎頒給一個不居留於台灣的作家，非同小可。現在這書有David Hawkes〔大衛・霍克思〕親自寫序，葉公超題字，將來或成為開風氣的書，也未可知。

張愛玲致鄺文美、宋淇1976.7.21

自從收到Mae的信說Stephen忙著中大改組，又不舒服，我不想在你們煩亂的時候問長問短，所以憋著沒寫信，曉得你們知道我惦記著，等事情過去了會告訴我的。後來Mae在你們親家與茉莉晚上到的那天還定得下心來寫信，我真不過意。說十八年了，我想起十六（？）年前倚在Auntie床上聽Mae說得病經過，聲調還在耳中。

〔……〕

稿紙我現在不需要，因為這種皺紙剛買了兩千頁，為了折扣與省送費。我本來一直主張Mae幫Stephen做事的，在文字上合作更好了。不在台灣的作家拿他們雜誌聯誼會的金筆獎是真難得，真是破格了。希望你們等以後有空的時候還是把〈張愛玲語錄〉整理出來，我上次隨口說「隔得太久了不知道說些什麼」，千萬不能誤會我是要自己檢查，彷彿你們不會揀適當的。我也絕對不是為了對抗《張愛玲雜碎》與什麼《宋江與張愛玲》，我都沒看，也沒有好奇心。這種義務宣傳儘管害多利少，是白拿的也就不能挑剔了。

〔……〕

Auntie可好些了？回來了沒有？銅鑼灣Mae去起來真遠[37]。希望Stephen好了，Mae也沒累著。

宋淇1976.7.8 至 7.21之間

昨日接到《皇冠》這一期，上面有廣告，《張看》已隆重再版，恐怕不過一、二個月的事。可見我的判斷力沒有錯誤，這樣一本書，憑良心說，不是大家起轟，不應該有如此大的銷路。我也不知道如何說才好，說我有商業頭腦，說我懂得群眾心理都可以，總之，有時我也很矛盾，一方面覺得如果自己身體好一點，在這一方面大有成就也未可知，一方面覺得具有這種直覺不知會不會對我的寫作生涯是種妨礙？總之，少說自己為妙，還是談談你的事，我想說的就是到現在為止我的安排一點沒有錯，你可以對我完全信任。

張愛玲致鄺文美、宋淇1976.7.28

我因為Stephen說「可以」代買稿紙，以為還沒買，後來收到空郵寄來的一部份，當然是這種紙好，空郵也省郵資。我糟蹋的紙多，用得很快。連寄費一共大概多少錢，下次來信請告訴我一聲。

宋淇1976.8.2

聯合報的稿紙已寄出，如果合用就用好了，在他們是求之不得，因為有格子，每張五百字，計算起來容易。

〔……〕

Mae的母親後天可以返家，家中之亂和忙可以想像。

宋淇1976.8.6

七月廿八日航簡收到。稿紙是聯合報特製，送給撰稿人的。

〔……〕

文美的母親已於前日出院返家，已能自己行走、飲食、大小便，簡直令人難以置信。可是人軟弱了不少，而且不如病前靈敏——以後是日漸衰老，這是無可奈何的事。文美倍形忙碌，因為Melissa[38]時時要她的attention〔注意〕，好在她也極喜愛這孩子。我的病一不小心就會發作，所以平時飲食特別小心。

張愛玲致鄺文美、宋淇1976.8.15

Auntie的vitality〔活力〕與彈性真神妙，Mae與琳琳瑯瑯茉莉真運氣有這樣的遺傳。希望Stephen的病這一向沒發，Mae也好。

宋淇1976.9.4

〈張愛玲語錄〉我最近挑了幾十條，先影印給你看看，要等文美剪裁，加一點修正後再開始發表，是否能成書頗成問題，但至少對你是一大build-up〔有利名聲之舉〕。

〔……〕

家中各人均好，岳母年事已高，居然還能自己行動，可稱小奇蹟。外孫女下星期回美，大家都很不捨得。

張愛玲致鄺文美、宋淇1976.9.5

看報上香港大風雨，幸而Mae的花都是盆栽。Auntie如果續有進境，Mae能不能還是自己送茉莉回去？

張愛玲致鄺文美、宋淇1976.9.24

Mae倒已經要動手編〈語錄〉了。請千萬不要寄副本來，我是真的不想看，等著看書。

〔……〕

Auntie可還那麼澈骨的疼？希望Stephen開學後又再一忙，十二指腸炎沒發，Mae也好。

茉莉回去路上好？

張愛玲致鄺文美1976.10.17

剛把稿子寄了來就收到你十月五日的信，茉莉照片上的神氣像你。有些遺傳是會隔一代的。她梳了髻真有情調，是不是因為穿唐裝？花燈也可愛。真幸虧有她，你蘇散了一夏天，沒有更好的調養法了。是要「拿得起，放得下。」玲玲有沒有信說西班牙怎樣？可以想像她現在的風姿。在書上看見說波蘭公寓屋頂洋台上常常舖草皮，栽花種樹，儘管天氣冷，俄國更是許多人家滿房盆栽，我想也是因為鐵幕後國家往往房子老，傢俱破舊，一綠遮百醜，真是好辦法。錦上添花當然更雅艷。我最喜歡從前歐美富家的花房。你說搬到中大校園內四年，一直欣賞這環境，從來不take things for granted〔視為理所當然〕，我太知道這感覺了。說來可笑，從前住「低收入公眾房屋」的時候就是這樣。彷彿擬於不倫，但是我向來只看東西本身。明知傳出去於我不利，照樣每分鐘都在享受著，當窗坐在書桌前望著空寂的草坪，籬外矮樓房上華盛頓村有的紫陰陰的嫩藍天，沒漆的橙色薄木摺扇拉門隔開廚灶冰箱，發出新木頭的氣味。奇怪的是我也對Ferd說「住了三年，我從來不take it for granted。」

〔……〕

我反正有點事就寫封航簡來，不是等著回信。Stephen過些時有空的時候再寫信，你也千萬不要多寫。你說家裏有時候像旅館，有時候像醫院，是像，看得笑了起來。《紅樓夢西遊記》這題目真好。

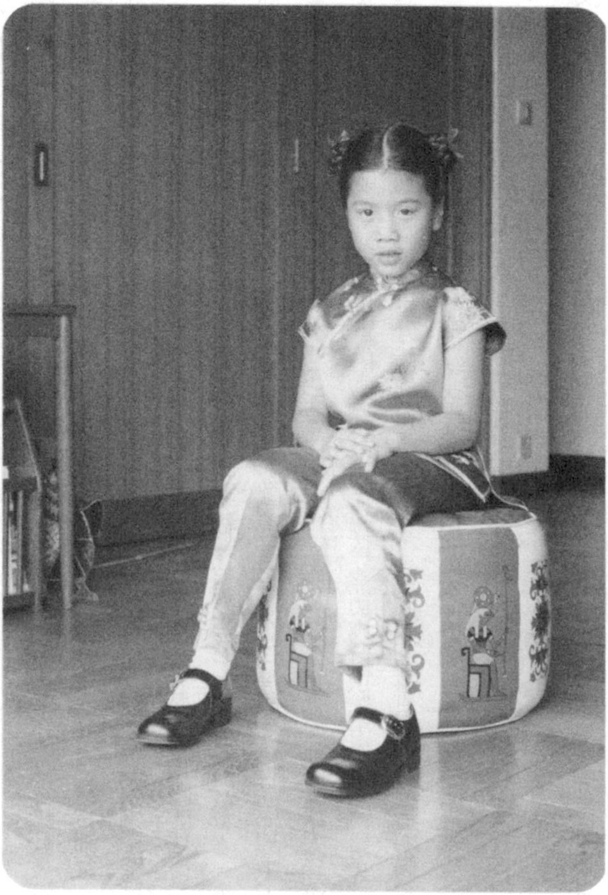

曾茉莉

宋淇1976.10.24

我自己的《林以亮詩話》已出版了一月有餘，一點沒有反響，大概我是老派，這種寫法令他們年青一代受新文學批評和比較文學訓練的人看了之後，不知如何說才好。我一直在等《紅樓夢西遊記》，始終沒收到，雖然已出了半個月，想二書一同寄上給你。

〔……〕

最近可能拿一些舊作和新作再出一本集子。

張愛玲致鄺文美、宋淇1976.11.2

我本來覺得很難相信「釵黛一人論」。作為一個寫小說的，一想就頭昏起來。後來忽然悟出Stephen相信是因為Mae個性上兼有寶釵黛玉的有些特點。也許你們覺得是奇談，但是我確是這樣一想才相信了，因為親眼看見是可能的。彷彿太personal〔私人〕，所以沒寫進去。也說不定可以收入〈語錄〉，反正那都是私信，不能算是捧朋友，互相標榜。你們斟酌一下，在我都是一樣，也不是一定要發表這意見。

〔……〕

我很高興除了《詩話》等又有Stephen新的集子可看。

宋淇1976.12.6

另函附上〈張愛玲語錄〉一文，編輯出門，由人代編，排列錯誤，題目跑到正文之下，令人誤會，為之啼笑皆非，《聯副》因篇幅關係，只先登出一小段，而且編輯要求將語錄改為私語，並將第一條「我像陳白露」，另一條「從前上海的櫥窗」刪去。

另附阿妹一文，大罵其胡蘭成，此人即「亦舒」，寧波人，心中有話即說。另有一女作家也寫了一段，說胡口氣中頗以賈寶玉自命。可惜我一時疏忽，忘了剪下來。這使我同Mae想起來，關於寫你的文章，可以暫時告一段落，以免為人「牽頭皮」，說我們挾你以自重。

張愛玲致鄺文美、宋淇1976.12.15

阿妹罵胡蘭成的一篇也真痛快。〈語錄〉也收到了，真虧Mae記下來這些。是真不能再提我了，已經over-exposure〔曝光過度〕。

〔……〕

上次講Mae像寶釵黛玉，又沒頭沒腦的沒說清楚。我是說她有時候對外可以非常尖利，走路又特別嬝娜，有些moods〔情緒〕也像黛玉。

宋淇1977.1.21

十一月七日、十一月十二日和十二月十五日積信都未覆。先是Mae的母親生病，急得Mae日夜服侍，結果本身操勞過度，因此患了重感冒，而我又急於準備迎接出錢的基金會來人，忙得不可開交。這才知道古人說賢內助並不是無稽之談。幸而經過西、中藥並施，她最近已好了十分之九。否則我真是六神無主，無法定下心來寫信。

〔……〕

我想你把Mae看成「兼美」頗有問題，她同林有極少相似之處，而頗近於薛，並不是工心計那一方面，而是有女性的柔美，但同時亦有見識、有見解，處事從不慌亂。大家讀紅而大多數人不同情她是另一回事。最近我成了大忙人，兩本書一出，令人一呆，那裏來這樣一位學者，寫出來的東西都是他們聞所未聞的，而且又是和張愛玲與夏氏昆仲如此之熟。所以稿約不絕，應付為難，我本想寫一篇〈張愛玲炒麵〉和唐文標開玩笑，為Mae所veto〔禁止〕。

張愛玲致鄺文美、宋淇1977.2.23

我也知道Auntie這病難望steady improvement〔逐漸康復〕，Mae侍疾累倒了患重感冒，正趕在這時候Stephen忙著招待籌款基金會來人，我可以想像這情形。Mae當然像寶釵，我因為太obvious〔顯而易見〕，所以沒提。不像黛玉，我也一說就信了，這題材Stephen是個權威。

〔……〕

Stephen因為用筆名，所以出名延遲了，一旦紅透了，自然使人有神秘感，不知道哪來的這人。

宋淇1977.3.14

二月廿三日信收到多時。我今年二月八日起又患十二指腸出血，休息了三個星期，醫生說因為歲數大了，復原不如以前那樣迅速，總要六至八星期，現在雖然回校辦公，可是仍在服藥。去年沒有發，前年發的時候也正是這月份，大概秋冬與冬春之交天氣變化時最容易犯，加上飲食不慎和事情一多一煩就來了。好在我很喜歡喝牛奶，病了體重反而增加。

張愛玲致鄺文美、宋淇1977.4.7

Stephen今年又發十二指腸炎，也還幸而能吃牛奶，普通有色人種成年人吃了有副作用，不舒服。

張愛玲致鄺文美、宋淇1977.6.17

走過有名的The Brown Derby餐館〔布朗德比餐館〕，想起有一次跟Ferd去吃午飯，看見已故影星Paul Douglas〔保羅．道格拉斯〕一個人在吃飯，多少是個明星，我只當看白戲，釘眼看他吃東西，他誤以為是勾搭他，把臉一沉。我一點也不懷舊，只注意到那棕色房子窗下一溜花槽似乎是新添的，種著大理花等，一陣清香，使人驚喜。前兩天在附近那條街上走，地下又有紫色落花了，大樹梢頭偶然飄來一絲淡香，夏意很濃。每年夏天我都想起一九三九剛到香港山上的時候，這天簡直就是那時候在炎陽下山道上走著，中間什麼事也沒發生過，一片空白，十分輕快。自己覺得可笑，立刻想告訴Mae。你們有孩子的人也許不會有這感覺？

張愛玲致鄺文美、宋淇 1977.8.26

看到《皇冠》上Stephen寫的關於電影的一篇，講西施就是Pygmalion〔《賣花女》〕的故事，真太好了，沒拍出來真可惜[39]。

宋淇1977.10.16

文美母親骨病入院半月，文美自己順便看了一下背骨病，發現得早，大致沒有問題，我總覺得天下事往往因禍得福，平時待人厚道，必有善報。至少心安理得，半夜敲門不會吃驚。

張愛玲致鄺文美、宋淇 1977.10.31

我也正怕Auntie的病又吃緊起來，沒想到Auntie入院倒順便驗出Mae背骨的病，幸虧發現得早，也真是因禍得福。

張愛玲致鄺文美、宋淇1978.2.20

這些時我因為你們是多事之秋，一直沒寫信來，免得又要回信。大概因為惦念，夢見Mae帶我看你們住的公寓，在河上一個碧綠的小島上，古典式的白房子，八字台階起訖都有大理石彫像，美極了的彩色的夢，非常清晰。

宋淇1978.2.21

Mae的背好，我的頸壞了，總算醫好了。

張愛玲致鄺文美、宋淇 1978.3.7

真高興Mae的背好了，Stephen頸也治好了。

張愛玲致鄺文美、宋淇1978.4.23

收到四月二航簡，也看見《聯副》上的〈唐文標的「方法論」〉。他那本書我只翻了翻，但是也看到commissioned〔委任〕的話。不過即使我不是鴕鳥政策，不怕惹氣，仔細看了，也還是寫不出Stephen這篇文章。寫得真好，於我也太必要了[40]。

張愛玲致鄺文美、宋淇1978.6.26

再也沒想到Stephen又不舒服進過醫院。惡性感冒引起併發症真不輕。我從經驗上知道就連小病也最怕relapse〔復發〕，何況有兩次！休養著，第一封對外的信寫給我，真於心不安。

宋淇1978.7.19

至於散文，你可以說是五四以來大家之一，至少自成一格，讀後再想多看一遍的，還沒有別人。我認為你的《流言》水準比小說不稍遜色。心定下來，自然而然有的是題材。你離中國太久，沒有機會同人談話，看的中文書報也較少，停寫之後忽然大寫，文章有點生硬，尤其是《紅樓》，Mae也說句子好像chopped up〔彼此獨立〕，連之不起來，最近多寫之後，已漸恢復原來的風格，應該出一本散文專集。看你忽然膽小起來，只想向容易的路上走，真覺得沒有出息。像我就情願不出，看看以前的舊作，Mae認為有問題的，完全不用，所以今年可能交白卷。這封信我寄一份copy〔副本〕給志清，讓他也為你打氣。

宋淇1979.1.22

我忽然在十二月卅日得病入醫院，住了一星期。現在總算好了。Mae的母親卻又於九日前入了醫院，老人家今年九十七歲，所謂歲月不饒人，血管硬化，大小便難以控制，轉凶為吉的可能不大，但拖延日子久長，也足令人傷腦筋。她真是左右為難，焦頭爛額。

張愛玲致鄺文美、宋淇1979.2.11

Stephen又不舒服過，Auntie又早已入院，又是兩下夾攻，真把Mae拖慘了。Auntie一直看上去比真實年齡年青一二十歲，再也想不到已經是近百歲的人瑞。病者拖下去當然苦了Mae，唯一可以自慰的是遺傳給琳琳瑯瑯茉莉的生命力強的因子。

張愛玲致鄺文美、宋淇1979.3.19

我上次說遺傳的因子，生命力強不光是長壽，遇到要緊關頭可以加一把勁，出入很大。我姑姑不要我還錢，要我回去一趟，當然我不予考慮，她以為我是美國公民就不要緊。她以前為了愛一個有婦之夫沒出來，後來他太太死了，但是他有問題，文革時更甚，連我姑姑也扣退休金。兩人互相支持，現在他cleared〔平反了〕，他們想結婚不怕人笑。他倒健康，她眼睛有白內障。我非常感動，覺得除了你們的事，是我唯一親眼見的偉大的愛情故事。

張愛玲致鄺文美、宋淇1979.4.25

當初原來是Stephen送了本《傳奇》給志清看的，我看了他的小說史中文版序才知道[41]。

宋淇1979.8.19

附上影印短文一篇[42]，衣莎貝即亦舒，一向喜歡你的作品，這次忍不住了，發了一陣牢騷，可是不知為什麼不肯放過我，好在我這一陣修行得道行很深，決不會理她。倒是文章中稱我為「老先生」使我一凜，想：自己到了退休年齡，真是老了。

〔……〕

琳琳帶了兒女上月來港，家中忙亂不堪。

張愛玲致鄺文美、宋淇1979.9.4

亦舒罵〈相見歡〉，其實水晶已經屢次來信批評〈浮花浪蕊〉〈相見歡〉〈表姨細姨及其他〉，雖然措辭較客氣，也是恨不得我快點死掉，免得破壞image〔形象〕。這些人是我的一點老本，也是個包袱，只好揹著，不過這次帶累Stephen。中國人對老的觀念太落後，尤其是想取而代之的後輩文人。顏元叔稱徐復觀老先生，我都覺得刺目——徐答辯文內對這一點顯然也生氣——何況說Stephen？志清信上提起過Stephen說要退休，我想除了可以多寫點東西，不然實在太早了。中國人的小說觀，我覺得都壞在百廿回《紅樓夢》太普及，以致於經過五四迄今，中國人最理想的小說是傳奇化（續書的）的情節加上有真實感（原著的）的細節，大陸內外一致（官方的干擾不算）。

〔……〕

我上次航簡上本來想加一句「夏天是你們送往迎來的忙季」，不知道怎麼沒寫上。琳琳帶孩子們回來，再忙也值得的。

張愛玲致鄺文美、宋淇1980.2.9

昨天夢見你們倆，熱鬧的長夢——好些天沒做夢了——想必因為惦記著還沒回信。

宋淇1980.4.18

計前後共收到三月十四、二十，四月六、七、七、九日六封信及附來的改稿[43]，今天下午總算依照它們的先後次序一一抽換，花了我一下午，頭昏腦脹。大體上，除了有一處缺了五行，從原稿中剪出補上，居然連上了。

〔……〕

替你整理完稿子，等於生了一場小病，現在先拿這封信趕出。希望能在週末再有空看一遍，然後寄給丘彥明[44]。

張愛玲致鄺文美、宋淇1980.4.26

收到四月十八日的信，真內疚到極點。好像你們還不夠忙，家裏的病痛還不夠多。小病的滋味我太熟悉了，往往並不比大病好受。以後我再也不能這樣，無論寫什麼，寫完了至少擱兩個月再說。即使寄出後還是需要修改抽換，不至於像這次這樣太離譜。

鄺文美1980.6.15

很久以來我一直想好好的寫封信給你，講一下自己長期緘默的原因，可是好幾次拿出紙筆，卻覺得心亂如麻，無從說起，以致一再因循，拖延至今。也祇有你這種知心好友，竟然若無其事的照樣一封封信寫給Mae & Stephen，我讀了不免暗自歉疚。

或許你約略知道，我的煩惱主要源自高齡（今年九十八歲）老母的多災多難。最近這四年，她進過七次醫院，每一次都是痛苦而可怕的經驗，弄得別人焦頭爛額，我首當其衝，遭殃自不待言。平時她性情日漸乖張，行徑希奇古怪，總之，越來越難伺候，遂使我們的家蒙上重重陰影……一切你想像得出。你一向認為Stephen和我是天造地設的一對——我們的確情投意合，四十餘年如一日——可是美滿姻緣偏偏會生出這些莫名其妙的枝節，命歟?!我常常覺得對他不起，因為老人家每次出事，一定引起連鎖反應，影響到他的健康和心情；同時我自己承受著各方面沉重的壓力，日久漸感不支，變得神經衰弱，每天凌晨三四點鐘就醒了，心驚肉跳，有大禍臨頭的感覺。以前你說我積極樂觀，擅於處理人際關係，現在我脾氣變壞了，再也不是你記憶中那個溫婉柔順的女人，因此我對自己非常失望、非常生氣。一直想瞞住你，不讓實情破壞了你心目中美好的形象，（我珍視你的友情才這樣想，你一定瞭解。）今天實在憋不住，終於告訴了你，心裏立刻一輕鬆。

你不必替我擔憂，這些現象遲早會成為過去。在這暗淡的時期中，我只是環境的犧牲品，very much mixed up〔十分迷惘〕；有一天時移勢轉，一定會忘記一切不幸，找到真正的自我。目前我不必尋求心理分析或精神治療，因為已掌握到自救的良方：煩惱的時候「蒔花為樂」。我家露台上的花木欣欣向榮，茉莉剛剛開過，香氣猶存，曇花又在含苞待放了。再過幾個月（九月底）Stephen就要退休，我們搬回Kadoorie Ave.舊居後[45]，生活方面必須重新適應——那是將來的事，毋需愁得那麼遠。

張愛玲致鄺文美、宋淇1980.7.13

我一直知道Mae照應Auntie多麼辛苦，你們不說，並不是就是好些了，不過一言難盡，是個痛苦的話題，所以我後來也沒再問起。Ferd從前說他待他父母不大好，不過最後他們倆先後得了半身不遂，他一個人伺候他們倆幾個月——他母親死後父親幾天內也死了，不想活著了——覺得總算對得起他們了。那還只有幾個月，像這樣長年拖下去，怎麼不把人拖得脾氣都變了？病人也性情乖張起來，像小孩一樣想要更多的attention〔照顧〕。家庭裏的氣氛也可想而知。幸而Mae有蒔花這條逃避的路。

〔……〕

寫信要提起心事來，千萬不要再寫了。我的信除了業務方面，不過是把腦子裏長篇大論對你們說的話揀必要的寫一點。從過陰歷年以來，我兩個 knuckles〔指關節〕上擦破了點皮，三個月都兩隻手不能下水，不能洗頭洗澡，（人太髒了也不好意思到理髮店去洗）擔心生蝨子，——附近貓狗多，是真有蝨子。手剛好，先一隻手臂肩膀扭了筋，又延遲發作起來，幾個月後才現出大塊烏青，別處任何急促點的動作都震得痛澈心肺。我不相信此地的chiropractors〔脊背按摩師〕，只自己搥打，勤搽witch hazel〔金縷梅酊劑〕，不搽更壞，但也沒好。

張愛玲致鄺文美、宋淇1981.7.4

此地已經接連兩個熱浪，百度上下，打破幾十年的紀錄。香港也許市區反而比新界涼些，因為更近海？你們倆這向都好？又是夏天了，招待遠客的忙季，希望至少有茉莉或是琳琳瑯瑯在內。

鄺文美1981.7.24

大約十天前接閱來信，附著的《海上花》英譯回目非常精采，有些字眼妙不可言，但也有可以商榷的。Stephen不能立即覆信，因為上月間他跌了一大跤——有一夜摸黑爬高調整冷氣機溫度，從椅上摔下——，雖然幸未斷骨，但肩部有一塊小骨移離了少許，而且背部肋骨受震頗烈，痛得相當厲害。他告了三星期病假，試遍中西療法，現在總算痛楚漸減，可以勉強辦公了。不過公事總是煩人的，你想像得出，所以這次由我執筆。

其實我們遷居大半年，早已安頓下來，我一直想寫信給你……祇是各種事情接連發生，搬家後似乎每個月都有親友途經香港，需要招待。這些還可以應付，最要命是陰曆年初三夜間我母親又出亂子，這次跌斷左腕。我半夜裏驚醒，跑出房外見她倒在走廊地上，左臂動彈不得，在嚎啕聲中我和Stephen商量後只能再一次致電「九九九」，求警方代召救傷車把老人家送往醫院檢查治療。……時光如流，至今已將近半年，她一直住在醫院裏，腕部的石膏早已拆掉，可是手部機能始終不能恢復，更糟的是六月初下體開始流血，你想，九十九歲生日都過了，還發生這種事，怎不嚇壞人？雖然做了多種tests（檢查），查出沒有癌細胞，而經過輸血、吊鹽水和葡萄糖等後，目前出血現象已控制住了，可是身心各方面都顯然衰退，叫人不由不擔憂。在這情形之下，我趕來趕去探病，路程遠（醫院在跑馬地，因設有年老病專科部，照顧較佳），天氣熱，時常心力交瘁，許多自己想做的事都沒法做，沮喪之情不言可喻。

我們搬回山景大樓後，越來越喜歡這環境，鬧中取靜，對我們再合適也沒有。你以前來過，當略有印象，不過近年整座大廈裝修翻新（電梯換了新的，lobby（門廳）鋪過大理石），猶勝於前。我們那寬敞的朝南露台，讓我這業餘栽花人過足了癮。窗外的樹木長大不少，青蒼蒼一片，美麗如畫。有時我醒得早，獨自對著眼前的景色，會問：「這是真的嗎？」[46]無論如何，大自然是可愛的，所以我還能積極樂觀地活下去。

久不寫信，卻儘說自己的事，不過你一定知道我多麼關懷你，盡在不言中。

宋淇1981.8.6

我在六月廿日深夜跌了一大交，幸而後日去照X光，發現骨頭沒有斷、也沒有裂，可是痛徹心肺，因為右旁肋骨受傷，一呼吸就痛。這把老骨頭能保全已是不幸中之大幸，可是坐立不安，睡眠不適，真是活受罪。Mae這一陣由於母親健康惡化，大熱天從醫院和家中來回奔波，腰骨也痛。這才知道老年的滋味。Mae的母親過了九十七歲生日，最近兩月內，忽然衰老退化，前吃後忘記，只認識三個人，一個是Mae，一個是我，大概下意識中，總覺得如果我尚健在，她可以再住在醫院中，一位是醫生，其餘一個也不記得，連家中每天見面服侍她三十年的傭人都不認識了。還有很多細節，我們聽是聽到過的，總沒有本身體驗那麼親切。恨不得你在這裏可以講給你聽，好讓你有一天穿插在你小說裏。

張愛玲致鄺文美、宋淇1981.8.18

Mae的信與Stephen八月六日的信都收到了。戶內遇到意外有時候比車禍還嚴重，真驚心動魄。Auntie流血的病也實在嚇人。百年人瑞的代價真不輕，照片上除了壽斑還是跟從前一樣。玲玲比小時候更美，孩子想是茉莉的弟弟。Mae髮型改了，半側面非常好，側影一定也好看，正面太severe〔樸素〕了點。坐在地上的一張真好，又像，是the quintessential Mae〔典型的Mae〕。洋台上的花草藤葛疏落有致，有國畫的感覺。加多利道的大樹更高了，我本來就喜歡那條大道上兩排交柯的大樹鬱鬱蒼蒼，彷彿歐洲也只有法國德國有這氣派，美國就沒有。

〔……〕

希望Mae的腰痛好了，Stephen受的傷也好些了。

曾茉莉與弟弟在香港海洋公園

宋淇1981.9.3

我原先另有一本《昨日今日》，為一本詩文集，已由皇冠出版，我已讓他們寄一冊給你。這本書其實是一本雜種兒，其中有不少篇是你看到過的。一點也沒有出乎意外，最獲好評的是Mae寫的序，看過的人紛紛打電話來或寫信來勸她多寫。我平時一向說：老婆是自己的好，文章也是自己老婆的好。這句話頗有關羽對曹操說話的口吻：「關某何足道哉？有三弟張翼德，有萬夫莫當之勇！」曹操默默記下，後來長坂坡上大聲一喝，果然嚇得跌下馬來。這次Mae小試身手，果然不凡。我一向認為她能寫，可是她總是不肯，這次逼了她出手，至少可以證明我所言不虛。

張愛玲致鄺文美、宋淇1981.9.29

《昨日今日》讓Mae寫序是自序的一個 variation〔替代方案〕，這idea〔構思〕已經非常好，寫得更好。沒有過去的某人，就沒有現在的某人，這兩句在我腦子裏震盪不已，隔幾天又忽然回來一次，彷彿除了這話有理之外，還另有一層層意義在迴音中。末了署名林文美，令人失笑，儘管前面說過「只好跟著做林太太」。居然識貨的人這麼多，我想還是因為香港程度較高。我一直想說Mae不寫東西也該譯點好書，Auntie病了當然也不提了。化名寫的東西應當出個「佚名集」，真做個無名氏，不像卜少夫的弟弟。Stephen套「自己的文章，別人的老婆」的雋語也應當設法用在哪裏，不然太可惜了。這本書上倒有三篇替我辯白，也有我沒看見過的，當然驚喜。

宋淇1982.2.22

幾個月來，人一直不舒服，腸胃不好，主要是大便次數頻仍，有時夾有pinkish mucus〔淺粉色黏液〕，看了醫生，說是痔瘡，服了縮靜脈的藥，非但不見好，反而起了副作用。此外，精神一直不振，做事提不起勁來，連信都懶得寫，唯一不得不做的事就是為《大成》每月寫一篇〈紅樓夢的病理〉文章。年前去看學校醫生，順便提起，她問我驗過血和大便沒有，既然沒有，立刻就做，順便探測了一下肛門，她說不像有痔瘡，大概認為我的痛或有蹊蹺，便請學校的顧問醫生驗查，他也沒有說什麼，但認為絕非痔瘡，並立刻同我聯絡瑪麗醫院的程醫生，於年初四入院。不用說，這個年過得滿不是滋味。當然大家都想到那可怕的字眼——癌，但我覺得體重只有增加，沒有減輕，沒有患過任何痛疼，尤其是左腹下部，也沒有貧血；不過知道如果患有其他colon的病總不是好事。入院後，先做了sigmoidoscopy〔乙狀結腸鏡檢查〕，發現有舊痔瘡疤，不應是病源，隨後就回家休息幾天，二月十六日又入院，十八日做了barium enema〔鋇灌腸〕，結果發現colon〔結腸〕中有幾個diverticula〔憩室〕，並不嚴重，無須動手術。驗查時的痛苦我還可以忍受，但事前的情況灌腸第一次共五次，第二次共三次，真瀉得我手足無力，而餓得有苦說不出。文美在兩個醫院之間奔波，其狼狽之狀可以想見。倒是意外的發現我患高血壓，現服降低血壓藥，心臟跳動較速，容易氣促，以後再也不能像以前那樣壓力之下工作。醫生說我以前年青時，心臟肌肉結實，現在老了，衰弱下來，不免有此現象，順便能檢查出這麼嚴重的病，可以說不幸中的大幸，從此以後對做人、工作、寫文章必得更改態度和life style〔生活方式〕以求適應。我根本是四十餘年的老病號，患病是本份，改變生活態度理所當然，只是對家人總有點悔疚，尤其是文美，嫁了個「東亞病夫」，虧她受的。怪不得前一陣有時懶得什麼都不想做，文美時常提醒我要做什麼、覆誰的信，我總懶得理會。

張愛玲致鄺文美、宋淇1982.3.10

Stephen這次的病真嚇死人，幸而是一場虛驚，也已經大吃苦頭。聯帶發現高血壓也還真是運氣。我總覺得Stephen不健康是因為別方面種種天賦太好。記不清楚這句成語了：「予之〇者〇之翼。」[47]也不一定是造物者的安排，我想也就是道家「忌滿」的原理。對於Mae自然有好有壞，統扯下來也還算是非常好了。對子女更是這樣。

宋淇1982.4.2

Mae的母親眼看就要到一百整壽，我們兩人給她弄得焦頭爛額，（尤其是Mae）身體底子實在太健，幾次危機都安然渡過。最令我們擔心的是醫療費用，醫院每過一陣漲一次價，簡直是無底洞。我們供養了她這麼多年，想不到在這時候還要揹上這一重擔。其餘子女都在美國，有心者無力，有力者無心，過生日、聖誕寄張支票來。（寫到此處，Mae從醫院打電話來，云母親情形又有變化，要輸血，真矛盾極了，病情重，為她擔心，平靜無事，為錢愁。我的高血壓，一半也從此而來。）我們兩人節衣縮食，Mae連subway〔地下鐵〕都不捨得坐，情願乘巴士和電車，可是省下來的錢完全無濟於事。Mae的牙齒一直捨不得看，最近發炎才去，反而更麻煩。真是進退兩難！沒有別人可說，只好同你講，不會傳出去。

張愛玲致鄺文美、宋淇1982.6.20

我在台灣報上看到香港地下鐵的彩色照，也說是好，不過很貴。Mae連它都不坐，牙齒也不check（檢查），（我這次也是為了不check耽擱了，連看幾個月）我不免覺得不平。上一代下一代都是不能省的，只省在中間一代身上，就因為你們in control（當家）；太過於了，總該中庸一點。我曉得你們非常難做到，克己慣了。還有，無論照哪國的情理上也該讓別的姊妹們知道這情形。人的良心往往需要prod（督促）一下的。

張愛玲致鄺文美、宋淇1983.1.4

真想不到Stephen又大病一場，幸而現在有深知病歷的醫生找到病源。病中還要代寫信[48]，還又雪上加霜給惹出這樣糟心的麻煩，真是打哪說起！

宋淇1983.1.20

最近兩月來大病一場，幾乎群醫束手，每日咳嗽不停，下午後有熱度，幸而最近查出病源，找回從前的老醫生，情形稍告穩定，但仍不能集中精力做正經事，寫信倒沒有太大問題。

張愛玲致鄺文美、宋淇1983.2.19

希望Stephen病情穩定下來之後有進境。Mae想必還是撐持著。我向來見到有才德的女，總拿Mae比一比，沒一個有點及得上她的。是真是沒有，不知怎麼一直沒說[49]。

鄺文美1983.3.4

連日忙亂，過得糊裏糊塗，今天大雨，我借故躲在家裏整理雜物，忽在舊紙堆中見到一些剪報——還是去年六月間剪下來預備寄給你的，看了不免心裏一震。自己也不明白：這大半年怎樣溜走了？連一封極想寫的信都沒有寫成?!長期以來，你一直容忍我的疏懶，寄了幾十封信得不到親筆答覆仍不以為忤，照樣繼續和Stephen討論各種問題，寫上我的名字，問起我……這樣的耐性真是天下少有。我非草木，怎會不領情呢？祇是我被眼前的事物纏得好慘——僅母親一項已不勝困擾——好像只有半個人活著，提不起勁來寫信。而且說實話，寫信給你就得面對現實，提到那些想都不願想的痛苦經驗，叫我從何說起？結果只能借你自己的話為藉口：「……一年半載不寫信我也不會不放心的」；日子一久，許多小事擱了下來，就覺得根本不值一說了。（也是根據你的話！）

至於為什麼要寄有關淺水灣酒店的剪報給你？當然是為了sentimental reason（情感上的緣故），記得四十多年前我還沒有到過香港，早從〈傾城之戀〉中對這古老旅館有了異常深刻的印象。一九四九年南遷至今將滿三十四年了，始終沒有機會熟悉它，可是彷彿親眼見過：「整個的房間像暗黃的畫框，鑲著窗子裏一幅大畫。那澎湃的海濤，直濺到窗簾上，把簾子的邊緣都染藍了」之類的景象。總之，我所知道的淺水灣酒店就是你妙筆所描寫的。因此關於這「最後圓舞曲」的報導，應該寄給你看看，才算有始有終。可惜世間事往往人算不如天算，酒店是如期拆卸夷平了，香港本身卻為一九九七大限的陰影所籠罩，市面不景，前途黯淡，人心惶惶。發展商不敢在此情形下興建計劃中的豪華新廈，破壞之後沒有建設，等於枉作小人，徒然留下一片空地供人憑吊。這是人生的嘲諷。

Stephen病了幾個月，近日漸痊，我也鬆一口氣。這些年來他和病魔搏鬥，可以說身經百戰；我雖未直接參戰，有時難免遭殃，幸而我們都經得起考驗，仍能積極地活下去。你最近來信說到我的才德，使我愕然。這樣沒用的人，還有什麼才德可言？如果我有任何「德」的話，當是信德吧，因為自知若無深厚的信仰，一定早已精神崩潰。現在竟然能夠保持鎮靜，儘管五內如焚，還是分得出事情的輕重緩急，不慌不忙地努力應付——至少不讓別人看出自己多麼憂惶焦慮。這是一般人視作當然的等閒事；我卻認為難得的本領，暗感自豪。你知我最深，不會見笑，才敢告訴你。

我母親的情況則一言難盡，她身心衰退到了十分可怕的程度，瘦得只剩六十幾磅，大小便失禁，血液循環不良，四肢滿佈青紫斑痕，記憶力銳減，除我之外，什麼人都不認識，有時糊塗起來，連我是誰也會忘記，胡言亂語，令人啼笑皆非。她終日懵然罔覺，但知吃喝，偶有病癥，如下體流血，發熱或茶飯不思，只要服藥、輸血或吊鹽水和葡萄糖，就化險為夷，安然渡過一次又一次的危機。這幾年來眼看她浮浮沉沉，明知結果是怎麼回事，我心裏又矛盾，又難過，覺得萬分無可奈何。生老病死是人生必經的過程，可是活得這樣拖泥帶水，長命百歲有什麼意思呢？

一念及此，擲筆三歎，寫不下去了。

〔……〕

看電視新聞報導，知道加州暴風雨成災，還有輕微地震，你住的地方不是海濱山區，當然安全，不過雨量太多總會造成生活上種種不便，我們不免掛念。

張愛玲致鄺文美、宋淇1983.3.11

我的這些業務信寫給你們倆，因為Mae是個silent partner〔隱名合夥人〕，並不是耐心等著你們倆都回信。想起Mae的處境總覺得是《曾文正公家書》裏說的：就是個「挺」字（對太平天國作戰）——撐著。看了信也真是震動，人生到頭來這樣——！這還是福壽到頂巔了！淺水灣飯店的下場就很適宜。

宋淇1983.4.5

最近有一位朋友看了我的《昨日今日》，居然去買了一冊你的短篇小說集來看，可見文章寫出來不是完全不發生作用的。

宋淇1983.5.28

Mae的母親於五月廿三日夜去世，廿六日舉行安息禮拜，廿九日火葬。二人都忙而倦。

張愛玲致鄺文美、宋淇1983.6.13

Auntie去世，真是了了一樁大事，你們一定累極了。

張愛玲致鄺文美、宋淇1984.6.25

Mae對鳥的興趣也是從花上自然的發展，花鳥並稱。是我就要用望遠鏡看。Bird-watching〔觀鳥〕簡直是門學問，與養鳥完全兩樣。

鄺文美1984.7.5

聽說你仍然擺脫不了那些鍥而不捨的fleas，心裏真焦急。租了新地方，還是會跟蹤而至，怎麼辦呢？奧運就在眼前，至少有幾星期的囂擾，遠方的朋友只替你發愁，一點幫不了忙，奈何奈何！

我家露台上的鳥兒，演出了一幕又一幕的小劇：雌鳥戀巢多天後，終於孵出幼雛三隻。接下去親鳥到處覓食餵兒，忙個不了。我見到嗷嗷待哺的小鳥那麼惹人憐愛，更感興趣。可惜等到牠們羽翼豐滿起來就飛走了，從此連大連小都不知所蹤，令我悶悶良久。

真的為了鳥兒而抑鬱不樂？當然只是借題發揮。近日香港陷於風雨飄搖的狀態中，誰不心亂如麻？我們的兒女遠在天涯，音訊稀疏，相聚無期。五月間曾問他們今夏能否返港度假，迄無下文。想來另有計劃吧？似乎答覆一聲都嫌費事。我已經不知多少次勸勉自己，學習做個自主的女子，試了又試，總達不到朗然剔透的地步，不免失望。這些廢話無處申訴，你是明白的，看了付之一笑可也。

日子過得真快，你是一九五四年移居美國的，不是足足三十年嗎？這些歲月怎樣飛走的？想來心驚！

鄺文美1984.8.14

收到七月十七日短信（附有〈回憶傾城之戀〉一文）後，再無你的音訊，我們縈念不已。現在奧運已告結束，希望你的起居生活逐漸恢復正常，不久會有消息讓我們放心。

上次匆匆致函提到去看「傾」片的慈善首映，其後Stephen身體不適（起先是十二指腸潰瘍，最近添上氣管炎舊疾復發），我心煩意亂，實在沒法把看電影的觀感告訴你。總之，我是相當失望的。Stephen比較內行，印象不那麼簡單，一時說不清，以後再講吧。前幾天我們已把一些報上的影評影印了寄給你看。好在小說和電影是完全不同的兩回事，你不會太放在心上，對嗎？

張愛玲致鄺文美、宋淇1984.8.26

當然我知道Mae寄情花鳥都是移情作用，鳥更像玩偶家庭一樣搬演人生。一收到Mae那封信我就想著，我越來越相信寵慣的孩子（如果「經得起慣」的話）長大了有自信心，有個性，會成功。「棒頭上出孝子」，是因為父母乖戾或太疙瘩，兒女活到老也總還是想取悅父母，博得一聲讚美。太體諒的父母就被taken for granted〔視作當然〕——對老巢的安全感太大了。我永遠記得Mae跟琳琳坐在沙發上同看畫報（？）的一個鏡頭，從來沒看見任何兩個女性在一起有那樣姊妹似的婉孌的情調，真姊妹也沒有。奧運前有一次半條街上有三家旅館，我從一家搬到另一家，taxi不接這樣的短程生意。行李自己拎了去，office又沒人，只好改到第三家。幾大包書分短程一次次來回搬，一包Renditions〔《譯叢》〕連同兩包《皇冠》紮得較漂亮，像禮物的書，就被偷掉。兩邊都是大房子，上下樓再迷路，精疲力盡，完了出去吃飯，沒看見一個極淺的台階，絆跌了一跤，膝蓋跌破還沒好又摔破，第二天還流血不止，去看醫生，叫吃antibiotic〔抗生素〕藥片，說也許兼治我的vulnerability to fleas〔跳蚤敏感〕。我腦子裏已經在告訴你們因禍得福，結果猛吃了幾星期也無效，除了治腿傷。——最後似乎不像是藥片的delayed action〔滯後作用〕——Renditions請等有便再寄一本給我，如果再要我再買。

宋淇1984.9.8

接八月廿六日來信，知你終於擺脫了fleas〔跳蚤〕，並且覓到了新居，非常高興。Mae同我因好久沒有接到你來信，有點擔心，接信後心情為之一寬。

宋淇1984.12.19

前一陣我患靜脈炎和胃潰瘍，沒有寫信。

張愛玲致鄺文美、宋淇1985.2.1

Stephen的病情看了實在著急。

〔……〕

一次夜間因為不想回來得太晚，疾走幾條街，心口又有點疼，想起可能heart attack〔心臟病發〕倒在街上，剛巧幾天後有兩萬多存款到期，換了一家開了個新戶頭，就填你們倆作beneficiaries〔受益人〕，可以幫我料理。應當立遺囑，也許別的accounts〔戶頭〕就不必改了。

〔……〕

我在TV〔電視〕上聽到全部La Traviata〔《茶花女》歌劇〕，雖然只是輕性古典樂，也想起Mae來，希望Stephen已經好些了。

宋淇1985.2.9

接到你二月一日的信，令我們寬心不少。我們已兩個多月沒有你的消息，不勝惦念。雖然這封信並沒有帶來你情形轉好的佳音，至少比沒有消息好得多了。

宋淇1985.5.16

三月十七日信收到後，一直沒回。說來話長，我因為今夏決定完全退休，努力趕編《譯叢》最後一期，除了寫序以外，還得寫一篇論文，我的英文不管用，一向根底不好，又沒有機會多寫，真是煞費心機，Mae替我修改、潤飾、打字，往往三易其稿。結果是過年以來忙了四個月，總算交了出去。後遺症是Mae生了shingles〔帶狀疱疹〕，我的十二指腸潰瘍舊症復發，完全是工作壓力所致，加上年歲不饒人，到現在才深知這種滋味。

張愛玲致鄺文美、宋淇1985.7.27

Stephen這次發十二指腸炎都是編《譯叢》硬累出來的，編雜誌真是個重負，尤其是自己的brain child〔心血結晶〕。希望已經痊癒，Mae近來也好。

鄺文美1985.9.27

許久沒有寫信，整個夏天不知怎樣溜走了，想做的事都沒有做成。先是朗朗回家渡假，在闊別十一年後骨肉重逢，說不出是什麼滋味，自有一番激動。他走後又發生了別的事，令我心情久久不能平伏。有時念及你長期為蚤患所苦，十分掛念，很想馳書慰問，可是在自顧不暇的情況下，一天天就那樣過去了。

這次看了水晶那篇文章，Stephen和我都難過到極點。他自知闖了禍，懊喪得無法形容，這兩天寢食不安，瀕臨精神崩潰的邊緣。我一面怨他「聰明一世、糊塗一時」，犯了大錯，一面擔心你不知失望而氣憤到什麼地步。怎對得起你?!這些年來，你一直把我們視為知心好友，就因為我們從未辜負你的信託。如今陰差陽錯的，無意中弄出了這種事故，真是不幸！我想起來就氣得索索抖。你儘管寫信來責罵他（他自知該罵，甚至該打），但千萬別因此不再理睬我們。你是我倆共同的知己，我們異常珍視這份真摯悠久的友情，這一點你自然明白。Stephen只是凡人，難免有愚昧的時刻，現在我虔誠地代他求情，請你予以曲宥，你不會拒絕吧？

希望這一向你的處境有了好轉。我們等著你的消息。天氣漸涼，盼善自珍攝。

宋淇1985.9.28

我做錯了一件事，出於一時衝動，沒有詳加考慮，所託非人，以致出了亂子。這些都不算，主要是我有負於你多少年來對我們沒有保留的信賴，Mae並沒有事先與聞其事，但她心中的難過不下於我。我現在將事情的來龍去脈從頭說來，其中或許有為自己解說的部份，但並不足以減輕我魯莽草率所引起的後果。

（一）自你三月十七日航簡後，我曾先後寄上兩次長函，沒有接到回信，我想信中提到台灣方面有人想買你的《赤地》電視版權，而且你目前正需要用錢的時候，總應有個答覆，所以心中不免為你的健康擔心，屢次同Mae說起，總是發愁。後來又打聽到陳存仁患了老年病，已去了美國隨兒女居住了，事實上我也始終沒有在他身上寄托任何期望。

（二）在此期間志清曾前後有信來，對你的情況非常關切而又愛莫能助，至說朋友中就近可以幫你的是水晶，並曾在信中向你提議同他聯繫。此前你曾在信中叫他來見我，談談有關他正在研究的題目：流行歌曲。他去年特地從台北來港訪問了三個人，第一個就是我，然後他寫了篇訪問記，並且作了一次公開演講，頗受歡迎。今年初他那本專書出版，今夏又回台灣，舉行了第二次公開演講，並有歌星助陣，很是風光。

（三）我對他的看法是以前一直不得意，有懷才不遇之感，所以時常有牢騷，而且有點自卑感。這幾年來他總算拿到了博士學位，而且覓到了教職，同時寫文章和公開演講也受到歡迎，可以說是揚眉吐氣，以前的不安全感覺理應一掃而空。何況我同他作過一次長談，他既受過博士班訓練，理應對運用資料有所認識。（這是我的單方面的自解之詞，一個人的天性如此，積習難改，對他認識錯誤，完全怪我不識人頭。）

（四）在等了一個月之後，沒有你的消息，遂又將上次的信影印一份於七月十六日短函中附上。同時我寄上一信給水晶，請他就地查詢一下你的情況，我想他一向是你的忠實讀者，訪問過你，又蒙你的介紹才見到我，可以信得過。因為志清信中始終認為你患的是心理病，而且信中無法詳細解釋，我竟不加思索將你三月十五日致我們的私函影印了前一大半給他，以證明你的困擾是有生理上根據的。事先事後我都不以為意，也沒有同Mae商量，就此忽略了私函的private〔私人〕和confidential〔保密〕性質，真是罪莫大焉。如果我用自己的口氣寫個人的想法就好得多，現在真是自己送上門去自取其辱，又如何對得起你？看以上所述的時日，我可以說是那時心中焦急萬分，才會做這種蠢事，多少有點近乎panic〔恐慌〕，以致章法大亂，不像我平時做事的方法。（這又是替自己開脫之辭）。

（五）信去後沒有下文，原來他已離美去台，上台表演去了。我也沒有放在心上。他們回美後才見到我信，隨即於九月十日覆我一信，第一段講起你的情形，最後引你〈天才夢〉中一句話，也是他文中所引的，表示很關切。隨後同我討論我寫的〈薛寶釵和冷香丸〉一文，有很多補充意見，希望能得到我的諒解，將來或想草一文云云。然後又說到最近看到的一部電影（中共的）。最後他說他會寫信給你一試，但認為你畏於見人，未必肯見他，希望你的情況沒有那麼嚴重就好了。接到後我也沒有答覆他。談起《紅樓夢》來喜爭辯，每個人儘管可以有他自己的想法。

（六）誰知他在此信同時根據我的信和你給我的信寫了一篇文章：〈張愛玲病了！〉於九月廿一日台北《中國時報》人間副刊發表。我沒有見到，還是一位朋友見到後，剪給我看的。閱後深以為異，信中隻字不提，既不通知，更不用說徵求我的同意了。如此一來，他根據的是第一手資料，完成了一個scoop〔獨家報導〕！閱後我只有叫聲苦，不知高低之感，我竟然無意中協助他揭露你的私事。此文一出難免影響到我們幾十年建築起來的good will〔友好〕，思之黯然，只怪我一時糊塗，認為他會尊重別人的隱私權。天下竟然有這種事，如他仍在Berkeley〔柏克萊〕，我根本不會如此做，我以為他既在LA，有汽車、學校背景，當然在醫生和醫院方面比較有辦法，或許到有需要時能助你一臂之力。誰知道一切都是我的單相思，自己送上門去給人利用，夫復何言?!

（七）禍是闖了。這篇文章發表後一定產生極大的震盪。當然以後我再也不同他來往，他既然如此不尊重別人，我又何苦作賤自己？我所能做的只是暫時默不作聲，免得越描越黑。現在寫這封信向你解釋，即使求不到你的諒解，至少要你知道實情。補救方法，我是想到一些，但非目前你所能做。

張愛玲致鄺文美、宋淇1985.10.29

那次Stephen病後來信說我差點見不到他了，我習慣地故作輕鬆，說我對生死看得較淡。雖然也是實話，那時候有一天在夕照街頭走著，想到Stephen也說不定此刻已經不在人間了，非常震動悲哀[50]。我說過每逢遇到才德風韻俱全的女人總立刻拿她跟Mae比一比，之後，更感嘆世界上只有一個Mae。其實Stephen也一樣獨一無二，是古今少有的奇才兼完人與多方面的Renaissance man〔文藝復興時代的博雅之士〕。

宋淇1985.12.15

收到你十月廿九日航簡，知道你能諒解我的「軋扁頭」的苦楚，心中為之一鬆。

這一陣我們總是有點小不如意，前一月多，我們出去散步，就在大門口不遠，忽然從橫街衝出兩頭惡犬，追逐一隻小貓，貓倒爬入鐵門檻下，狗卻轉向我撲來。Mae給狗咬過一次，嚇得看都不敢看，我照準狗的來勢，在牠半空中時向後倒退，可是大腿下半仍然給牠咬破褲子，浮面上有齒痕和輕傷。回家後立刻先消毒擦藥水，然後由Mae去一家家查問。狗主人是上海人，而且還是認識的，連忙拿出證書來證明狗已打過針，後來同醫生通電話後，云既然有傷而且見血，非打防破傷風針不可，勉強挨了一晚，兩人都心情沉重，醫生說還算好，不嚴重，但打針可能有反應，就給我點藥，服後人有點昏昏沉沉。我覺得運氣還算好，如果不往後退，可能給咬在喉部，或者避得不好，跌倒在地，頭破血流，不堪設想。而如果狗沒有打針，還得報案，打瘋狗針，那就慘了。一月後再打第二針，發現傷口下生了一小硬粒，醫生說是血塊凝結在靜脈裏，不要緊，擦了多日藥後，居然化去，真可以說是無妄之災。

鄺文美1985.12.15

看了你的信，不禁暗歎：Eileen真是我們的知己——Stephen闖了大禍，你不加責怪，反而替他譬解，譬為Renaissance man……若非肝膽相照，天下那有這樣的朋友？

早該覆信，可是不停的有事相擾，旅遊旺季中親友紛紛來港、疲於招待還不算，又遭狗咬（詳見他的信）和跌傷（我不知怎的，上月底滑一交，跌裂了左手腕骨，幸不太厲害，現在漸漸愈合，不怎麼痛），再加上身邊的人輪流生病，其中有一位我敬愛的中學時代老師，近年關係頗密切，半個月前忽發現患乳癌，她丈夫前年病逝，女兒遠在紐約，需要我幫她辦理諸事（立遺囑，設立信託基金等），弄得我忙碌之餘，心情很亂，總沒法定心下來寫信。想到你獨在異鄉與蝨作戰，我們幫不了忙，只覺得人生充滿了無奈，自己那麼無用。聖誕就在眼前，滿街是輝煌的燈飾，也提不起興致來欣賞。希望過一陣情緒好轉，再寫給你，匆此。

宋淇1986.7.17

六月九日的五頁長信收到了，我們看後，心情為之一寬[51]。這信雖然前後斷斷續續寫了三個月，至少證明你還在努力嘗試解決問題，而且有過幾乎消滅fleas〔跳蚤〕的邊緣。這真是一個沒人相信只有你自己一人作戰的抗戰，八百孤軍名義上是孤軍，究竟還有八百人在一起。

〔……〕

總之，全家老弱殘兵，個個病倒，還得互相照顧。這一陣天時不正，typhoon〔颱風〕前後，暴熱之後，大風驟雨，病倒的人極多，我們自不能例外。

宋淇1986.8.2

七月十七日長信寄出後，即為我自己和Mae的病所扼，家中本來已經是老弱殘兵，經感冒一來，全家都此仆彼起，幾乎像醫院的病房。Mae因精神體力透支，現在有胃病之嫌而我則已證實患上了攝護腺肥大（男人的老年病），現已決定六日入醫院，七日動手術，大概前後要休養六至八星期，所以乘現在還能伏案執筆，將一些未了的事告訴你一聲[52]。

宋淇1986.11.26

自收到你六月九日來信，已經五個多月沒有接到你的信了，很是惦記，不在話下。我在七月十七日和八月二日寫過兩封長信給你後，也沒有再寫，說來話長。總之，我動手術後，還沒有完全復原，Mae又患胃癌入醫院，將整個胃切除，可以說是大手術。幸而她平日身體底子好，加上精神積極，能安然渡過難關。目前正在接受化學治療，現已步入第四個星期，頭兩個星期也只有她能忍受得了。

張愛玲致鄺文美、宋淇1986.12.29

十一月廿六的信收到。先在上一封信上看到你們倆臥病前夕還預先替我安排一切，賣電影版權，實在感激到極點，竟也沒工夫來信說一聲。又天天忙著找地方住，使我聯想到從前三蘇筆下的天天「撲水」的情形。

〔……〕

檢點東西的時候，發現《海上花》譯稿只剩初稿，許多重複，四十回後全無。定稿全部丟失，除了回目與英文短序。一下子震得我魂飛魄散，腳都軟了。

〔……〕

Mae的日記簿倒歷劫猶存，像我的守護神。後來看到十一月廿六信上Mae的病，給我的震撼更大。唯有希望已經好多了。

〔……〕

希望Stephen也已復原——又還替我賣掉一爐香電影版權！

宋淇1987.1.5

茲附上《明報月刊》一月份特大號刊出你在十八春的連載小說〈小艾〉，信內一位大學講師的文章說得很清楚。

〔……〕

大陸方面的態度在陳子善一文中看得很清楚。我想你站在原作者的立場應該說幾句話。現在《明月》和《聯副》已將全文刊出，等於潑出去的水，收是收不回來的了，文章當然越短越好，話說得越多，越會引起不必要的議論。文中也不必提陳子善一文，否則正中他們的計謀，當作沒有這回事好了。

你如果身心不佳，不能寫作，亦請告知，我可代擬一段，你再修改，也無不可。Mae仍在接受chemotherapy〔化學療法〕，因有心理準備，能夠應付得了。

宋淇1987.1.22

最近〈小艾〉在港、台同時刊登，因讀者好久沒有見到你的作品，不免造成轟動，為了這事，我時常接到詢問的電話。經我慎重考慮後，不如將你近來發表的作品，彙集成書，我已和皇冠的主編陳皪華交換過意見，認為應將這些文章分成兩冊。一是因為如放在一起，會分量太厚，可能超過五百頁，二是內容和時間和時代背景不同，放在一起，有格格不入之感。我們的建議是將你在大陸寫的，為別人所發掘出土的收入一冊，暫定名為《餘韻》；將你來香港後所寫的收入第二冊，沿用以前所擬的書名：《續集》，事實上其中大部分文章都是講自己的作品的，表示你仍在繼續寫作。上星期我發了狠，拿所有舊的檔案翻查，居然找到了很多漏網之魚，相信你一時不會有時間和精力去做這種事。

宋淇1987.1.23

Mae最近已打了第十針，化學治療第一期定六個月，到下星期剛好一半，打重劑時免不了有惡性反應，幸而她一向身體硬朗，心理有準備，希望可以安然渡過治療過程。在這種心情下，我們當然希望多一事不如少一事，無奈事情弄到頭上來，不能置諸不理，尤其是〈小艾〉

有少數犯忌諱的地方，明眼人當然會原諒，可是一不小心，授人以柄，可能影響到你其他作品。所以我不得不好好應付，明知你現在的情況不容許你有時間細想、推敲、甚至寫信，仍然只好按部就班照原則辦理，其辦法詳另一信和二書的目錄，希望你在可能範圍內迅速給我一個簡短的答覆，好讓我們可立即進行，只怕夜長夢多，另外出不愉快的枝節，大家都不開心。

〔……〕

讀你十二月廿九日的長信，不禁為你擔憂，這樣下去如何是了局？而你為了每日的居停都要傷神，虧你能維持到今天。現在你連身份證都丟了，想必passport〔護照〕也沒有，即使想出門也未必辦得通。我始終以為如能來香港入醫院治病或許是個解決的方法，因為香港的私家醫院和醫生只要你肯出錢，總可以讓你入院徹底消毒，而且費用雖貴，總比美國便宜得多，其奈你動彈不得何？

宋淇1987.2.10

Mae的病情有反覆，又入了醫院，天總是選一個人最弱的一點予以打擊，我真是睡夢難安。

張愛玲致鄺文美、宋淇1987.2.19

出書的計劃再妥善也沒有，在這情況下只能這樣。書名就叫《餘韻》。請Stephen代托劉爍華替我刪改〈小艾〉有礙部份[53]，我不寫信去了。我知道你們不像我小病就什麼都扔下不管了，何況是幫助別人的事。但是費這麼大勁翻找出我的舊稿出《續集》《餘韻》，我實在真是惶愧，怪我上次換倉庫時沒把那包《續集》剪報帶回寄來——那時候還沒污染。

宋淇1987.2.26

Mae已從醫院回家，要用walker〔助行架〕走路，仍要打針。

張愛玲致鄺文美、宋淇1987.3.13

收到二月十日的信。Mae病情反覆實在使人心焦。

〔……〕

過天給我姑姑寫信，預備提起你們倆扶病幫我料理侵佔版權事，我實在真過意不去，跟你們說了請千萬不要再給我姑姑寫信了。——希望Mae已經出院。

宋淇1987.3.22

《餘韻》和《續集》二書的序，經我考慮後，由我毛遂自薦代為執筆，具名者是皇冠出版社編輯部。陳要我具名，我說我有苦衷，如我出面，不啻公開身份，以後有很多事不便做，很多話不便說，現在以社和部出面，比較抽象一點，最妥當。我一時還不知如何下手，總之，說得越少越好。目前情形下，再要求你寫，分明是不情之請，害你做力有不及的事，而且一拖不知何年何月，日久生變，仍違反初衷。不知你意下如何？反正我們照此決定進行，皇冠恨不得立刻交卷付印。

張愛玲致鄺文美、宋淇1987.3.28

我近來丟三落四更荒唐了，Stephen一月五日的信竟混在別的信內沒拆看。前天理行李，匆匆翻看有沒有能扔的，減輕負擔，才發現了。雖然耽擱了，還是想請Stephen代寫一篇關於〈小艾〉的短文，不用給我看了，儘快發表。我一直覺得Mae也有幽怨抑鬱的一面，（從前信上說過她也有些地方像黛玉，Stephen說要比除非比寶釵，還有點像[54]——當然是像，不過真人總比較複雜）所以她病中我也不感到陌生，完全可以想像她住醫院時Stephen的心境。可已經出院了？

宋淇1987.3.31

Mae仍在打針，雖有反應，但能打下去總是好的。

張愛玲致鄺文美、宋淇1987.5.2

我上次看到一封mislaid〔放錯地方〕的信後補了封郵簡來，請Stephen代寫篇短文，希望已經發表了。《聯合文學》上鄭樹森文內說Ferd半身不遂，想必是引Lyon〔里昂〕的書。——那本書我只匆匆翻了翻，沒看——想是Ferd女兒告訴他Ferd最後兩年臥床不起（bedridden），Lyon纏夾。看來中外訪問者一樣靠不住。王禎和文內說聽麥卡賽太太說我旅費只夠到洛杉磯，這話更不知從何而來。我告訴麥卡賽太太Ferd那裏有足夠的錢住醫院，又有他女兒在那裏，她又能幹，我可以不必趕去，還是照原定計劃到香港去做點事。根本沒提旅費的話，她不會對別人說任何可供纏夾的話。似是禎和不懂我為什麼不回美，當時揣測，除非是路費不夠到華府；多年後追憶，誤以為是聽見麥卡賽太太說的。我想連同聖校汪老師說我為一首打油詩差點沒畢業的話——其實是物理不及格——寫一篇辨正，實在沒時間。也許Stephen可以寫篇極短的，引我信上的話，作為更正。如果沒有適當的時機，就先擱著好了。

〔……〕

很高興Mae已經回來了。我覺得walker〔助行架〕像傢俱不像拐杖，還很輕便可愛，而且有倚欄的情致。

宋淇1987.5.24

〈代序〉是我代寫的[55]，一則她們太忙，二則對你的作品和心意都不夠瞭解。她們本來要我具名，我加以婉卻，因為我一出面，更坐實我們之間的關係，變成真正的代言人，再也不便替你說話，所以將credit〔功勞〕給了編輯部。這篇文章要顧全到作者和出版者雙方的立場，措詞很難恰到好處，很費了點心思，希望你看後不會太失望。我還考慮到如何拉近你和讀者的親近感和提高序的authenticity〔真實感〕，所以作主將來信有關〈小艾〉的看法複印了出來，間接表示對外界擅自將之發表的不滿。

〔……〕

你要我寫一篇短文，解釋一下誤傳，我會放在心上，看有適當時機再說。目前正在《餘韻》出書時，大家又revive〔恢復〕了對你的興趣，似乎不必趕熱鬧。

Mae仍在接受化學治療的注射，反應視份量輕重而定，總之，能接受比不能打針好得多，有些病人不能繼續打下去，似乎更心中難安。我們總覺得天主自有安排，而且從各方面說來，我們還是幸運的，至少「比上不足，比下有餘」。

宋淇1987.6.2

《續集》的序等我有暇草一短序給你修改，反正不急。

宋淇1987.6.22

《餘韻》已出版，想已見到，這是你作品中的第十冊。《續集》稿已有，〈小兒女〉之外，再加上〈魂歸離恨天〉，和「Stale Mates」和〈五四遺事〉的中英對照，大概有二百三十頁左右，可以出書了。這是你作品中的第十一冊。現在只剩你一篇短序，我知道你未必有時間、心思寫，所以在前信中末尾說我會代你草一短序，空一格寫，寫個五百到一千字，由你批改寄回。等我忙過這一陣之後，才能進行，到時你看如過得去，應付一下。因為這次《續集》為我所編，我不願出面寫序，而《餘韻》我們已取了一次巧，《續集》你再不自己具名寫一短序，讀者恐怕真的會想到歪裏去了。

Mae的化學治療已進入第八月。

張愛玲致鄺文美、宋淇1987.9.9

這些時一直沒空寫信，儘管焦急惦念。

張愛玲致鄺文美、宋淇1987.9.17

皇冠版稅已經收下好幾天了，還是沒工夫寫信，挨到今天不得不先寄收條來。

〔……〕

《續集》就請動手編。

宋淇1987.9.20

我信中提過《續集》的出版計劃，現在有了〈小兒女〉和〈魂歸離恨天〉（附上你親筆的原稿第一頁副本，證明此劇並不是別人冒名寫的。）篇幅足足有餘。我打算代你寫一短序，等到我心定草成後，空一格抄寫寄上，由你修改，表示是你親自寫的。

〔……〕

Mae大有起色，化學治療已告一段落，希望以後每月去檢查一次就可以了。我的心境和身體也大有進步。希望這向你有好轉。

宋淇1987.10.15

這是《續集》的序，首三行是你自己寫的，其餘由於你弄錯了內容，大寫其〈談看書〉，文不對題，寫信來給要了回去，以後就沒有了下文[56]。現在事過境遷，出版計劃有變，曾經在六月信中問過你，也許你沒有見到，也許見到而沒有入腦。所以只好硬著頭皮，代擬了一篇短序，特為隔行抄，以便你刪改。如你有時間，可以加以改寫，如沒有充裕的時間，則請你將口氣改得像你的一點[57]。

張愛玲致鄺文美、宋淇1987.11.9

《續集》序請無論如何要代寫，不用寄來給我看了，免得又再耽擱。我確定不會追悔。

張愛玲致鄺文美、宋淇1987.12.10

代寫的序真好，可惜又耽擱了這些時，其實我不用看。

宋淇1988.1.7

十二月十日掛號信和看過的〈自序〉收到，我已等不及了，幸虧這一陣Mae病情穩定，再休養兩三個月可以正常，她雖不能抄寫，但至少可以細看原作。寫這種文章一定要多一副眼睛，經她細閱後，刪去了、潤飾了原來有點過火和嚕嗦的文句，至少我平常喜用的字眼比較容易給人看出來，都逃不過她細心的combing〔爬梳剔抉〕。經過討論之後，我抄了一遍，正預備將定稿寄去時，郵差上門送上你的信。其中只有一處「細膩」改為「詳細」是我們疏忽，如寫「細膩」變成自誇自了。其餘你沒有什麼意見，有些地方我們自動改了，港大文學院你改為文科，我們的定稿是就讀於香港大學，更經濟含混。這裏不再多說，總之，皇冠的陳皪華已收到，對我的設計很滿意，校對方面他們做得極好，就是有問題，在刊出的原作，不在他們。〈自序〉大概將來由皇冠和《聯副》同時刊出。[58]

宋淇1988.3.8

連接二月十二日和廿六日來信，欣悅莫名。知你已遷新址，而且很喜歡新居，想你一定可以很快settle down〔安頓下來〕，並將從前流浪生活結束。不是我迷信，我們中國人一向認為一個人必需踏入一新年度方始可踏入新生活，所謂「轉運」即是。二月十七日方是農歷年初一，你一定要入了新的龍年之後，才能將以前的「晦氣」掃清，開始新生活。

從來信可以看出Dr. Kaplan〔卡普蘭醫生〕是個好醫生，而且你對他的診斷也認為可信。我希望你重視這種醫生病人的關係，以後不妨過一陣去看他一次，檢查一下。老實說我們不再年輕，日前我曾在友人面前笑說，上天給我們奇妙的身體，可是這套機器，平均說來只能正常操作七十年，此後各器官（零件）即會出毛病，有的可以修理，有的漸漸損壞，終而破爛，機器不靈。現在醫生正在試驗用人造零件（器官）來代替（如transplantation〔移植〕之類），但一時還看不出有完全做到的可能。你也比我們年輕不了多少，如能認識一位好醫生，他即使自己看不來，也會refer〔轉介〕給適當的專家。何況ＵＣＬＡ〔加州大學洛杉磯分校〕醫院有自己的team〔團隊〕，各方面都會給你照顧，要比你自己找的「無為而治」的醫生好多了。我們這麼多年來大病小病，都能安然過關，就是因為認識了幾位好醫生，及時診治，得以帶病延年，如果像從前上海時那樣誤於庸醫之手，早就不堪設想了。

張愛玲致鄺文美、宋淇1988.3.9

我三月七日來信說沒收到一月七日信，今天又找到了，仍是夾在報紙裏沒看見。

〔……〕

Mae快好了，我看了信高興到極點，〈自序〉就這樣非常好。

張愛玲致鄺文美、宋淇1988.5.14

我這次感冒，終於得閒拆開皇冠寄來的兩包書，看了〈自序〉與〈代序〉。等到看明白了「代序」是「代作的序」，就wonder〔好奇〕不知道署什麼名字，猜著不會是林以亮。最後看見是皇冠編輯部，再妥當也沒有。〈代序〉是真說了許多自己不便說的，就說也沒這麼痛快。引我的信關於〈小艾〉的情節，也使這故事平添幾分深度與未能寫成的惆悵。《續集》〈五四遺事〉中英文對照也真是個inspired touch〔神來之作〕。〈自序〉中自比Shaw、Hemingway[59]，即使不過是在版權方面，我也說不出口。這是因為Stephen不寫小說，觀點上沒十分「入戲」。末了非常感動人。其實我一直conscious of〔知悉〕這邊的事，像同在大船上進了水，隔著一扇厚鋼板門波濤洶湧sealed off〔被截開〕。哪還有這精神講給我聽？我知道了又沒用。我說「Mae想必好了」，是看了上一封信上說就快好了[60]，臨寫到這裏還找出那封信來查出這一句，怕是我wishful thinking〔一廂情願〕記錯了。

〔……〕

跟他這一夕談之後，更覺得《餘韻》、《續集》這兩本書是虎口餘生，好不容易都虧Stephen慘淡經營，無中生有，簡直使人心酸[61]。

宋淇1988.6.2

〈自序〉中自比Shaw〔蕭伯納〕、Hemingway〔海明威〕，一點不錯，是我不寫小說，沒有想到觀點問題，當時只往為中國人所知的作者去想，未免太自大了。希望沒有人借題發揮，那就替你引起麻煩了。

〔……〕

《續集》在香港書店都擺在很明顯的地方，銷路不出我所料，超過《餘韻》。你信中所說倒是實情，我對這兩本書所操的心，比自己的書有過之而無不及。總算為你填了一個空檔，可是嚴格說來，只能算是「填房」，將來明媒正娶仍要你的新作品來以真面目示人。

〔……〕

文美大好，脊骨有小毛病，牙齒有問題，都已治好，歲月不饒人，情況同你相彷彿，大敵一去，小毛小病就發作了。

張愛玲致鄺文美、宋淇1988.6.26

搬到莊信正的地產商朋友林式同與人合夥蓋的新房子，太大太貴了些，一房一廳，沒傢俱，$530一個月，外加電費煤氣費。要像我所要的小「獨身漢apt.〔公寓〕」要自己看了報去找，舊址進出不便，辦不到。莊信正說林是台灣一個部長的兒子，脾氣有點怪僻，太太是日本人。我告訴林我搬家搬得精疲力盡，再搬實在吃不消了，他答應代保密。這住址我除了你們誰都不告訴，只用Wilcox Av.〔威爾考克斯大道〕信箱。莊信正當然知道。

鄺文美1988.7.13

久未通信，我罹患惡疾，掙扎年餘，總算活了回來，本有無數的話要告訴你，可是家裏一波未平，一波又起，Stephen病了。上星期五（七月八日）醫生替他動了割切腸瘤（是良性抑或惡性尚未揭曉）的大手術，如今還在病痛的陰影下。昨天收到皇冠寄來的版稅結算單和支票四張，必須儘速轉寄給你。

〔……〕

我身心俱瘁，不能多寫，待康復後再談。

張愛玲致鄺文美、宋淇1988.7.25

收到Mae的信，高興到極點。我搬家前後兩個月一直感冒，好了沒兩天又發，所以信寫了也沒能寄出。這兩天剛接連收到你們兩封信，隔些時沒消息就有點惴惴起來，怕又病了，果然Mae剛好Stephen又開刀，真是人生味永遠是mixed〔苦樂參半〕的。

宋淇1988.9.10

本來還想多寫一點，但開刀回家後，不停發現有水腫edema〔水腫〕現象，服利尿片，似乎控制著了，又變壞，不得不再去看內科醫生，現在驗了小便、血，拍了X光，需等十二日方知，最麻煩的是極易感覺到氣促，稍微走動，作一點事情便會氣喘。醫生和我都知道和心臟有關，這種病可輕可重。多年來，我左邊的肺完全collapse〔萎陷〕，以致影響到心肌功能，我早料到會有這麼一天，等到年紀一老，各器官老化，便會如此。但總希望能再抱病延年，和文美再廝守一時期，於願已足，當然也希望不要受什麼痛苦。這次開刀是sigmoid colon〔乙狀結腸〕中長了一瘤，不知是良性還是惡性，但即使是良性，拖延下去，仍會轉惡，所以我毅然決定開刀切除。化驗結果是良性，剛開始有癌的跡象，可說不幸中之大幸。最出人意外的是前後一月，文美為我奔走，主持一切，居然支持下來，體重也沒有輕減，給我莫大的安慰和鼓勵。以後說不定又要她來關護我了。

〔……〕

你的書始終保持穩定銷路，可稱奇蹟。最近台灣因成為四小龍，經濟起飛，大家富裕起來，時間不肯花在看書上，尤其嚴肅的書。我的一本詩話找不到出版社。皇冠我編的那套書沒有人問訊，因為一共有一千多種書，書店給皇冠的shelf space〔書架空位〕有限，幾個大熱門之外，偶然有幾個暫時熱門的作家還能放出來，其餘永不見天日。

〔……〕

八月卅日來信收到。乘我在十二日看醫生之前，先寫上幾句，其餘可由文美慢慢再寫[62]。

鄺文美1988.10.14

來信都收到，早應該答覆……，無奈上月間Stephen又大病一場，這次是心臟方面的問題（heart failure and dyspnea〔心臟衰竭和呼吸困難〕），有水腫、心悸、呼吸急促等現象，需入醫院急救治療，真嚇壞人！那幾星期我每天在病室陪伴，從朝到晚坐困愁城，目睹他活受罪的情形卻愛莫能助，說不出的痛苦，根本沒法寫信。如今病情穩定下來，他已出院回家靜養，我才提得起筆來告訴你。

〔……〕

長期以來我們兩人帶病延年，我都能應付裕如，從來沒有像現在這樣心煩意亂——簡直可以說六神無主——這封信寫不下去了，其餘的話留待下次再談吧。

張愛玲致鄺文美、宋淇1988.11.8

收到Mae的信，確實嚇得腳都麻木了。如果我也在香港，雖然也不能天天打電話來問Stephen的病況，讓Mae忙著跑醫院與別的無數事之外還要向我報告，我就光是hover around〔徘徊左右〕也會覺得好些。幸而Stephen已經出院回家養息了，Mae還沒歇過來就寫信，也使我過意不去。也還是想不出來向你們說什麼——說什麼都像是無關痛癢的風涼話。還沒寫信，倒又收到Stephen十一月三日的信，實在愧疚，剛好點就又為這種事操心[63]。

宋淇1988.12.19

這一個月來我身體有進步，一切已在控制中。有時行動太急促，自己不覺得，很容易氣喘。尤其要避免的是爬樓梯，所以我只好盡力避免坐subway〔地下鐵〕。好在自己知道病的性質和限制，做起事來不能像以前那麼性急，一定要慢半拍，倒也是陶冶性情的好方法。

宋淇1989.3.7

我們這裏每天的天氣報告都包括Vancouver〔溫哥華〕，ＬＡ〔洛杉磯〕，San Francisco〔三藩市〕，所以有幾天見到ＬＡ竟然只有零度，不免為你擔心，怕你沒有冬衣，又要出去看牙醫，很容易患感冒。

〔……〕

我們都好，只是每天只能做一件事，生活完全軍事化。

張愛玲致鄺文美、宋淇1989.3.6

我寫信非常費力，大概寫信較近談話，不會說話就不會寫信。給Stephen的信因為業務大都是有限期的，此外只跟志清等兩三個人通信——都怪我難得寫——已經覺得週而復始，是個負擔。Mae信上說到醫院看Stephen的情形，還有Stephen說的但願多相守些時，我都看了心脾凄動[64]。如果當面對我說我也不會說什麼，當然寫信就不能這樣。我想我們都應當珍惜剩下的這點時間，我一天寫不出東西就一天生活沒上軌道。還是少寫信，有事就寫便條。事實是自從你們倆輪流病倒，我從來沒覺得像任何別的夫婦的cases〔情況〕，是真是連我在旁邊看著都有世界末日感。還因此聯想到《海上花》譯序上我一直想改的一句：「愛情的定義之一是誇張人與人之間的差別。」寫的時候也就有點覺得不妥。其實一個人與另一人的分別太大了，心理學不過是個最大公約數。

張愛玲致鄺文美、宋淇1989.4.3[65]

傷臂手腫，不大能寫字。三月初曾來信。你們好？

張愛玲致鄺文美、宋淇1989.5.3

過街被人撞倒，一個月後才照X光，右肩骨裂——broken arm〔手臂骨折〕！醫生說只要讓它自己長好。

張愛玲致鄺文美、宋淇1989.6.29

Stephen說過沒人給出文集，我實在speechless〔無言以對〕，看著他們出書之多，之壞[66]。所以一直沒提。看到過一句批評，說Stephen論詩像詩話。大概現在非照西方文學評論理論不可了[67]。

宋淇1989.8.17

我忽然於七月十六日舊傷口流血，正是颱風襲港之日，狼狽之情可以想像出來，幸而鄰居醫生把我介紹入葛量洪醫院，全港最出名的胸科醫院，醫、護、設備均第一流。廿五日晨動手術，將廿年來積垢藏污割清，因禍得福，一切順利，八月三日回家。現在每天晨晚兩次有政府的護士上門來清洗傷口，換紗布，文美用不著勞心勞力，但願早日復原，則《紅樓夢》的文章或有機會再續寫下去。病前寫〈情榜〉初稿已完成十之八九，相信必可完成。

〔……〕

五月三日信說你右臂被撞碎裂，還算不幸中之大幸，其實，人到了我們的歲數，反應遲鈍，文美前年慢步過馬路，兩腿忽然無力，竟跪在地上，幸而年輕學生把她攙扶過馬路，後來入院，發現右腿小腿也有骨頭碎裂。歲月不饒人，必需有自知之明，出門要分外小心。我們現在的原則是像童子軍，每天只行一善，（自己的私事），別的留待明天再說。

宋淇1989.8.24

這兩封信寫了前後約十天，因女兒和兩外孫住在家中，時時打斷，他們明天便要回美。這次總算能從醫院中回家後一同過了半個月，也算不幸中之大幸。我別的事情都沒有能力和心思做，唯有這件事一直放在心上，不能擱得太久。好在寫寫停停，至沒有令我費力耗神。信很長，內容也很豐富，慢慢看好了，不必急急回信。也不知為什麼，大概年紀大了，說話和寫信都無法言簡意賅。

張愛玲致鄺文美、宋淇1989.9.3

我常常haunted by〔苦惱〕寫的信裏有一兩句不清楚，會引起誤會。以前有一次不記得是給志清還是劉紹銘的一封極普通的信，害我守候在郵筒旁幾個鐘頭，等郵差來了拿到條子到總郵局取還信。好像有點歇斯迭里，不過我一直這樣。從前告訴過Mae我初中一的時候數學大考前夕，與同班生張秀愛都自料不及格，她找她高一的表姐來給我們講解。講了快一小時，完了我向秀愛一笑，咕嚕了一聲「還好。」是說「幸而……不然不得了。」她面無表情，她表姐把頭一摔，走了。最近去看跌打損傷醫生，也是UCLA的，很年青。他說手臂好了，可以不用再去了。我說「那太好了！」他作艴然狀，說：「Sorry you never want to come here again.」〔很抱歉知道你永遠不想再來這裡。〕我連忙說：「No, I'd be happy to see you any time.」〔不是的，什麼時候我都樂意見你。〕他怔了一怔，幸而隨即明白了是我措辭不當。永遠是這pattern〔模式〕，也不知是心理學上什麼錯綜，沒聽說過。你們不能跟我計較。我上次信上是想說你們是真是我畢生僅見的偉大的情侶[68]，與別的夫婦不同，儘管有些夫婦的感情也非常感動人。

張愛玲致鄺文美、宋淇1989.9.27

這照片不止一張，可以不用費事掛號轉去。如果皇冠不便憑空登張照片，就等明年出散文集的時候再用。

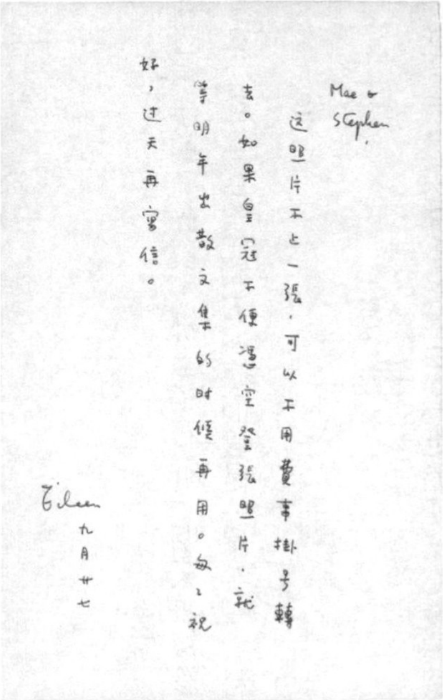

Mae & Stephen,

這照片不上一張，可以不用費事掛号轉去。如果皇冠不便憑空登張照片，就等明年出散文集的时候再用。匆匆祝好，过天再写信。

Eileen
九月廿七

張愛玲致鄺文美、宋淇1989.10.17

Stephen的信我都仔細看的，看得飛快，不費時間。千萬不要再費事凝鍊縮短，我更過意不去了。

宋淇1989.12.3

我不會是一個好作家，缺乏體力和那股urge〔衝勁〕。我有一個好商業頭腦，問題是我對money〔錢〕沒有瘋狂的愛好，所以也不能成為tycoon〔大亨〕，也算是性格上的悲劇。

即頌安好。Mae在服侍我之外，居然overcome〔克服〕傷風，精神和身體都不錯，我仍舊有水腫，差一點又是heart failure〔心臟衰竭〕，每日服藥。

宋淇1990.2.7

文美和我這一陣身體還不錯，她手腳仍有時麻痺，我有可能找到服藥適中的劑量。

張愛玲致鄺文美、宋淇1990.2.15

一直從前聽Mae說過，就知道Stephen是理財聖手。現在超級市場都整排陳列Forbes〔《福布斯》〕等雜誌，可見人人都想至少保值，我如果錢多點也要看。

宋淇1990.3.18

文美四日不慎向地上一坐，左手的wrist〔手腕〕碎裂，綁上了石膏，明天去複診。幸而是左手，好在她向來runs the family single-handedly〔獨力（字面義是「單手」）料理家庭〕。

張愛玲致鄺文美、宋淇1990.4.9

Mae似乎骨脆，如果缺鈣，要吃牛奶的話，我發現low fat milk〔低脂奶〕吃冷的倒比普通的冷牛奶好，沒奶腥氣。

張愛玲致鄺文美、宋淇1990.4.30

Mae的腿快好了？

宋淇1990.5.1

我的《紅樓夢論文集》第一冊定名為《紅樓一夢》，尚差十分之一，希望年底前能交出。除論文外有〈紅樓夢識小〉八篇、〈紅樓淺斟〉四篇、〈紅樓一角〉八篇，相當熱鬧。第二冊是《紅樓夢的情榜》，草稿已完成十九，還得抄訂，〈前言〉一開始就討論脂評的誤認草字和誤抄，太專門化了，文美看了都說不太明白，只好重寫。最後一章四副冊，已寫了一半，最後一半尚待根據筆記寫完，亦可望於今年年底前完成。第三冊一冊論文集只怕我不夠精力來畢全功，一共十篇，已發表者四篇，一篇有演講稿，三篇有筆記，兩篇有構思而須從頭細讀做筆記，除非能保持健康到一九九四年或有完成之望。其餘文章我已聲明「金盆洗手」，不再寫了。你如有興趣，我下函同你談〈情榜〉如何？

宋淇1990.5.17

Mae的腿沒有問題。手腕拆石膏後，發現沒有駁好，要去多做兩個月physical therapy〔物理療法〕，夠折騰的。我的紅學論文計劃已完成，就等我抄訂了。幾時有暇再同你討論，如你有興趣的話。

張愛玲致鄺文美、宋淇1990.6.6

Stephen的〈情榜〉等紅學論文我非常想先「聽」為快。你們這一向好？Mae需要做體操，我早已不做了，實在沒工夫，右臂只好隨它去。

宋淇1990.6.30

我換了一種藥，需調節適應，文美代我奔波，天時不正，患上了感冒，看了兩次醫生，幸已痊癒，只是人疲倦不堪。到了我們這老、病階段，每天只能做一件事，平安渡過一天，便算多了一天。

〔……〕

這一陣為你的全集出版事忙。我總要有點事做，視之為occupational therapy〔職業療法〕可也。

張愛玲致鄺文美、宋淇1990.8.2

我本來也想著Stephen幫我出全集，有些半機械性的事，在沒好全的時候也是一種排遣。那是我安撫自己的良心的唯一的方法。希望新藥有奇效，麻煩點也值得。Mae又病了一場！精神可好些了，不那麼累了？

宋淇1990.8.14

最近天時不正，Mae和女工人都患上重感冒，醫生都為我擔心，總算徼天之倖，沒有患上，可是家中老弱殘兵，變成寂靜世界。我每天還要服藥，早晨有護士來洗滌傷口，能夠自顧已是上上大吉。這一陣為了替你出全集事，把我每天能工作的空間都佔據了。知道你又忙，身體也不太好，我也不來煩你，免得三地週轉傳話，浪費時間。

〔……〕

昨日將你的1.《赤地之戀》（原作，天風版），2.《赤地之戀》（慧龍版，慧龍老闆死後，接辦人在一九八〇年付過你第四版版稅，但自一九八〇年到一九九〇年中只銷了幾百冊，荒唐得難以置信）。3.《小鹿》（天風版），4.《海明威論》（Robert Penn Warren〔羅伯特・潘恩・華倫〕，《戰地春夢》的序），5.《愛默森選集》（天風版）五冊航空雙掛號寄皇冠，了卻一件心事。

我知道你多次搬家，所有書籍或打包存起來，或散失，所以這次將手中鎮家之寶都拿了出去，首三冊中《赤地之戀》和《小鹿》還是你簽了名送給Mae的。不知你手中還有沒有藏書？我本想暫緩出海明威和愛默森，現在既有第三者動腦筋，就索性全部出籠。現在最成問題的是《老人與海》，我自己沒有，朋友中問過也沒有，不知你有否存書，如果皇冠實在找不到，可否一查？

〔……〕

這個月來為了這五本書忙得我將〈怡紅院四大丫鬟〉一文停寫，沒有辦法，弄濕了頭，只好做下去。這一陣老態畢呈，趁現在還能做事之時，辦了也好。

張愛玲致鄺文美、宋淇1990.12.23

這些時一直忙得定不下心來看〈情榜〉[69]，老是惦記著，這才拿出來看。擬得對極了，書中雲霧迷濛的一個大缺口終於補上了，像補天一樣。

宋淇1990.12.24

來信和航簡多封，前後收到，這一陣天時不正，文美患感冒，我的胸腔傷口發炎和流血，令我們步步驚心，所以一直沒有回信。加以出全集免不了有很多問題，須要好好思考商磋，有時恨不得撒手不管，但我想如我再不理會，善後問題更多[70]。

宋淇1991.1.2

我自十二月廿二日起晨間忽然咳出一口鮮血，其後即斷斷續續，好好壞壞，一直到今天。奇怪的是沒有咳嗽、沒有熱度，沒有不適，就是到了喉嚨口，如果喝點水，自然就噴了出來。曾去照過X光，看不出來。醫生疑是支氣管擴張，明天約好去看一位專科醫生，十九要入醫院檢查。

因為自知會入院檢查治療，趁這幾天連忙將你的《對照記》的text〔正文〕寄來的六張改稿換出原稿，並將你同意修改的地方用紅筆正楷添入、修改，總算趕出來了。

張愛玲致鄺文美、宋淇1991.1.18

收到一月二日的信，像晴天霹靂，震得發抖了半天。希望Stephen檢查的結果證實不要緊。

宋淇1991.2.4

我的病始終查不出來，拍過X光，做過支氣管鏡（bronchoscopy）手術都看不出有生腔瘤的現象，極有可能是微氣管擴張，但微到看不出來的程度，沒有熱度，也沒有其他徵狀，只是過一陣就要咳出幾口血，往往是半夜，已一月有餘，令我晨昏顛倒，不勝其煩。文美出醫院複診，復原程度很好，足可告慰。

鄺文美1991.2.6

一直想寫信給你，尤其這一陣Stephen病了又病，上次他進醫院，接受內窺鏡檢查前匆塗的短信已經把你嚇壞，我非常不安，原該早些修函告慰……可是我們家裏真是多災多難，一波未平，一波又起。他前天趕出的信尚未付郵，今晨忽在睡夢中摔跌於地，雖無骨折現象，卻撞得頭部出血，急得只好到離此不遠的醫院求助。經當值醫生診視後，縫了兩三針，並給予藥物消炎止痛，總算毋需留醫（有時怕腦部concussion〔腦震盪〕，還要住院觀察，那就更加麻煩），現已回家休息。趁他睡著的時候，我補寫幾句告訴你。

他急於把公事交代清楚，先把這些附件寄上[71]。你看了便知，關於出版新書的事，盼直接與皇冠聯絡，以免耽誤。事非得已，你一定明白。

恕我不能多寫，雖然時常惦念著你——想到你目前的情況，也憶起多年前我們在一起時的各種瑣事。心裏感受很多，但筆頭枯澀，以致長期沉默，愧對故人。事實上，自從我患胃癌以來，好像只有半個人活著，節奏緩慢下來，許多想做的事都做不成，急也沒用，相信你會諒解。

宋淇1991.3.14

我的病幾乎折騰了我兩個月，最後做了C.T.Scanning（電腦斷層掃描），電腦掃描，終於查出左肺上葉，有「支氣管擴張」，大概是微支氣管，所以X光和內窺鏡都看不出來。後來服了兩種抗生素，終於在停服後一星期霍然而愈，但在此期間茶飯無心，晨昏顛倒，因晚上平均要醒兩三次將血咳出。這是我病愈後的第一封信。文美為我操心不在話下，還要陪我去驗查、入醫院、看醫生、買藥，現在我好了，她身心俱疲，沒有breakdown（把身體弄垮），也虧她的了。凡是希奇古怪的病我差不多都生過了，居然能維持到現在，一半是自己肯研究病情，然後儘量適應，一半靠文美照顧。

張愛玲致鄺文美、宋淇1991.4.14

Mae胃癌就快好了，我知道進境多麼難，真高興到極點。竟會不約而同想到從前的瑣事——我常常無故想起我們有些極不相干的對白，例如我抱怨買了雨衣雨靴倒又不下雨了，Mae沒說什麼，有點不以為然的神情；還有我說常看見廣告上有像她的人，有一次拿給她看，（一個英文雜誌上）她看了說我總揀比她漂亮些的。我想說又沒說：那是我的Pygmalion complex[72]，所以在我心目中已經加工了。我永遠有許多小難題與自以為驚險懸疑而其實客觀地看來很乏味的事，剛發生就已經在腦子裏告訴Mae，只有她不介意聽。別人即使願意聽我也不願意說，因為不願顯得silly〔愚昧〕或嘮叨。

張愛玲致鄺文美、宋淇1991.5.27

在《聯副》上看到〈紅樓札記〉。書中年齡是真太要緊了。其實主題就是在那社會制度下，提早而仍極短暫的青春。本身是個悲劇，比寶黛故事還更重要。〈汪恰洋烟〉考證得精確完整得駭人，這絕對是定論了。霍克斯說書中有些地方「渾不可解，」大部份已經都給Stephen解答了。

宋淇1991.6.7

四月十四日信收到，還沒作覆，五月廿七日信又來，如果再不寫信，怕你會擔心。這一陣除了原來的頑疾外，又多了些小毛小病，先是左上肺的支氣管擴張，曾咳過血，總是沒法斷根。那知一波未平，一波又起，上星期背脊生了帶狀疱疹（shingles），一直蔓延到腹部，痛苦難忍，坐立不安。又不敢用手去抓，幸而有了一種antivirus〔抗病毒〕的口服藥，服後可以穩定下來。大概至少還要十天才可以澄清。這種病不會使我發燒、咳嗽，但等於在不斷考驗我的耐心。

宋淇1991.7.1

皇冠有信來，寄來幾篇有關你的報導，都是對你新作《對照記》的臆測，問我要不要更正。我還沒回答，預備稍有空和精力時，寫一比較長的文章澄清所有的誤傳。

張愛玲致鄺文美、宋淇1991.8.13

Stephen還咳血，真使人心焦。當然不宜再管我業務上的事，除了理財，但是收到版稅也請就只存在銀行裏，等你們自己要買外幣再順便買，擱多久都沒關係，反正總比存在加州S&L好。

宋淇1991.8.31

我身體好好壞壞，耳漸聾，記憶退化，人老化得很快。無可奈何的事。

張愛玲致鄺文美、宋淇1991.10.9

從Wilcox信箱取回的報上發現一隻螞蟻，嚇得我趕緊換地方。附近郵局沒信箱出租。比華利山有些老房子鬧老鼠，郵局也是個小老房子，希望沒蟲。

〔……〕

報紙全扔了，Stephen關於鳳姐的一篇文章只恍惚看到題目。今天剛看到積壓未拆的舊報上彩明那篇。一直只看了脂批，忽略了四十五回的「彩哥兒，」以為是作者疏忽沒提是男是女。原來是寫作技巧。Stephen真是作者的知己。等有便的時候請把鳳姐那篇影印一份給我。

宋淇1991.10.23

十月九日航簡收到。郵箱中發現一隻螞蟻，不值得大驚小怪，何必為此去換通訊地址，你又得重新寫信通知各必需來往親友。螞蟻不是害蟲，我們家中我的書桌、餐桌、廚房間的櫃台上每日都有。一不小心，有食物粒屑更成群結隊而來，但與白蟻、蟑螂等性質不同。凡有建築物，尤其舊樓，凡有人居的地方一定會有螞蟻。下次不可再如此驚慌，焉知新郵箱沒有螞蟻？

〔……〕

你怎麼會只看到〈彩明〉一篇？我前後寫了約八、九篇，等文美有暇順便影印後寄上。我現在只重複讀原作和脂評，對別人的理論和主張一概忘得乾乾淨淨，自覺頗有新發現。尤其〈爬灰和小叔子〉那篇，友人看了說如讀好的偵探小說。

張愛玲致鄺文美、宋淇1991.12.7

接連兩天奔走，就又「寒火伏住了」，感冒快一個月，六年來沒發得這麼厲害過。

宋淇1992.1.23

你信中說出去辦領證手續，回家即病，那是你抵抗力低，難以應付氣溫的改變，好在你平時力行節食，如以《紅樓夢》所說，丫鬟們生病，賈府有一條祕訣，就是「餓」，所以不會生大病，所以你休息五七天就會痊愈。以你的生活習慣而言，到了這歲數，也不必更改，過正常人的生活。這樣對付下去算了。

我患上了貧血性心肌衰竭，再加上支氣管擴張，每日按時服藥，過的是程序式日子。最麻煩就是打噴嚏，我盡力設防，帶口罩出入房間，洗手間裝了紅外線溫暖爐，可是一連進出幾次之後，就會大打其嚏，把支氣管旁結好疤的微血管又再度震裂，咳出小口血來，雖無大礙，可是揮之不去，不勝其煩。我知道這是在考驗我的耐心和自律，但有時情緒受影響是免不了的，不免懶於寫信。除了看看報刊和電視的新聞外，足不出戶，天大的事都由文美一人內外兼顧。

鄺文美1992.1.23

聽說你一再患病，非常掛念，有許多話想說，但自顧不暇，好像祇有半個人活著，無從落筆。現在寄上照片一幀，代替千言萬語向摯友聊表心意，並祝平安。

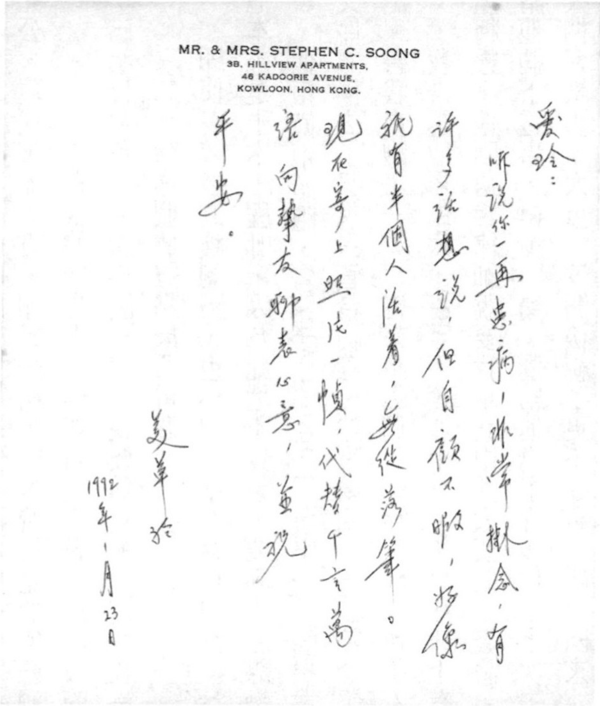

MR. & MRS. STEPHEN C. SOONG
3B, HILLVIEW APARTMENTS,
46 KADOORIE AVENUE,
KOWLOON, HONG KONG.

爱玲：

聽説你一再患病，非常掛念，有許多話想説，但自顾不暇，好像祇有半個人活着，無從落筆。現在寄上照片一幀，代替千言萬語，向摯友聊表心意，並祝

平安。

美華 於

1992年1月23日

宋淇與宋鄺文美，攝於一九九一年十一月十七日

張愛玲致鄺文美、宋淇1992.2.25[73]

為了托ＫＤ大陸版權的事，我到文具店買授權書表格，就順便買了張遺囑表格，能notarize〔找公證人見證〕就省得找律師了。以前一直因為沒證件不能立遺囑，有錢剩下就要充公。現代醫療太貴，如果久病，醫護費更是個無底洞。還有錢剩下的話，我想

（一）用在我的作品上，例如請高手譯，沒出版的出版，如關於林彪的一篇英文的，雖然早已明日黃花。（《小團圓》小說要銷毀。）這些我沒細想，過天再說了[74]。

（二）給你們倆買點東西留念。

即使有較多的錢剩下，也不想立基金會作紀念。林式同答應做executor〔遺囑執行者〕。他本來是土木工程師，因為此地不景氣，要回大陸謀發展。他太太是日本人，不去，還住在這裏，他預備兩頭跑。Notary public〔公證人〕說還要我親自拿到州政府去登記。打聽到登記文件處，去了又說只管合約等，遺囑要到一個法院登記。去了又說只能收下代保管，不需要登記。害我白跑了一天。寄來請你們代保存，我只留副本。ＫＤ本來叫我在授權書上添寫中文譯文，我告訴他notary public不讓加中文，如果法律上有問題，就請擱置，我不想為這些事去麻煩柯靈。他回信說律師說要我拿到中共大使館去簽證，如果我不去，那就擱置。我這就寫信去請他擱下這事。白忙一場，還給他寫了許多信。上次去開信箱，郵局把一張掛號通知單夾在一大捆報紙裏。太重，解開檢視了更不好拿，所以回來才發現。單子上不寫來源地名。明天去寄這封掛號信順便領取，如果是你們寄版稅支票來，我就在信封背面添兩個字，免得在郵局封信常黏不牢，廉價信封膠水少。我這一向很好，你們倆可都好多了？

Mae & Stephen，

为了托KD大陸版权的事，我到文具店買授权書表格，就順便買了張遺囑表格，能notarize就省得找律師了。以前一直因为沒證件不能立遺囑。有錢剩下就要充公。現代医療太貴，如果久病，医護費更是个無底洞。还有錢剩下的話，我想

(一)用在我的作品上，例如請高手譯，沒出版的出版，如關於林彪的一篇英文的，雖然早已明日黃花。(「小團圓」小說要銷毀。)這些我沒細想，過天再說了。

(二)給你们俩買点東西留念。

即使有較多的錢剩下，也不想立基金會作紀念。杜式同答應做executor。他本来是土木工程師，因为此地不景气，要回大陸發展。他太太是日本人，不去，还住在這裏，他預備兩頭跑。Notary Public說还要我親自拿到州政府去登記。打听到登記文件處，去了又說只管合约等，遺囑要到一个法院登記。去了又說只能代保管，不需要登記。害我白跑了一天。寄来請你们代保存，我只留副本。KD本来叫我在授权書上添寫中文譯文，我告訴他notary public不讓加中文，如果法律上有問題，就請擱置，我不想为這些事去麻煩柯靈。他回信說律師說要我拿到中共大使館去簽證，如果我不去，那就擱置。我这就寫信去請他擱下这事。白忙一場，还給他寫了許多信。上次去回信箱，郵局把一張掛号信通知單夾在一大捆報紙裏。太重，綁同檢視了更不好拿，所以回来才發現。單子上不寫來源地名。明天去寄这封掛号信，順便領取，如果是你们寄版稅支票来，我就在信封背面添兩个字。免得在郵局封信，常黏不牢，廉价信封膠水少。我这一向很好。你们俩可都好多了？

Eileen

二月廿五

莊信正寄剪報来。我覺得有照片的一本新書需要添上有份量的東西，就是怕人說「出寫真集」，水晶倒已經說了。

又及

張愛玲致鄺文美、宋淇1992.3.12

前兩天大概因為在寫過去的事勾起回憶，又在腦子裏向Mae解釋些事，（隔了這些年，還是只要是腦子裏的大段獨白，永遠是對Mae說的。以前也從來沒第二個人可告訴。我姑姑說我事無大小都不必要地secretive〔遮遮掩掩〕。）倒就收到Mae的信。你們這張照片真自然，兩人都是歷險後重聚的喜悅中帶點驚喜的神情，非常感動人，又都還是從前那樣，連Mae那件襯衫都瀟洒宜人。知道Stephen咯血的原因就又放心了。不過實在麻煩，時刻要防打噴嚏真磨人。收到信就不要回信了，有事頂多寫個便條。

〔……〕

中國人內大概是我最不思鄉。要能旅行也要到沒去過的地方，這話也跟你們說過不止一次。

宋淇1992.4.3

連接二月廿五、（有附件）三月十二、（有照片）長信、三月十三日航簡。一直無法提起精神來作覆，身體總是說不出來的不舒坦，可能一小半是清明時節的陰雨天氣，另外則是服的利尿劑不能發揮作用，以致手、腳指尖端腫痛。昨天總算去看了醫生，他認為情形不算太嚴重，有此傾向不足為異，因人老了，退化了，心肺功能打了折扣。不必去花錢作檢查，查出來結果如是positive〔呈陽性反應〕，又不能返老還童？經過醫生的開導和自己看一遍醫書，現在先從生活習慣、飲食上採取補救之方。心倒反而定了。

鄺文美1992.4.6

接連收到來信，還附有你的遺囑和近影，看了又看，心裏百感交集，無數的話不知從何說起。尤其令我感動的是：我們暌別多年，至今你還把我視為傾訴的對象，在腦子裏頻頻解釋許多事情……真不可思議！語云：「海外存知己，天涯若比鄰」[75]，這是又一明證。

我長期為（別人和自己的）病痛所苦，逐漸失去表達心意的能力，很少寫信，可是始終珍視你這份深厚的交情。現在趕著到郵局去，草此遙祝平安快樂！

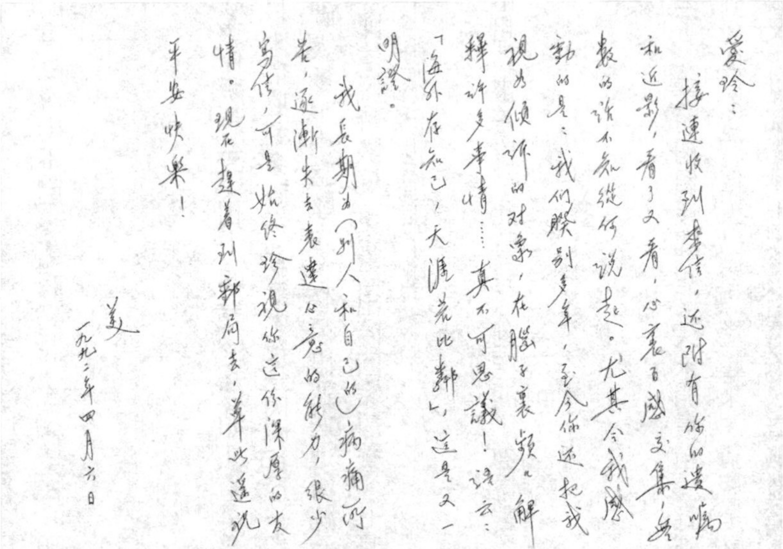

愛玲：

接連收到來信，還附有你的遺囑和近影，看了又看，心裏百感交集，無數的話不知從何說起。尤其令我感動的是：我們暌別多年，至今你還把我視為傾訴的對象，在腦子裏頻頻解釋許多事情……真不可思議！語云：「海外存知己，天涯若比鄰」，這是又一明證。

我長期為（別人和自己的）病痛所苦，逐漸失去表達心意的能力，很少寫信，可是始終珍視你這份深厚的交情。現在趕著到郵局去，草此遙祝平安快樂！

美

一九九二年四月六日

張愛玲致鄺文美、宋淇1992.6.27

ＬＡ暴動我倒沒受影響，但是接連許多不相干的事故層出不窮，牙齒又要root canal〔牙根管治療〕，等定下來再寫信。

鄺文美1992.8.20

前些日子ＬＡ〔洛杉磯〕的地震、暴動……和許多你所謂「不相干的事故」（如牙齒需要root canal之類）都引起我們深切的關懷。六月廿七日來信收到多時，遲遲未覆是因為Stephen又病了。這次的呼吸系統疾病（氧氣不足、二氧化碳太多）相當駭人，必須儘速送進醫院治療，在Intensive Care Unit〔深切治療部〕住了好一陣才脫離險境，現已出院回家靜養。七月廿九日至八月十一日元琳和以朗曾返港小住，帶來了安慰，但也增加了壓力。

〔……〕

我由於連日奔波煩慮，身心俱瘁，到今天還提不起勁來答覆。此時有片刻空閒，匆塗數語相告。誼屬知心好友，相信你一定會諒解。

張愛玲致鄺文美1992.9.29

我這些時因為麻煩層出不窮，（加州身份證也丟了，幸而補領沒問題）久未開信箱，直到今天才拿到你寄到郵局的兩封信。本來這些時沒收到Stephen的信，已經恐慌起來。猜著是又病了進醫院，就怕你又要百忙中偷空寫信告訴我，我又一點都幫不上忙，白著急，毫無益處。

我至今仍舊事無大小，一發生就在腦子裏不嫌囉唆一一對你訴說，睽別幾十年還這樣，很難使人相信，那是因為我跟人接觸少，（just enough to know how different you are〔可知你如何與眾不同〕）。在我，你已經是我生平唯一的一個confidante〔知己〕了。以前看見你們的情形就像是昨天的事，所以我倒是真能明瞭Stephen一病了你多辛苦，何況你自己也病著還沒復原。在這當口要你寫兩封信來，再加上Stephen病中附筆，又還要你轉稿子，給陳皪華寫信，我實在良心上過不去，很難受。

〔……〕

來信還是寄到我寓所好，但是目前請不要再寫信。也是真不需要，我總覺得我就在你旁邊。

鄺文美1993.3.10

你秋間來信已收閱多時，我一直放在手邊，前前後後不知看了多少遍。想不到睽別幾十年後，你依然把我視作生平唯一知己，我怎不深受感動？祇因你再三叮囑不必覆信，而我的確被Stephen的病攪得失魂落魄，連一封短函都寫不成，才緘默至今……太不近人情了，但是我知道你會諒解的。目前他仍在醫院裏，因為這次的肺炎來勢洶洶，需要特別艱辛的奮鬥。他病了幾十年（屈指算來，已逾半個世紀，信不信由你！），我從來沒有像今天那麼疲累煩愁，一切你可以想像得出。

半年前你說自己「麻煩層出不窮」，現在是否有了好轉？念甚。

鄺文美1993.4.14

去秋收到你的信，那時你剛聽到Stephen患病的消息，再三囑咐不必覆信，我就遵命緘默了好久。今春他再度為呼吸衰竭症（respiratory failure）所苦，且陷入半昏迷狀態，須召救護車送院急救，在深切治療部住了一陣，現已出院回家繼續靜養，終日依賴氧氣設備過日子。

〔……〕

這些年來你一直把我視為生平知己，我深受感動！其實我腦子裏也有許多話要對你說，只苦於無從表達。Stephen連年多病，我從來沒有像目前這麼勞累憂惶，實在沒法靜心寫信。附上書籤一枚聊表思念之忱，並遙祝平安。

張愛玲致鄺文美1993.4.25

此地自冬徂春天氣反常得厲害，我三次感冒每次快一個月，沒去開樓下信箱，所以你兩次來信都一直沒回音，害你惦念。最近剛好，腸胃老毛病又加劇。久未敷藥，又腳腫得嚇死人。因為no news is good news〔沒消息就是好消息〕，收到你的信簡直不敢拆。終於看了，已經幾乎如釋重負。正要寫信給你還沒寫，倒又收到你第二封信，更恐懼了。

〔……〕

我還是小事故層出不窮，一步一跸。例如一直這些年來函購埃及草藥的三藩市一爿店遷往加州內陸，改用有標籤的雙重塑膠袋，太燜，不像原來的棕色紙袋透氣，就出蟲——本地有的一種臭蟲大的小蟑螂。（草藥原產地只五〇年間有過一次有小霉蟲，還是二次大戰阻隔滯銷的結果。）大概是換袋裝時混入。這公寓嚴防帶進蟑螂。我趕緊再去訂購，請他們還照從前用紙袋。如果換裝塑膠袋已久，就要曝曬翻攪，又值霖雨。——我此刻才想起來，那是小霉蟲，蟑螂曬了未必有效。——等收到沒蟲的，才能夠扔掉現有的。我在腦子裏絮絮告訴你的就是這一類的事，你不會怪我不寫信講這些。另外有樁事要麻煩你，跟以前托Stephen的完全不同，只想把下次的版稅暫時寄放在你們的銀行戶頭裏半年多。夏天收皇冠的支票就背書付給你，掛號寄來。你先擱著，等需要到銀行去的時候再順便存入，千萬不要特為來信說收到了。冬天或明年開春起，分兩次全部寄給我。如果存入銀行要換港幣，再換美金，漲跌都沒關係。今後一兩個月內請寫個小紙條告訴我是否可行，用我附寄來的信封寄給我。——一看見你寫的信封我都心酸，想著你身心俱疲，亂糟糟的時候還要去找出我的住址抄寫。好像這樣顧惜你，倒又出爾反爾，再給你加點負擔，真是the last straw〔壓垮駱駝的最後一根稻草〕，尤其你自己也還沒痊癒，這次照應Stephen怕支持不了。我這時候還要求這樣那樣，實在說不出口。——不是沒想過別的辦法。

鄺文美1993.6.17

來信已接閱多天，收到時家裏特別忙亂，Stephen出院後一直在靜養，至今仍須依賴氧氣設備度日。幸而我們早已添置了Oxygen concentrator〔製氧機〕和Oximeter〔血氧測量器〕，否則不知怎麼辦?!他尚未康復，「阿妹」（四十餘年前我們從上海帶來的寧波傭人，你也許還記得）也病了，四月底動過割痔手術，需要休養一段時期，目前情況堪稱滿意。如此，我別無選擇，唯有硬著頭皮應付一下。好在天無絕人之路，現在我總算學會了一些治家的小技能——包括獨自上街買餸，而且不以為苦。你聞悉當會一笑。

你的感冒、腸胃毛病……甚至蟲患等等「小事故」，想來都已成為過去。無論如何，切盼善自珍攝為要。在這麼些年之後，你還肯在腦子裏絮絮告訴我各種生活瑣事，可見得我們的友情的確經得起時間考驗，值得珍惜。至於版稅暫時寄放在我們的銀行戶口，當然沒有問題，一點不麻煩。只要你說明幾時寄還，我自會照辦。

我總覺得自己的腦子日漸生鏽似的，連寫封簡單的信都不容易，還有許多話只能留待以後再談。

P. S. Stephen附筆問安。他的筆頭比我更懶，奈何！不過我可以告訴你，他雖然飽受疾病折磨，仍能心平氣和地接受事實，而且對我非常體貼。請放心。

張愛玲致鄺文美1993.7.1

上次匆匆趕寫了一封已經耽擱太久的信給你，寄出後漸漸覺得我實在太自私得不近人情，你在水深火熱中還要你替我做事，自己心裏過不去，許多天來喉嚨裏都像咽了塊火炭。我對Stephen的病完全鴕鳥政策，那是因為我對自己一直是個over-protective parent〔過分溺愛的家長〕，總想給自己減輕痛苦和壓力。收到你六月十七的信，雖然還沒出險，我已經高興到極點了。他一蘇醒過來，你知道他多麼體貼你扶病辛勞的苦楚，也就是最大的安慰。阿妹給我的印象很深，尤其是六二年她學會幫你換紗布，免得Stephen天天上醫院換dressing（傷口的敷料）。我一直覺得她是個相當可愛的小女人，想著她會不會結了婚走了，又少一個幫手。沒敢問，怕引起你傷感，因為她大概是太愛你們倆，你們需要她所以不走，你也許覺得對不起她。你現在自己買菜！香港的菜市我如在目前。

鄺文美1993.7.28

我沒有早些覆信告訴你，是因為這一陣親友莅港者眾，很忙、很亂、很累……自己的腦子不聽使喚，寄封簡單的信都變成難事，奈何！然而我身邊那些繁瑣事務與你完全無關，懇求你不要引咎自責——上次讀到你「……許多天來喉嚨裏都像咽了塊火炭」之句，我難過極了。那是「冤枉」呀！像你我這樣的知心好友天下少有，我還需要解釋嗎？

你健康情況如何？常在念中。Stephen好些了，盼釋念。我上星期接受過半年一次的例行覆檢，順利過了關，堪以告慰。還有許多話，今天來不及寫，以後再談。先附上一些剪報博你一粲。

鄺文美1993.9.20

前些日子接閱七月一日來信，深受感動。在隔別三四十年之後，你我仍是知心好友，多麼難得！

〔……〕

在報上讀到大陸作家蘇童推薦你的〈傾城之戀〉為十大好書之一，我也把特稿剪下寄給你看。……可是不知怎的，至今尚未獲得任何反應，我不免懸懸於心。不知你近況如何？身體好嗎？見字切盼給個回音，簡短一點也無妨，好讓Stephen和我稍釋遠念。他仍虛弱，幾乎一天廿四小時，依賴氧氣設備度日。我心情欠佳，恕不多寫。

張愛玲致鄺文美1993.10.17

我寫了長信給ＫＤ詳細解釋，他來了兩封回信，我這些時一直收到信只拆看賬單，他的信跟志清莊信正各有兩封信都迄未開拆。想著你不是等回信，就沒寫，同時也是怕寫了你又要騰出時間來回信。我自己是要我再額外多花點時間就像割肉一樣心疼，何況你在目前的情形下，真是有片刻空閒，就只坐在Stephen床前相伴也好。沒想到不久又收到你第二封信。你看了我那封信感動，我當然感到滿足，又覺心酸，想著你也是因為一種茫茫無助的心情。沒人知道你們關係之深。兩人剛巧都是真獨一無二的，each in your own way, & complement each other〔性格各異而又互相補足〕，所以像連體嬰一樣。我旁觀都心悸。但是你這封信簡直是個letter bomb〔信件炸彈〕，擱了三天，忙完了許多雜務後酣睡飽餐，乘精神最足的時候壯著膽子硬著頭皮啟封，先瞥見一角影印剪報的背面，馬上放了心。

鄺文美1993.11.15

這次我不立即覆信，免得太頻密的「信件炸彈」把你嚇壞。事實上，我沒有太多空閒，而且腦筋漸趨遲鈍，要多寫也不容易。Stephen的情況沒有多大改變，至今仍舊日夜離不開氧氣設施，對我們的忍耐力是極嚴峻的考驗。日子就這樣悄悄地溜走了。他看了你的信，反應同我一樣：「這世界上再也沒有別人像愛玲那麼了解我們！」你知道了會心酸，也會得到一絲滿足感吧？

剛收到十一月份的《皇冠》雜誌，掀開來見到你的新作《對照記》——看老照相簿，圖文並茂，令人心折。以這樣的姿態出現，太巧妙了！對我說來，尤其意味深長，引起不少亦甜亦酸的回憶。你我都是愛看舊照片的人，剎那間，我恍惚回到五十年代的北角去了。餘言盡在不言中。

張愛玲致鄺文美1994.1.14

收到信知道你們倆這一向都好，高興到極點。

鄺文美1994.1.23

本月十七日忽聞南加州發生六點六級嚴重地震，Stephen和我自然立刻想到你，萬分牽掛！安危大概沒有問題吧，但是聽說部分地區水電供應一再中斷，日常生活必受影響……如何是好？我們苦於無從查詢，因為連你家的電話號碼都不知道，祇能焦急地繼續等待你的消息。

〔……〕

見字切盼寄封平安信，好讓我們稍紓遠念。並祈善自保重，至要至要。

鄺文美1994.1.28

近況如何？不勝繫念！自從聽到十七日洛杉磯大地震，我們一直在苦候你的消息；但是天災之後，郵務混亂、信件積壓是意料中事，急也沒用。一月廿三日我寄信給你後不久，曾收到你的一封短信，不過拆閱見到寫信日期是一月十四日——地震前三天，恍如隔世，後來如何？仍不知道。只好繼續靜候。

你素知我的性格，平時心情可算穩定，這次如此緊張，或許是受了外界傳媒的影響吧。例如：現在附一段剪報給你看看。你想，我讀了〈名城劫後：洛杉磯大地震滿目瘡痍〉這種報導，怎不牽腸掛肚，恨不得快些得到你的音訊，確知你安全無恙?!盼速寄數語，慰我思念。

P.S. Stephen仍不適，祇能附筆問好。

鄺文美1994.2.1

週末前寫了封信，求你速寄佳音以解懸念。這片誠意果然得到了回響。今晨接獲電報，確知你沒有蒙受天災之累。我們都舒了口氣，滿懷感謝！

鄺文美1994.2.22

自從地震以來，除了兩封電報之外，迄未收到片言隻字，不知你究竟如何？念甚！

Stephen的健康情況依然欠佳，我日坐愁城，提不起勁寫信，你一定會諒解。

張愛玲致鄺文美1994.2.22

我真運氣地震沒受影響，只斷電約十小時。過天再詳談。

〔……〕

我昨天打電報來說二月一日的信迄未收到，那張五千美元的支票寄丟了。此地郵政壞，但是地震後也只聽ＴＶ上說災區郵局排隊領福利或退休金月費，別處似乎郵遞照常。收到二月三日信後隔了幾天還沒收到上一封信，我就擔心是寄丟了。但還是要多等幾天，寧可risk（冒險）被人冒領了去。萬一讓你白跑一趟銀行去掛失。（請扣掉掛失費，算個大約的數目）你除了忙Stephen需要氧氣等等，還有無數的事要做。好容易有片刻空閒，即使兩人都累得不想說話，也就是一種享受了。倒又要出去替我辦差。我一想著就像吝嗇的人被迫花錢一樣心痛。

〔……〕

上次看到Stephen的親筆信真高興極了。

鄺文美1994.2.25

近日非但我家病痛陰影重重，連遠近親友都病訊頻仍，弄得我情緒低落，沒法靜心筆談。時已夜深，不管還有多少話想傾訴，也祇能留待下次再說吧。

希望你那裏一切好轉。等著你的消息。

鄺文美1994.2.28

這次我們的信又在太平洋上空交錯而過，那天我剛把二月廿五日的信（內附有關掛失支票的影印本）寄出，祇隔了幾小時就接獲你廿二日寫的兩大頁。

〔……〕

Stephen和我反覆細閱，不免百感交集。地震的影響不算太壞，倒是牙患累得你好慘，這一點我非常同情，因為最近也在光顧牙醫。

張愛玲致鄺文美1994.3.5

我前幾天寫信來，匆忙中只顧到交代我忙些什麼，（我的信永遠這樣）地震若無其事，使人納悶是怎麼回事。地震在西北郊區——北嶺與西谷——市區只有我住的西城（Westside）有兩處房屋破損——一個學校長期停課，一家醫院evacuate〔疏散〕病人。我公寓房子裏有幾家牆裂。我就只廚房日光燈罩——一長條塑膠板——掉在地下沒破。林式同住得不遠，就被拋擲，說：「我像一隻麻雀一樣在房間裏跳來跳去，」在黑暗中頭上撞傷了一塊；玻璃窗破了。政府機關一直照常開門，只次日勒令所有的店鋪停業一天，減輕塞車。此前不久還有一次較小的地震，中心在我附近濱海小城Santa Monica，離岸不遠的海洋中。因為離得近，反而震得更厲害。前一天我忽然無故想起有一種罐頭可以買來預防地震，沒水沒火也能吃——如罐頭湯就不行。在這之前兩三個星期又有一次預感應驗。

〔……〕

你說這一向連親友都有病痛，又更忙，我太知道這種everything happens at once〔所有事都一起發生〕的情形。本來想著你除了擔憂Stephen，自己也還沒好全。看信上你忙著看牙齒，反而如釋重負，感到輕鬆了些。我牙齒問題還沒解決，皮膚病倒又侵入耳朵，正是我一直在拼命防止的事。

張愛玲致鄺文美1994.3.18

祝你們倆都好。阿妹可好些，用不著你自己去買菜了？

鄺文美1994.3.21

三月五日（描述你一月十七日經歷大地震的切身感受）的長信和三月十一日的郵簡已先後收到。我曾反覆細閱，卻沒有早些作答，是因為近日周圍的病痛陰影越來越濃，我心情很壞，總沒法凝神執筆——儘管心裏有千言萬語恨不得向生平知己傾訴。

今天匆匆塗此短函，是因為剛聽到電視新聞報導，得悉ＬＡ又發生地震，雖然僅屬五點三級的「餘波」，但也夠駭人的。總之，是一種揮之不去的精神威脅，對嗎？Stephen和我惦念著你，特此寄語壓驚，遙祝平安。

鄺文美1994.4.12

上次（三月廿一日）寫信後不久，曾接閱你三月十八日的短函，一直想快些答覆，可是Stephen和我不爭氣，又輪流抱恙，到今天才好些。他的病歷太複雜，無從說起，這幾十年來不知經歷過多少挫折危難，幸而命中注定常遇良醫貴人，一次又一次的助他安度險關。現在最壞的時期已經過去，我才定得下心來塗寫幾句告訴你。

我自己的病不礙事，祇是極度勞累煩愁所引致的嚴重感冒——不過寒熱頗高，嗓音嘶啞，我很怕傳染給Stephen和「阿妹」，份外覺得難以應付而已。

張愛玲致鄺文美1994.4.23

收到四月十二日信，知道幸遇良醫，the worst is over〔最壞的情況已過去〕，我真快樂到極點。你除了看牙齒原來也病了，雖不嚴重，好了也真是快事，不然要照應Stephen都難。阿妹可也復原了？

張愛玲致鄺文美1994.5.5

ＴＶ新聞上說有個醫學統計，禱告病愈的比不禱告的多許多。參預統計的醫生顧到聲名事業，不發表姓名，免受攻擊。腦筋的功能還有大片unmapped〔未經探索的〕部份，所以會有精神影響物質的奇蹟。我覺得祈禱可能有效。不信宗教無法祈禱，不然一定天天禱告Stephen快點好。

鄺文美1994.5.27

自從收到你四月底開始寫、五月十日病癒後才寄出的掛號信（內附那張早已報失的美金五千元支票，手續已清，毫無問題），看了好幾遍，天天想和你筆談，可是不知怎的，總有意想不到的煩擾，以致一再拖宕，心願難償。這種阻滯所帶來的況味，說也說不清。好在你是明白人，毋需多解釋什麼，自會體諒我的處境。

偶然閱報，讀到一些你會感到興趣的新聞——例如有關〈紅玫瑰與白玫瑰〉在上海拍攝的報導之類——我曾不止一次用印刷品方式把剪報寄上，至少讓你知道我時常念著你。前天Stephen還催我把《明報》副刊（其中有〈張愛玲影集〉一文）整頁寄來，讓你領畧一下香港目前的文化動態。不知你收閱後會有什麼感想？我覺得一九九七的陰影越來越濃，我們滯留於此的「邊緣人」心態都不大正常似的，開始對自己的判斷力失去信心……這是很不好的現象，但活在這時代，大家可憐而無奈，除了啞忍之外，還有什麼辦法？

本月份的《號外》雜誌以你的照片（就是一九五四年我陪你往蘭心照相館拍攝的那一張）為封面，裏面刊載著一些介紹《對照記》的資料，想來皇冠出版社一定已經直接郵寄給你。有一天我上街幹雜差，在天星碼頭的報攤上購得一冊，如獲至寶，帶回家與Stephen共賞。時光如流，四十年就這樣溜走了。此次重睹舊物，又勾起不少回憶，心情久久不能平伏。

來信末段提及祈禱——深得吾心。自一九五八年Stephen患病以來，他和我都成了天主教徒。他雖然難得有機會參加彌撒，但心中有了信仰，急起來自會禱告求福。我則每週必望彌撒，即使沒事，獨自在聖堂裏默禱，也獲益良多。這是我們的解救。

張愛玲致鄺文美1994.8.31

九七大限當前，還有更大的忙亂。我每次看到香港的消息都覺得恍惚，像有double vision〔複視〕疊印在九七前後的景象上。

鄺文美1994.9.3

近況如何？不勝繫念！五月底寫信給你後，迄無回音……日子過得飛快，轉眼已進入九月份，我見到日曆，不免有點心慌。希望你收到這封短信後，無論如何給個回音，好讓我們放心。Stephen和我仍算「粗安」，在目前情形下，眼看周圍的人非病即愁，而我們還能苦中作樂，享受這種閒適生活，該滿足了。

〔……〕

上星期我曾患感冒，自己服藥治癒了（幸而沒有傳染給Stephen），不過現在仍覺虛弱。今天先把一疊剪報寄上，相信你一定喜歡看看。

鄺文美1994.9.6

這次我們的信又在太平洋上交錯而過！前些日子我因為好久得不到你的消息，十分掛念。上星期六塗了封短信，並附上剪報一束，匆匆寄出……誰知過了週末，郵差恢復派信，就收到你八月卅一日的掛號信。細讀再三，感慨萬端，卻不知從何說起！你眼睛、皮膚……方面的不適，是夠惱人的，我感同身受，但畢竟遠隔重洋，愛莫能助……

鄺文美1994.9.18

本月初旬，我因為好久沒有你的音訊，縈念不置，寄過一封短信致意問好——誰知竟和你八月三十一日的掛號長函（內附大小支票共五張）交錯而過！細閱你的信後，我又感動又慚愧，連忙匆塗數語寄出讓你放心。還有許多話一直想補充的，卻由於身邊瑣務繁雜，而且屢聞親友的病訊（近年患癌者何其多！），心情很壞，自己覺得腦子生鏽似的，不聽使喚，寫信變成了難事……否則怎會一再拖延，到今天才動筆呢？

〔……〕

Stephen的情況和前些日子差不多。我們都學會接受現實，能夠苦中作樂，請放心。

張愛玲致鄺文美1994.10.3

九七前你們離開香港，我也要結束香港的銀行戶頭，改在新加坡開個戶頭，無法再請你代理，非得自己在當地。既然明年夏天要搬家，不如就搬到新加坡，早點把錢移去，也免得到臨時的混亂中又給你們添一樁麻煩事。不犯著搬到美西南，剛安頓下來倒又要出國，也沒這份精力。我對新加坡一直有好感，因為他們的法治精神。當然真去了也未必喜歡，不過我對大城市向不挑剔。熱帶蟲更多，希望能住新房子，好些。也許你可以代問你們醫生可知道那邊有沒有好醫生。認識一個就可以請他介紹膚科與牙醫。

宋淇1994.10.11

接到十月三日來信，閱後不勝詫異，因誤會大而深，不得不親筆澄清。我們從來沒有打算因九七來臨而離開香港，現在還是沒有，將來也不會後悔。我們已七老八十，病體支離，絕無心無力作他移之想。我勉強可走到廁所和客廳，但都得用氧氣管插入鼻尖——廿四小時全天候。一切天主自有安排，中國人說聽天由命，可以概括我們的想法。

在此期間，我們努力把日子過得舒適一些，吃得好，睡得好一些，廿四小時平安渡過，就算又「賺」了一天，如此而已。

關於癌，我一直在設法瞭解，作了一些閱讀——人類的大敵大概十八世紀是天花，十九世紀是肺癆。二十世紀就是癌了，到現在還找不到一個統一的解釋。妥善的、完整的治療恐怕要等到下一世紀了——好在它不是傳染性的。草草數行以示故人無恙。

鄺文美1994.10.12

等待多時的信終於來了，正如我們所擔心的，你又病過，而且屢次反覆，真叫人掛慮！好在現時正日漸康復，至少可以寫三頁長信了。我們才稍微放心。

Stephen又病，說來話長，今天沒法細訴。但他塗寫了一頁，讓你略知近況。

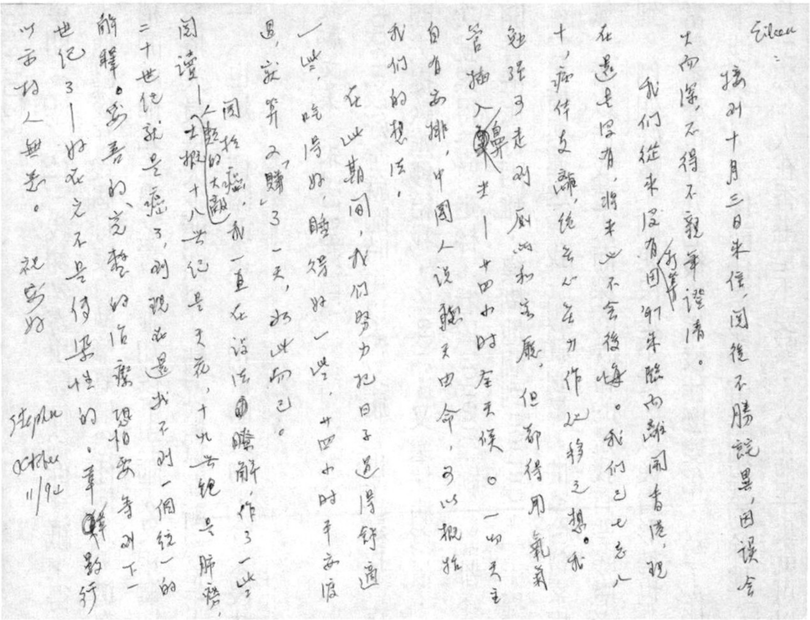

Eileen：
接到十月三日來信，閱後不勝詫異，因誤會太而深，不得不親筆澄清。
我們從來沒有因(何等)而離開香港，現在過去沒有，將來也不會後悔。我們已七老八十，病体支離，絕無心無力作此移之想。我勉強可走到廚房和客廳，但都得用氧氣管插入鼻子二十四小時全天候。一切天主自有安排，中國人說聽天由命，可以概括我們的想法，
在此期間，我們努力把日子過得舒適一些，吃得好，睡得好一些，廿四小時平安渡過，就算又賺了一天，如此而已。
關於癌，我一直在設法瞭解，作了一些閱讀——大概人類的大敵十八世紀是天花，十九世紀是肺癆，二十世紀就是癌了，到現在還找不到一個統一的解釋。完善的、完整的治療恐怕要等到下一世紀了——好在這不是傳染性的，幸[illegible]行以后的人無恙。
祝安好
Stephen
Mae
11/94

鄺文美1994.10.22

上星期（10／12）我匆匆寄掛號信給你，衹來得及塗一紙短柬……幸而Stephen幫忙寫了一頁——他已經好幾個月沒有執筆寫信給任何人，這次破例塗了幾行，也可算大事一樁！我本來預備稍閒就補充未盡之言，誰知接下去兩人又相繼抱恙。他舊患作祟，在家裏動了小手術，目前由醫療人員每天上門照料，情況總算漸漸穩定下來了。我則弄出了新花樣，醫生診斷為「痛風」（也是一種關節炎），相當磨人的，今天沒法細說。

張愛玲致鄺文美、宋淇1994.11.7

Stephen沒好全就隨時可以會又病，也正是我一直惴惴期待著的意中事。Mae也病著，還要趕時間去提款匯錢給我，Stephen又還扶病寫信，我實在真於心不安。我自己只要接連簽字四五次就累得筆跡走樣，看Stephen筆跡一點都不變，更覺得珍異心酸。我本來一直擔心你們離開香港旅行困難，模糊地想到portable〔手提〕氧氣，輪椅上飛機等等，這次搬家的logistics〔籌措與運送〕我一想就頭暈，怕Mae會累病了，Stephen也會病情加重。不搬我倒鬆了口氣。所以造成這大而深的誤會的是我有些顧慮老沒提起，認為是多餘的話，因為你們不會沒想到。例如好醫生即使決定不走，以後看形勢也許還是要走。不走，也可能會應召去專治政要。當然香港也許九七後幾年沒什麼變化，為了作榜樣給台灣看。但是Clinton〔柯林頓〕明言不干涉攻台，不像前任還多少留點迴旋的餘地。亮起綠燈，九六年攻台也許不僅只是恫嚇。我甚至想，人在香港是不要緊，人在他手裏就可以設法要別處的錢。這些你們一定早都慮到，不過是權衡priorities〔優先順序〕作不得已的抉擇。我說了也還是覺得是多餘的。

鄺文美1994.11.16

翹盼多時的訊息終於來了，正如我們所不想聽到的，你的緘默仍是為了一個「病」字。好在較壞的階段已成為過去，一切逐漸恢復正常。Stephen的健康狀況仍舊時好時壞，這怪病根本無從說起，連每晨上門照料他的那些社康護士都認為「罕見」。好在天主垂憐，屢次遇到貴人，臨危得救，過了一關又一關。他原本對宗教存有抗拒之心，慢慢也想通了，急起來照樣會虔誠祈禱，在我看來，這是最大的福氣。我自己的健康還過得去，一切小毛小病不提也罷。可以向你告慰的是：我們已學會接受事實，安於現狀，能夠心平氣和地過日子，切盼摯友釋念。

欣聞你榮獲《中國時報》的「特別成就獎」，我們很高興！

張愛玲致鄺文美1994.12.8

Mae的關節炎有沒影響到手指的運用等等？能撐著就好，不過撐著的味道真不好受。

Stephen可好些了？

宋淇1994.12.23

好久沒有執筆作書。

接你十二月八日來信，甚慰。我身體能夠保持穩定，過得一天便是多賺了一天，能有這種想法便是健康之道。其餘各事，文美會另外告知。

〔……〕

我們現在的想法是兩人病後餘生，今後的日子全是撿來的，能活到一九九七看看固然值得，否則也無所謂，鏡花水月，只要有信心，天那頭有人在等我們[76]。你的事一定會替你辦好，放心好了。

〈紅玫瑰與白玫瑰〉電影版權前幾年確已賣掉，由皇冠香港分公司經手，合同上有你我兩人的簽字，不必再追問，俟我查到後再通知你[77]。到了我這年歲，加以久病，記憶衰退，無可奈何。祝安好。

鄺文美1994.12.24

接閱八日來信已逾一周，細讀多遍，總想好好作覆；可是近日俗務太繁，再加上Stephen和我又輪流不適，擾得我心煩透了，根本沒法執筆。結果還是他體諒我的處境，自告奮勇的破例塗了這麼兩大頁細述自己的想法。你看了當會略知我們目前的心態。

張愛玲致鄺文美、宋淇1995.3.4

我記性壞得會忘記〈紅玫瑰與白玫瑰〉賣過電影版權，害Stephen力疾寫信來告訴我，我真內疚。

鄺文美1995.3.16

一直在等待你的消息。「牽腸掛肚」之類的字眼都難以形容我們的心態——尤其近日聽說加州豪雨成災，甚至演變成為洪患……更添思念之情。前幾天終於盼到了你三月四日的航簡；可惜你仍不適。耳朵發炎，極不好受。我們愛莫能助，唯有默默代禱，祈盼早日康復。

暫時我沒法靜心寫信，因為Roland（「朗朗」）忽然返港公幹（去年感恩節前後也來過一次）住在家裏，雖然前後只不過五天，我們這寧靜的小窩就秩序亂了，現在匆匆塗幾句，附寄剪報，等後天他動身返回紐約後，我會儘早再寫。

張愛玲致鄺文美、宋淇1995.4.27

收到Mae三月十六日信後一直忙累得無法寫信，非常惦記你們這一兩個月來可好。Roland的名字真好。我特別喜歡中世紀。膚科醫生叫我去看眼耳鼻喉科，但還是需要傾全力自救，過天再細說了。

張愛玲致鄺文美1995.5.5

昨天去郵局，收到《中時》獎金，匆匆裝入預先寫好的信內，掛號寄出，忘了支票背書。只好請等下次有便的時候再去掛號寄還，不忙，千祈不要特為去郵局，增加我的內疚。我想買日圓是長期的打算，毫無時間性質。信內附寄來的其他四張版稅支票也請先擱在那裏不要存入銀行，以後一併處理。總想讓你少跑兩趟，真是從何說起。昨天在郵局拆信，沒剪刀，只好把信封stapled〔釘好的〕的一端撕掉一窄條，不料竟把支票撕掉一小角。請不要黏補，讓我自己來。——這些時一直老惦記著你和Stephen這一兩個月來可好。

鄺文美1995.5.17

Stephen和我讀到你信上：「一直忙累得無法寫信……」之句，不免心疼。你說：「膚科醫生叫我去看耳鼻喉科，但還是需要傾全力自救」，究竟是怎麼回事？我們等著下次的消息，且看有什麼進展。

張愛玲致鄺文美1995.5.21

我目前一天十三小時照日光燈——家用的日光燈照十分鐘要半個多鐘頭，（它需要五分鐘暖身，廿分鐘冷卻）又只照一小塊地方，座位調整得不大對就照不到——接連多天睡眠不足，以致於忘了背書支票。越是怕讓你多跑，越是害人。你這麼快就給寄回來，我真guilty〔內疚〕到極點。現在此地郵局索性星期六關門，要等星期一再去寄還。

〔……〕

另附寄來$300付各種雜費。

鄺文美1995.5.26

來信另附US$300支票（抬頭寫我的名字），你囑咐用來支付各種雜費。其實那有什麼雜費？我覺得受之有愧。你我相識四十餘年，情同姊妹，我樂於替你做些小差使，你又何必放在心上？原想退還，又怕由此令你不安。這次姑且靦顏接納，言明下不為例，好嗎？

鄺文美1995.6.20

自從寄出五月廿六日的信，Stephen和我一直在等待你的回音，可是到今天還未接到片言隻字。牽掛之情實非筆墨所能形容！我們擔心你或者健康欠佳（前一封信說起「一天十三小時照日光燈」，是怎麼回事？……或者情緒低落……或者忙著找房子預備搬家？……還是另有原因？

張愛玲致鄺文美、宋淇1995.7.25[78]

前信說過皮膚病又更惡化，藥日久失靈，只有日光燈有點效力。是我實在無奈才想起來，建議試試看。醫生不大贊成，只說了聲「要天天照才有用。」天天去tanning salon（日光浴店）很累，要走路，但是只有這一家高級乾淨，另一家公車直達，就有fleas（跳蚤），帶了一隻回去，嚇得連夜出去扔掉衣服，不敢用車房裏的垃圾箱，出去街角的大字紙簍忽然不見了，連走幾條街，大鋼絲簍全都不翼而飛，不知道是否收了去清洗。只好違法扔在一條橫街上，回去還惴惴好幾天，不確定有沒留下fleas卵。Tanning salon天冷也開冷氣，大風吹著，又著涼病倒。決定買個家用的日光燈。現在禁售，除非附裝計時器，裝了又太貴沒人買，$600有價無市。舊的怕有fleas卵，但是連舊的都沒有。好容易找到遠郊一個小公司有售，半價，又被搞錯地址幾星期才送到。我上次信上說一天需要照射十三小時，其實足足廿三小時，因為至多半小時就要停下來擦掉眼睛裏鑽進去的小蟲，擦不掉要在水龍頭下沖洗，臉上藥沖掉了又要重敷。有一天沒做完全套工作就睡著了，醒來一隻眼睛紅腫得幾乎睜不開。沖洗掉裏面的東西就逐漸消腫。又一天去取信，揹回郵袋過重，肩上磨破了一點皮，就像鯊魚見了血似地飛越蔓延過來，團團圍住，一個多月不收口。一天天眼看著長出新肉來又蛀洞流血。本來隔幾天就剪髮，頭髮稍長就日光燈照不進去。怕短頭髮碴子落到創口內，問醫生也叫不要剪。頭髮長了更成了窠巢，直下額、鼻，一個毛孔裏一個膿包，外加長條血痕。照射了才好些。當然烤乾皮膚也只有更壞，不過是救急。這醫生「諱疾」，只替我治sunburn〔曬傷〕，怪我曬多了，正如侵入耳內就叫我看耳科，幸而耳朵裏還沒灌膿，但是以後源源不絕侵入，耳科也沒辦法。他是加大膚科主任，現在出來自己做，生意不好。替我清除耳蠟後說：「I'm glad there's something I can do to help you.」〔很高興有一些事我能幫忙〕顯然是承認無能為力。等到發得焦頭爛額，也只說：「癢是快好了，皮膚有點癢」；以為是蟲，「其實是膚屑〔skin flakes〕，我不是拿到顯微鏡下看也不相信。」他本來也同意我的青筋不是青筋，有些疤痣皺紋時來時去，也同樣是eczema〔濕疹〕的保護色。當然膚屑也有真有假。真膚屑會像沙蠅一樣叮人，crash-dive into eyes with a stab of pain.〔直插眼內造成一陣刺痛〕眼睛輕性流血已經一年多了。我終於忍無可忍換了個醫生，林式同的，驗出肩膀上ulcerated〔潰瘍發作〕，治了幾星期就收了口，臉上也至少看不大出來了。

上兩個月勞累過甚原氣大傷，常透不過氣來，傴僂著走路。希望我姑姑直不起腰來的

degenerative disease〔退化病〕不是遺傳性的。還沒空去看內科，更急需去看牙醫生與兩個眼科醫生（分工），要配新眼鏡，過街連紅綠燈都看不清楚。目前只好做局部體操硬扳過來，總比人家大病後做復健工作，像學芭蕾舞一樣扶著欄干「學步」容易。我總提醒自己Mae從前left-handed〔左撇子〕，也自己糾正過來。還沒聽說過有人做得到的。我看見此地人用左手寫字的總馬上想起Mae來。

原定七月底搬家，也沒力氣搬，幸而房東自動打電話來挽留，女傭也不用僱了。前信說仔細一調查就不想遷出加州了，其實不過是買了Phoenix & Las Vegas〔鳳凰城和拉斯維加斯〕的報紙看召租廣告，絕對沒我要的apt.〔公寓〕。Phoenix仍舊全是老房子，去了加州那麼許多人也不蓋新的，自我欣賞它古色古香的氣氛。Las Vegas擴建住宅區，著眼在「家庭」與退休老人，全是大apt.與住宅，可以養貓狗——有fleas。我的皮膚病就是在三藩市住了兩年老房子——維修得也還好——下一年去香港就告訴Mae從臉盆上染上「睫毛頭皮屑」症，那就是開始。北加州冷，沒蟲，西南二州的老房子一定有而且奇多。生活在噴射的毒霧裏也危險，還不像地震可以存僥倖之想。打電話跟林式同商量，他是土木工程師，說像我們住的房子都是木造的，（看不出）地震只開裂不倒塌，不像鋼骨和水泥大廈。又說Phoenix、Las Vegas都是冬冷夏熱，洛杉磯的氣候是獨一無二的。我要搬本來是純理性的決定，一點也不想搬，就也放棄了這念頭。

以前信上說過《對照記》另簽合同，像是賣斷，連港版都沒有，那是錯怪了皇冠。那次剛巧港版版稅單上獨缺《秧歌》、《對照記》二書。我以為《對》沒出港版，《秧》則是因為快到九七，香港不出反共小說了。但是兩個月後又補寄這兩本書的版稅來。《對》銷路並不好。看來皇冠要另簽合同不過是為了影視版權，隨時ＴＶ上要用照片不必問我。有個香港導演王家衛要拍《半生緣》片，寄了他的作品的錄影帶來。我不會操作放映器，沒買一個，無從評鑒，告訴皇冠「《半生緣》我不急於拍片，全看對方過去從影的績效，」想請他們代作個決定。不知道你們可聽見過這名字？[79]

買日圓我不過是看報上，Clinton算是不擅外交，民意測驗上他倒是外交一項獨拿高分。除了Bosnia〔波士尼亞〕太棘手，一有小國頑抗，他立即大兵壓境，只要不真打，不死一個美國人，就都滿意。動員一次所費不貲。經援墨西哥廿億美元，已付十億，現在共和黨作主的國會要扣下十億，但是北美共同市場本是以前兩個共和黨總統都主張的。雖然現在更暴露出墨西哥是個爛攤子，也不致推翻ＮＡＦＴＡ〔北美自由貿易協定〕。這樣花法，汽車工業再興旺也經不起。援俄為了本身利害也不敢吝惜。德國統一是承了前蘇聯一個大人情，但是顯然小器，援俄只科技援助居多，最近卻也出兵Bosnia。只有日本全無國外負擔。（ＷＷII賠款到底有限）雖然不景氣，政局亂，有個專欄作家說日本政商界都是中級人員(互相諮詢作決定。首長只是榮譽職性質，所以換了誰都沒多大關係。新型high-definition TV〔高解晰度電視〕原是日本領先，政府干涉過甚反而落後美國。Computers則是日本自己認輸——過不了英文這一關。美日貿易妥協了，但是沒硬性規定數目，也許還是敷衍過關，避免決裂。而美方只圖報捷，為Clinton連任造勢。根據我的相術（從一本有歷代美國總統肖像的書上看來的）Sen. Phil Gramm〔菲爾・格蘭參議員〕是下一個一任總統，改革失敗，民主黨操縱輿論掣肘。

Dole〔多爾〕還是WWII〔第二次世界大戰〕後的國際派觀點，至少在Bosnia上比Clinton更傾向出兵，大悖民意，在這一點上，也就可能敗於較孤立派的Gramm之手。九六年後如果不輕易用兵，省點錢，美元也許長期跌而不倒。似還是日圓好些。我跟我姑姑住，習慣「親兄弟，明算賬。」難得想起來寄點錢來給Mae作郵雜費車馬費，希望叫的士省點力，太累了又會病發。這一向可還好？Stephen可好些？

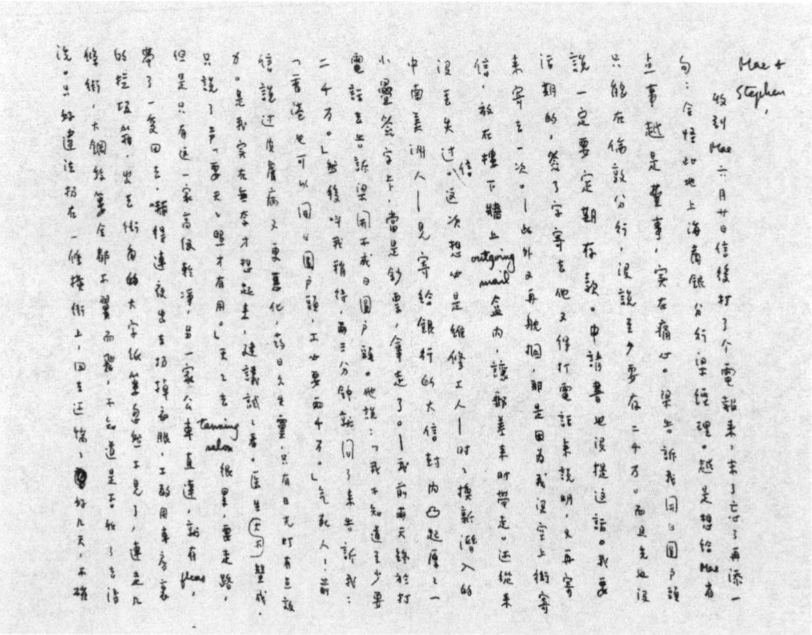

Mae + Stephen,

收到Mae六月廿日信後打了个電話來，末了忘了再添一句：全怪我地上海商銀分行梁經理。越是想給Mae省點事越是壞事，實在痛心。梁告訴我開日圓戶頭只能在倫敦分行，沒說至少要存二千万。而且先也沒說一定要定期存款。申請書也沒提這話。我要活期的，簽了字寄去他又得打電話來說明，又再寄來寄去一次。——此外又再耽擱，那是因為我沒空上街寄信，放在樓下轉上outgoing mail盒內，讓郵差來時帶走。還從來沒丟失過信。這次想也是維修工人——时、換新潛入的中南美洲人——見寄給銀行的大信封內凸起厚厚一小疊簽字卡，當是鈔票，拿走了。——我前兩天終於打電話去告訴梁開不成日圓戶頭。他說：「我不知道至少要二千万。」然後叫我稍待，兩三分鐘就問了來告訴我：「香港也可以開日圓戶頭，不也要兩千万。」氣死人！前信說過皮膚病又惡化，許日久失靈，只有日光燈有些效。是我實在無奈才想起來，建議試試看。医生(大不)贊成。只說了声「要天天照才有用。」天天去tanning salon很累，要走路。但是只有這一家高級乾淨，另一家公車直達，說有fleas，帶了一隻回去。嚇得連夜出去扔掉衣服，不敢用車子裝的垃圾箱，出去街角的大字紙簍急然不見了，連走几條街，大鐵絲簍全都不翼而飛，不知道是否做了3去治流。只好違法扔在一條橫街上，回去还惦記好几天，不確

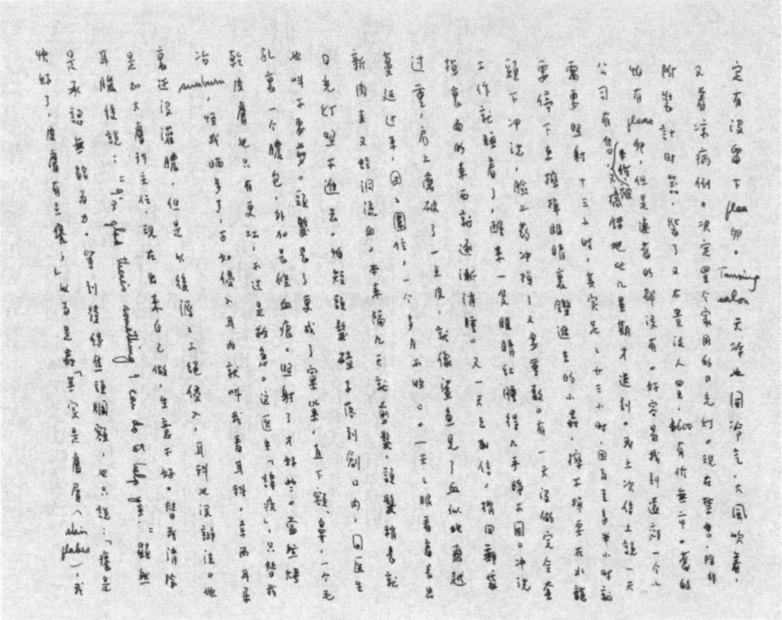

定有沒留下flea卵。Tanning salon天冷也開冷氣，大風吹着，
又着涼病倒。決定買个家用的日光燈，現在禁售，除非
附醫生証明。醫了又不靈沒人買，$600有價無市。舊的
也有flea卵，但是連舊的都沒有。好容易找到遠郊一個小
公司有售，（未作廣告，又）擱錯地址幾星期才送到。我上次信上說一天
需要照射十三小時，其實是廿三小時，因為至多半小時就
要停下來揩揩眼睛裏鑽進去的小蟲，揩不掉要用水龍
頭下沖洗，臉上藥沖掉了又要重敷。有一天沒做完全套
工作就睡着了，醒來一隻眼睛紅腫得几乎睜不開。沖洗
擠出裏面的東西就逐漸消腫。又一天去取信，揹回郵包
過重，肩上磨破了一点皮，就像蜜蜂見了血似地蜂擁
蔓延過來，因為圍住，一个多月不收。一天天眼看着長出
新肉來又蛀洞流血。本來隔几天就剪髮，頭髮猶長就
日光燈照不進去。怕短髮碰了落到創口內，同醫生
也叫不要剪。頭髮長了更成了窠巢，直下額、鼻，一个毛
孔裏一个膿包，外加各種血痕。照射了才好些。當然烤
乾皮膚也只有更壞，不過是救急。這醫生「諱疾」，只替我
治sunburn，怪我曬多了，不知傳入耳內就叫我看耳科，幸而耳朵
裏還沒潰膿，但是以後源源不絕傳入，耳科也沒辦法。他
是加大唐街主任，現在出來自己做，生意不好。替我清除
耳膿後說："So glad there's something I can do to help you."雖然
是承認無能為力。等到後傳染鼻子咽喉，也只說：「痛是
快好了，皮膚有三層」以為是指「其實是皮膚層（skin flakes）」。我

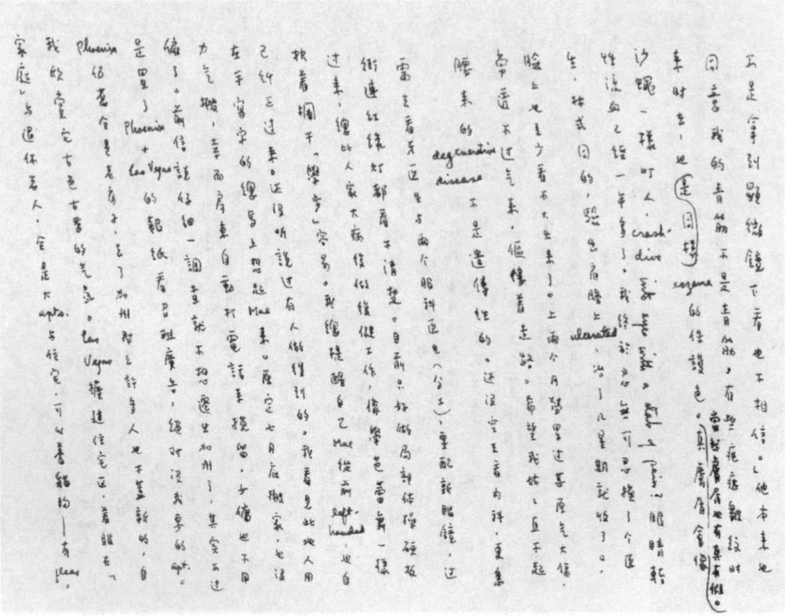

不是拿到顯微鏡下看也不相信。」他本來也
同意我的青筋不是青筋，有些疤痕斑點，時（曾經皮膚層也有真有假。）
來時去，也（是同樣）eczema的保護色。真皮膚層會像
沙蠅一樣叮人，crash-dive鑽進去！眼睛轉
性流血已經一年多了。我終於忍無可忍，換了个醫
生，林式同的，驗出肩膀上ulcerated，治了几星期就收了口，
臉上也至少看不大出來了。上兩个月醫界過甚元氣大傷，
常透不過氣來，傴僂着走路。希望我姑且直不起
腰來的degenerative disease不是遺傳性的。還沒空去看內科，更急
需去看牙醫生與兩个眼科醫生（分工），重配新眼鏡，過
街連紅綠燈都看不清楚。目前只好做局部体操硬扳
過來，總比人家大病後做復健工作，像學芭蕾舞一樣
扶着欄干「學步」容易。我總提醒自己Mae從前left-handed，也自
己糾正過來。還沒聽說過有人做得到的。我看見此地人用
左手寫字的總馬上想起Mae來。原定七月底搬家，也沒
力氣搬，幸而房東自動打電話來挽留，女傭也不用
搬了。前信說仔細一調查就不想遷出加州了，其實不過
是單了Phoenix + Las Vegas的報紙看召租廣告，絕對沒找到的apt。
Phoenix仍舊全是老房子，走了加州那么許多人也不算新的，自
我的意它古色古香的氣氛。Las Vegas擴建住宅區，着眼在「
家庭」與退休老人，全是大apts.與住宅，可以養貓狗——有fleas。

我的皮膚病就是在三藩市住了兩年老房子——翻修得也還好——下一年去香港就告訴Mae從臉盆上染上「頭毛頭皮膚」症，兩就是同始。北加州冷、潮濕，而南二州的老房子一定有蟲，且奇多。生活在噴射的毒霧裏也危險，還不像地震可以存僥倖之想。打電話跟林式同商量，他是土木工程師，說像我們住的房子都是木造的，（房子小）地震只會裂不倒塌，不像鋼骨水泥大廈。又說Phoenix、Las Vegas都是冬冷夏熱，洛杉磯的氣候是獨一無二的。我要搬本來是純理性的決定，一點也不想搬，就也放棄了這念頭。以前信上說過《對照記》要簽合同，像是壟斷，連港版都沒有，那是錯怪了皇冠。那次開列港版之書單上獨缺《秧歌》、《對照記》二書。我以為《對》還沒出港版，《秧》則是因為快到九七，香港不出反共小說了。但是兩個月後又補寄這兩本書（來的版稅）。《對》銷路並不好。看來皇冠要另簽合同不過是為了影視版權，隨時TV上要用照片不必問我。有個香港導演王家衛要拍《半生緣》片，寄了他的作品的錄影帶來。我不會操作放映器，這裏一個人，無從評鑒。告訴皇冠（我不急於《半生緣》拍片），全看對方過去從影的經驗，「想請他們代作個決定。不知道你們可聽見過這名字？異國我不過是看報上，Clinton算是不擅外交，民意測驗上他倒是外交一項獨拿高分。除了Bosnia太棘手，一個小國頑抗，但立即大兵壓境，只要不真打，不死一個美國人，就都滿意了。動員一次所費不貲。經援墨西哥廿億美元，已付十億，現在才知道作主的國會要扣下十億，但是北美共同市場本是以前兩個黨和總統都（的主張），雖然現在墨西哥露出是個爛攤子，也不能推翻Nafta。這樣花法，汽車工業再興旺也經不起。援俄為了本身利害也不願敢參戰。德國統一是收了前蘇聯一個大人情，但是顯然小器，只肯撥援助俄多，最近卻也出兵Bosnia。只有日本全無國外負擔（WWII賠款到底有限）雖然不景氣，政局亂，有個專欄作家說日本政商界都是中級人員互相諮詢作決定，首長只是榮譽職性質，所以換了誰都沒多大區別。新型high-definition TV原是日本領先，政府干涉過甚反而落後美國。Computers則是日本自己認輸——過不了英文這一關。美日貿易妥協了。但是沒硬性規定數目，也許還是敷衍過關，避免決裂。而美方只圖報捷，為Clinton競任造勢。根據我的相術（從一本有歷代美國總統肖像的書上看來的）Sen. Phil Gramm是下一任總統，改革失敗，民主黨控制輿論掣肘。Dole還是WWII後的國際派觀點，至少在Bosnia上比Clinton更傾向出兵（在這一點上不快民意）也許可能敗於較孤立派的Gramm之手。'96後如果不輕易用兵，省了錢，美元也許長期跌而不倒（似）。這是日圓好些。我跟我姑姑住，習慣「親兄弟，明算賬」，難得想起來寄些錢來給Mae作雜費車馬費，希望叫的士省些力，太累了又會病發。這一向可還好？Stephen可好些？

Eileen

七月廿三

鄺文美1995.7.26

上月寫信給你後，久無回音，懸念不已。七月三日忽接電報，驚悉你患嚴重膚疾，更覺憂惶。至於為什麼沒有早些寫信慰問？祇因為自顧不暇。就在那同一天清晨，我起床時又跌一大跤，這次震裂了左邊腿骨，只好驚動鄰居鄔醫生（Stephen近年的救命恩人），由他伴往醫院照X光。折騰多時，終於求得香港最佳骨科專家診治，現在情況漸趨穩定。雖然來日方長，棘手問題仍多，但總算擺脫了走投無路的苦況。現在且收拾心情和你談談。

你說本月中旬或可寫信，但至今沒有消息，我們又在擔心。是不是病情反覆？心境欠佳？還是什麼？……至少暫時毋需遷居，可算好消息。否則想起來就煩。

〔……〕

細想我們都垂垂老矣，大家該為將來的事打算一下。你說對嗎？這是我這一跤跌出來的感想。

此信趕著付郵，希望寄到之時你已康復。

鄺文美1995.8.9

再一次，你我的函件又交錯而過！我最近寫的尚未獲得回音，倒先來了你七月廿五日的五頁長信。Stephen和我反覆細閱，深深體會到你近日身心所經歷的磨難困擾。我沒有早些覆函致慰，是因為自己的情況也不太好……一直到今晨神父來讓我們領了聖體並降福居所之後，才稍微好轉。我為癌魔所擾，將滿九載，很少像目前那麼煩愁。為什麼？實在無從說起。想想你皮膚病、牙患、目疾再加上跳蚤的威脅……日夜不停的滋擾，別人能做什麼呢？思之惶愧！

我的腿骨尚未完全癒合，目前仍需扶著框架（有時進步得可以用用三叉拐杖）緩緩行走，諸多不便，但總算略有進步了。一切要看本月十五日返回醫院接受「放射性核素造影」（Radionuclide Imaging）結果如何再作定奪。我雖困居家中，好在還可以用電話同外界聯絡。趕著付郵，別的話下次再談，匆祝安康。

1．有關〈色，戒〉的書信，將於日後完整發表，因本書取材所限，故未有收錄。

2．這是書信全文，是張愛玲離港後寫給鄺文美、宋淇的第一封信。

3．「秀愛」是張秀愛，張愛玲好友。「Mrs Rodell」即Marie Rodell，美國的出版經紀人。

4．「Dick」是理查德．麥卡錫（Richard McCarthy），五十年代派港，曾任職美國駐港總領事館新聞處的處長。張愛玲申請移居美國時，就由麥卡錫作保證人。

5．這「小白鐘」指宋家一個Westclox Baby Ben鬧鐘，張愛玲赴美時，鄺文美送給她留念。一九五六年七月三十一日張愛玲致鄺文美信又再提起。

6．Fatima即炎櫻。

7．張愛玲對鄺文美的「沙喉嚨」有很深印象，別見一九五九年十一月廿六日張愛玲致鄺文美信。

8．戲劇性反諷，指劇中人的言行，有一些只得觀眾領會而自己卻懵然不知的含意。

9．「USIS」就是美國新聞處（United States Information Service）的英文簡稱。

10．「汗」的英語是「perspiration」，拉丁語字源「perspirare」，義為「（持續地）吹氣」；「靈感」是「inspiration」，拉丁語字源「inspirare」，意思是「把氣吹入」。兩者都由拉丁語字根「spirare」（呼吸）所衍生。這裡說「一語雙關」，就是指「-spiration」這共通部分，的確難以中文翻譯。

11．鄺文美，〈我所認識的張愛玲〉，載《國際電影》第二十一期，一九五七年七月。

12．應該是指夏志清〈張愛玲的短篇小說〉，原載《文學雜誌》第二卷第四期，一九五七年。

13．鄺文美，〈我所認識的張愛玲〉，載《國際電影》第二十一期，一九五七年七月。

14．鄺文美是左撇子，當年曾刻意練習右手（一九七六年一月廿五日張愛玲致鄺文美信，及一九九五年七月廿五日張愛玲致鄺文美、宋淇信皆一再提及），以免自己外出吃飯時「左手左腳」妨礙旁人。那段「左手的韻事」可能與此有關，但具體詳情已不得而知。

15．關於「寫信比說話更加言不達意」，別詳一九八九年九月三日張愛玲致鄺文美、宋淇書。一九九五年一月八日，張愛玲在致平鑫濤信中也說自己跟鄺文美通信時「說話都含蓄慣了，以致於有時候溝通不良。」面談則不同，張愛玲好幾次都覺得彼此心靈相通，如〈語錄〉所說：「不得不信telepathy（心靈感應）——有時大家沉默，然後你說出的話正是我剛在想的。」「不知多少次，you took the words out of my mouth.（我正要開口，你就搶先說了。）」

16．「南北和」由宋淇編劇。

17．據母親鄺文美當年所說，這謀殺案極度兇殘，呈堂證物包括了碎屍後的肢體照片。因為審訊過程實在太噁心，她事後得以終身豁免當陪審員的義務。張愛玲似乎對謀殺案特別感興趣，例如一九七五年七月十九日她就在給夏志清的信中說：「你當陪審員，想必已經完全康復了。記得你說過以前還陪審過一次，是盜竊公款案？是謀殺案就好了！」

18．鄺文美確曾戲作過一篇「美國官場現形記」自娛，一直藏於我家櫃底，到去年才無意中發掘出來，張愛玲應該也無緣看到。此文題作〈代擬××新聞處××之音「五級文員」應具之條件〉，寫得妙趣橫生，不發表實在可惜，故全文收錄於此：

（一）文武全材——文：曾受高深教育，經驗豐富，能擬中英文函件，擅長翻譯，上知公文馬列，下能打字抄寫。武：力大如牛，搬移重物，面不改色；身輕如燕，登高取物，易如反掌。

（二）學貫中西——能操流利英語及國粵滬語。

（三）立場穩定——家庭歷史清白無疵，政治思想毫無問題，可於最短期間由政治部調查通過認為合格。

（四）隨傳隨到——隨時通知即可前來就職。

（五）不求名利——名義為五級文員。待遇約等於每月翻譯（英譯中或中譯英）三萬字（每天一千字左右）所得之酬勞。

（六）能屈能伸——平時為低級職員，必要時須負起高級職員之責任，不得以「不在其位，不謀其政」為辭。

（七）早到遲退——雞鳴即起，終日工作，流連忘返，週末及公眾假期亦能辦公。

（八）分身有術——限期已屆，而空無一人，此時呼天不應，叫地不靈，必須同時坐鎮辦公室，同時分身至各處送取郵包信件等。

（九）因公忘私——即使自身患病或家人患病，仍須前來，不得缺席，以免有誤國家大事。年假例假應毋庸議。

（十）治家有方——料理雜務，管理供應事宜，井井有條，無微不至。

（十一）假私濟公——如有申請未允，或不能報賬而不可一日或缺之物件，須自解私囊，以濟燃眉之急，免貽調排不周之譏。

（十二）頭腦清楚——心細如髮，一絲不苟，收發登記，秩序井然，分門別類，有條不紊。

（十三）辦事快捷——隨機應變，未卜先知，即使朝令夕改，亦能從容應付，不致有誤戎機。

（十四）任勞任怨——他人因私事（如休假或拍電影賺外快）而缺席時，務須越俎代庖，不得推辭。

（十五）和顏悅色——職位低微，故必須鑑貌辨色，時時以笑臉迎人。

19.「那篇小說」指英文長篇小說《易經》（The Book of Change）。

20.張愛玲未拍成電影的劇本《魂歸離恨天》，依據愛蜜莉·白朗黛（Emily Brontë）《咆哮山莊》（Wuthering Heights）的劇情改編。

21.「王」指王敬羲（1933-2008），是香港正文出版社的創辦人。《前言與後語》（署名林以亮）後來由台北仙人掌出版社及香港正文出版社於一九六八年出版。

22.動亂由一九六七年五月的一場工廠勞資糾紛開始，之後大量示威者更發起「反英抗暴」運動，更以土製炸彈襲擊警方，導致香港社會非常動盪。動亂到年底方歇，釀成不少傷亡。

23.Institute指麻州劍橋的Radcliffe Institute for Independent Study（賴氏女子學院所設立之研究所）。張愛玲於一九六七年至一九六九年間，於該校擔任特別研究員，專心翻譯《海上花列傳》。

24.宋淇，〈拜銀的人——一則寓言〉，原載《明報月刊》，一九六八年九月號。這文章以遊戲筆觸勾勒出一群電影圈中人的性情、際遇，當中也似乎有宋淇自己的影子（其角色是製片）。鄺文美曾為宋淇《昨日今日》一書寫序，文中說他「一九六七年脫離電影界後，才寫了一篇寓言式的〈拜銀的人〉。所謂『銀』不指金『銀』或粵語中的『銀』紙，而指『銀』幕；拜銀的人泛指第八藝術工作者。他在這個圈子裏浮沉多年，熟諳內幕，原可以用尖刻的筆調極盡揶揄譏嘲之能事以逞一時之快；然而由於基本上同情他所描繪的對象，覺得這些人『把一生中最寶貴的時間貢獻給了電影，實在有他們了不得和可愛的地方』，因此筆下留情，開了個謔而不虐的玩笑，適可而止。文中勾勒出一羣虛構人物的輪廓，與當時某些電影工作者或有相似之處，也祇是巧合而已。這篇文章可算他一生的轉捩點，從此他心安理得地向電影告別，回到文學的研究中。」

25．毛姆（W. Somerset Maugham，1874-1965）著，原名On a Chinese Screen（1922），其中兩篇分別記錄了他與辜鴻銘及宋春舫（即宋淇之父）見面的情形。

26．是指在報紙的社交版（society page）上看到宋元琳的結婚啟事：她嫁了給美籍華裔水彩畫家曾景文的兒子。此事又可參考一九七〇年八月十一日宋淇致張愛玲書。

27．這情景張愛玲在十六年後又再提及，的確沒有忘記，詳見一九八五年十月廿九日張愛玲致鄺文美、宋淇信。

28．SUNY即紐約州立大學，全名State University of New York。

29．VOA即美國之音，全名Voice of America。

30．鄺文美之母鄺林憐恩生於加州沙加緬度（Sacramento, CA），是美國公民。一九七二年鄺文美赴美，就是為了申請綠卡。但因為宋淇的健康問題，他們夫婦倆並未在美定居。

31. 病人傅油，指天主教徒病重時，神父為他塗油，以求赦免罪過，並減輕或消除其身心痛苦。
32. 張愛玲〈談看書後記〉在《中國時報》發表後，宋淇曾致函與報社打交道，並洽談稿費等事。
33. 「她」指於梨華，美洲版《星島日報》編輯。
34. 張愛玲也許記錯了。根據現有的書信，她從前並沒提過。
35. 「平」指平鑫濤。
36. 曾景文擔任環球小姐選美比賽（Miss Universe Pageant）的評判。
37. 鄺文美母親入住的養和醫院在銅鑼灣，離家很遠。張愛玲自己也身受其苦，所以對鄺文美的交通問題分外關注，別見一九六五年二月六日致鄺文美、宋淇信及這則語錄：「我至六點還沒有睡，你卻已經要起身了，『披星戴月』，最好替班的時候能夠在一起談談。一想起每天你在公共汽車上消磨那一些時候，我總願自己能陪著你坐車——在車上談話很好，反正那時候總是浪費掉。」
38. 即宋淇夫婦的外孫女曾茉莉。
39. Pygmalion原是蕭伯納的舞台劇本，後來改編為音樂劇及電影，即My Fair Lady，中文名是「窈窕淑女」。「《皇冠》上Stephen寫的關於電影的一篇」，指宋淇〈中國電影的前途〉，後來收錄在文集《昨日今日》。文章中說：「有一次我和胡金銓閒談，提到『西施』的故事。我說這故事其實就是「窈窕淑女」的翻版，或者不如說前身。西施等於賣花女，范蠡等於郝金斯教授。越王初見西施，認為這村女並無閉月羞花之貌，不可能化為絕色佳人。況且吳王夫差素以精明幹練見稱，豈是容易迷惑的？范蠡偏偏堅持她有潛質，只需假以時日，自己絕對有把握將她訓練成為惑陽城迷下蔡的美女。然後是嚴格的訓練過程。然後是去吳國後的考驗。大家都為她擔心，怕她出醜。在訓練的過程中，西施和范蠡之間產生了微妙的感情，所以在滅吳之後，相偕泛舟五湖而去。『西施』的劇本如果照這路線寫，拍出來可以與「窈窕淑女」同樣精緻緊湊，不落俗套，為國語片放一異彩。胡金銓聽了忙問：『你寫不寫？你寫，我就拍。』後來別人拍了，我們的『西施』就沒有了下文。」

40. 那時宋淇在《聯合報》副刊上發表了〈唐文標的「方法論」〉一文，文章尖刻地批評了唐文標的《張愛玲雜碎》。他先說書中的張愛玲作品繫年資料不全，再指出唐的「張愛玲小說世界三代圖」絕非文學研究的正確「方法」，最後更點出唐文標的方法論「竟然採用偽證和歪曲竄改」。關於最後一點，事情是這樣的：張愛玲曾對水晶說，《赤地之戀》是在美國新聞處「commissioned」（委任、授權）的情形下寫成，唐文標之後竟聲稱根據水晶的訪問記，把《秧歌》也算入「commissioned」之列，不但把一本書變成兩本書，更因此大做文章。宋淇見好友被刻意曲解，氣不過之下只好為文反駁，所以張愛玲才在信中說「於我也太必要了」。

41. 夏志清《中國現代小說史中譯本序》（香港：友聯出版社，1979）：「香港盜印張愛玲的兩部作品，《傳奇》與《流言》，也是宋淇贈我的，使我及早注意到這位卓越的作家。」

42. 亦舒〈閱張愛玲新作有感〉批評了張的新作，也提及宋淇：「今夜讀皇冠雜誌（東南亞版第十四卷第二期）中的〈相見歡〉，更覺愛玲女士不應復出。我有我的道理，一一細說。整篇小說約兩萬許字，都是中年婦女的對白，一點故事性都沒有，小說總得有個骨幹，不比散文，一開始瑣碎到底，很難讀完兩萬字，連我都說讀不下去，怕只有宋淇宋老先生還是欣賞的。」最後又說：「我始終不明白張愛玲何以會再動筆，心中極不是滋味，也是上了年紀的人了，究竟是為什麼？我只覺得這麼一來，仿佛她以前那些美麗的故事也都給對了白開水，已經失去味道，十分悲愴失措。世界原屬於早上七八點鐘的太陽，這是不變的定律。」此文收錄於亦舒《自白書》。

43. 指〈談吃與畫餅充飢〉的改稿。

44. 丘彥明是《聯副》主編。

45. Kadoorie Ave.，現名「嘉道理道」，以前喚作「加多利道」。

46. 面對美好的事物而心生懷疑，鄺文美與張愛玲在這方面的確很像。她這一問，就令我們想起《小團圓》第五章有這樣一幕：

他吻她，她像蠟燭上的火苗，一陣風吹著往後一飄，倒折過去。但是那熱風也是燭焰，熱烘烘的貼上來。

「是真的嗎？」她說。

「是真的，兩個人都是真的。」

47. 原語見《漢書．董仲舒傳》，本作「予之齒者去其角，傳其翼者兩其足」。類似的話，又有「四足者無羽翼，戴角者無上齒」（《大戴禮．易本命篇》）等。

48. 當時唐文標編《張愛玲卷》，事關侵權，宋淇只好抱病致函皇冠，要求皇冠為張的舊作登記版權。

49. 其實一九六七年十一月一日張愛玲致宋淇書中也曾說過相近的話：「我在這裏沒辦法，要常到Institute去陪這些女太太們吃飯，越是跟人接觸，越是想起Mae的好處，實在是中外只有她這一個人，我也一直知道的。」

50. 參考一九六九年六月廿四日張愛玲致鄺文美信。

51. 張愛玲為了蚤患而頻頻搬家，從一九八五年底起便音信全無，直到一九八六年六月九日才再有來信。

52. 宋淇在動手術前，又一口氣寫了六頁信，向張愛玲交代賣《怨女》版權予中央電影公司、改編〈茉莉香片〉為舞台劇等事項。

53．「劉爍華」當是「陳皪華」。陳皪華是當時的皇冠出版社總編輯，之前有編輯叫「劉淑華」，張愛玲可能因此混淆了，屢次把陳的名字寫成「劉爍華」。

54．「從前信上」指一九七六年十二月十五日張愛玲致鄺文美、宋淇，以及一九七七年一月廿一日宋淇致張愛玲。

55．指《餘韻》的代序。文中引用的張愛玲信件，寫於一九八七年二月十九日。

56．一九八五年十月廿八日張愛玲致宋淇書：「散文集叫《續集》（繼續寫下去，因為許多人當我擱筆了），自序要寄來請你們代看一下。」這自序大概是一九八五年底寫的，但因「離題」而索回，之後再無下文。書信檔案中有張愛玲親撰的〈續集自序〉頭一頁影印本，正本已經歸還，應該早銷毀了。但這篇「離題」的自序，其實早在一九七九年已在張愛玲的腦海醞釀，只是宋淇忘記了，證據是一九七九年六月廿六日張愛玲致宋淇書：「〈談看書〉刊出時，平鑫濤信上提起說可以出個單行本。我當時沒接這個碴。等〈相見歡〉寄去了，有了四篇小說（連〈五四遺事〉在內），附錄四篇：〈談看書〉，〈對現代中文的一點小意見〉（引法文誤la為le），〈關於《笑聲淚痕》〉，〈關於〈色，戒〉〉，我想夠出單行本了，也許叫《斷續集》，前面有個短序，提起〈談看書〉的部份內容與〈關於〈色，戒〉〉可以代序。」

57．宋淇為張愛玲捉刀，實在逼不得已。箇中內情，可參考以下幾封宋淇致陳皪華信的節錄。一九八七年九月三十日宋淇致陳皪華：「《續集》的事，她沒有下文，只好不去理她，等我心神稍定後，徑自代擬序文請她過目批准好了。只要她仍健在，書非出不可，《餘韻》一出，仍然有銷路而且還可以多少帶起其他作品的推銷。所以我們不應讓她的名字冷下來，如果今年年底可以趕印《續集》，明年可以將〈借銀燈〉付梓，那我就是犧牲掉一點自己的時間也在所不計了。」一九八七年十月十日：「《續集》的序還在醞釀中，要等內人十二日去了醫院複診方能專心寫作，期以月底，就怕愛玲沒有時間閱讀和修改。」一九八七年十月十八日：「我在十月十日信中說希望能在月底前趕出《續集》的序。不知怎麼一來，我忽然想通了，從十二日連寫帶改，終於在十五日定稿，謄抄一遍，並於十六日航掛寄給愛玲，希望老天幫忙，她能平安無事，在十月底前寄回給我。如一切順利，《續集》或可於十二月份出書。我所擬的序有很多地方模擬愛玲的口氣和思路，但究竟是西貝貨，非她好好改動不可。這兩天好像生了一場病，什麼事都不想做，連正經的書都看不進去。大概《續集》的序不容易寫，而自己漸漸老邁，不復有當年的銳氣。有時想想這樣做所為何來？自己的正經事都不做，老是為他人做嫁衣裳，可是如果我不做，不會有另一個人做，只好義不容辭，當仁不讓的做了。」一九八七年十一月十九日：「最可惜是我十月十九日掛號寄去《續集》的序，現在她根本不能收掛號信（編者按：因為張遺失了身份證），當然又落了空。我寄去的是原稿，中間空一格寫，有幾處用鉛筆寫了點意見，徵求她可否，現在也無從知道她的反應。想來想去，目前唯一辦法是照她信所說，只好由我做她的槍手，重新理過，用正楷抄一遍，寄上發排。同時影印一份給她，請她看看有什麼意見，如有重要的，等到再版時更正好了。否則遙遙無期，大家都給她吊在半空。平信會遺失，掛號信不能收，到手後忘了看，看到了又不入腦。想不到一代才女會落到這地步，不禁憮然。她的近況，除你外，別人前我一字不提，免得不必要的驚惶。」在一九八七年十二月十五日的信中，宋淇又指出〈自序〉的話「多半是從愛玲給我們的信中摘出，相信句句話都是她本來想說的。」

58．宋淇收到張愛玲一九八七年十二月十日短簡和〈自序〉改稿後，便在十二月十六日致函陳皪華：「『重來香港』改為『重臨香港』，重來是我們住在香港的人的口氣，她居然看了出來。……她還沒有見到我們的定本，連草稿她已極滿意，相信她會對更含蓄、更乾淨的定稿不會有任何意見。這樣我們手中有了她的證明，更可以睡得著覺。」按〈自序〉原文是：「一九五二年重臨香港，住了三年，都有記錄可查。」

59．〈自序〉：「這使我想到，本人還在好好地過日子，只是寫得較少，卻先後有人將我的作品視為公產，隨意發表出書，居然悻悻責備我不應發表自己的舊作，反而侵犯了他的權利。我無從想像富有幽默感如蕭伯納，大男子主義如海明威，怎麼樣應付這種堂而皇之的海盜行為。他們在英美榮膺諾貝爾文學獎，生前死後獲得應有的版權保障。蕭伯納的《賣花女》在舞台上演後，改編成黑白電影，又改編成輕音樂劇『窈窕淑女』，再改編成七彩寬銀幕電影，都得到版權費。海明威未完成的遺作經人整理後出版，他的繼承人依舊享受可觀的版稅。如果他們遇到我這種情況，相信蕭伯納絕不會那麼長壽，海明威的獵槍也會提前走火。」

60．「上一封信」實指宋淇一九八八年一月七日的信。

61．「跟他這一夕談」：「他」指莊信正，他本打算把張愛玲作品收入自編的《中國近代小說選》，與張商討，但張不允。「虎口餘生」，是指有賴宋淇幫忙，才不致讓那些「盜墓者」把她的舊作據為己有，擅自出版。

62．所謂「幾句」，其實是兩頁紙，內容包括為張愛玲的《謝幕》（一部只有構思卻沒寫成的作品）提供參考資料、交代〈傾城之戀〉（一九八八年才在台灣公映）、《怨女》二片的上映狀況等。

63．宋淇收到北卡羅來納大學（University of North Carolina）教授Ann Carver的信，要求把張的「Shame, Amah!」（即〈桂花蒸　阿小悲秋〉的英文版，由張愛玲自譯，但內容與中文版不盡相同）收入選集，宋淇只好帶病覆信。那篇作品原載於Eight Stories by Chinese Women, ed. Nieh Hua-ling. Taipei: Heritage Press, 1962, P.91-113。

64．參考一九八八年九月十日宋淇信。

65．全信就只有這幾句。張愛玲即使傷臂骨折，也勉為其難給鄺文美、宋淇寫信，以免他們擔心。

66．參考一九八八年九月十日宋淇信。

67．這種批評，一九七六年十月廿四日宋淇信中也有提及。

68．「上次信」其實是指一九八九年三月六日張愛玲致鄺文美、宋淇信。

69．宋淇在一九九〇年六月三十日已隨信附上〈情榜〉一文。

70．宋淇又負疾寫了五大頁，討論張愛玲全集的命名問題及報告財務。

71．版稅結算單。

72．Pygmalion complex：畢馬龍情結。希臘神話中，皮格馬利翁對現實世界的女性沒有興趣，反而愛上了自己用象牙雕出來的女雕像，最後感動了愛神，雕像變成真人。這裡張愛玲是說，鄺文美被她的想像美化了。

73．有關遺囑的這封信，除了幾句「又及」的題外話，全文收錄於此，以存其前文後理。

74．過天沒再細說，此事亦不了了之。理由可能是大家身體不好及太忙，也可以根本沒有理由。他們通信數十年，有好幾次都是說「下次再講」而實際沒有下文的。例子有一九六七年十一月一日張愛玲致信宋淇：「而Ferd廿四日突然去世，詳情下次再講。」一九六八年六月廿六日張愛玲致信宋淇：「我一直想講給Mae聽在香港一個老同學代做旗袍的misadventures〔意外〕（她是做這生意的，我是為minidress〔連身短裙〕逼迫的），過天有精神再講。」兩次都沒有下文，也許可以說這是他們溝通的慣例。

75. 原語是「海內存知己」，出王勃〈送杜少府之任蜀川〉。

76. 在一九八九年一月廿三日的信中，宋淇已寫道：「我們一點都不在乎一九九七，未必活到那時，但我個人擔心香港就在火山之旁，古語云『覆巢之下，焉有完卵？』可為我心中想法的寫照。」後來，宋淇在一九九六年十二月病逝。

77. 張愛玲誤以為電影「紅玫瑰與白玫瑰」是未經授權的。一九九五年一月八日張愛玲致平鑫濤信：「上次寄快信給您，提起「紅玫瑰與白玫瑰」電影版權事。昨天收到宋淇教授扶病來信，才知道這篇小說前幾年已經賣掉電影版權。我記性壞，當然近年更甚，竟會忘了有這件事。文美屢次寄「紅」片的剪報來，我也以為是提醒我有人盜用這故事。我們說話都含蓄慣了，以致於有時候溝通不良。」宋淇為了澄清「紅」片的誤會，才再扶病去信，這也是他寫給張愛玲的最後一封信。

78. 這是張愛玲寫給鄺文美、宋淇的最後一封信。

79. 二〇〇九年三月，王家衛在北大接受媒體訪問，說一九九四年拍成的「東邪西毒」是受了張愛玲《半生緣》啟發。他說：「武俠電影到最後都是在講誰的武功最高，我認為這不是最重要的。他們也會有感情生活，於是我就想用《半生緣》的角度去拍武俠電影。金庸跟張愛玲在一起會怎麼樣？」

國家圖書館出版品預行編目資料

張愛玲私語錄 / 張愛玲．宋淇．宋鄺文美◎著．宋以朗◎主編
-- 初版．-- 臺北市：皇冠，2010.7
面；公分．--（皇冠叢書；第 4000 種）
（張看．看張；1）
ISBN 978-957-33-2685-4（平裝）
1. 張愛玲　2. 傳記

782.886　　　99011611

皇冠叢書第4000種
張看．看張1

張愛玲私語錄

作　　者—張愛玲．宋淇．宋鄺文美
主　　編—宋以朗
發 行 人—平雲
出版發行—皇冠文化出版有限公司
台北市敦化北路120巷50號
電話◎02-27168888
郵撥帳號◎15261516號
皇冠出版社(香港)有限公司
香港上環文咸東街50號寶恒商業中心
23樓2301-3室
電話◎2529-1778　傳真◎2527-0904
美術設計—王瓊瑤
印　　務—林佳燕
校　　對—邱薇靜．金文蕙
著作完成日期—2010年3月
初版一刷日期—2010年7月
初版四刷日期—2020年10月
法律顧問—王惠光律師

讀者服務傳真專線◎02-27150507
電腦編號◎531001
ISBN◎978-957-33-2685-4
Printed in Taiwan
本書定價◎新台幣 300 元